오직 하나님의 영광

김 기 중 지음

목사는 주님의 사자가 되어 주님의 교회를 지켜야 되고 주님의 양들을 지켜야 한다. 교회로 하여금 하나님의 교회가 되게 하기 위하여 생명을 바쳐야 한다. 주님의 이름의 권세 앞에 무릎 꿇고 주님의 말씀의 권위 앞에 복종하며 성령의 감화로 주장하게 되는 교회로 세워야 한다. 하나님의 어린 양들이 행복한 교회가 되도록 하여야 한다. 하나님의 집이요 진리의 기둥과 터로서 교회가 되어야 한다.

오늘의문학사

✝ 차 례

〈서문〉

나의 목회 소신

"모든 것을 하나님의 영광을 위하여 하라"(고전10:31)

은퇴한 지 만 2년이 지났다. 뒤돌아보니 모두 하나님의 은혜일 뿐이다.

어린 아이 때에 성탄전야제 구경을 갔던 것이 교회출석의 첫 걸음이었다. 그 후 피난생활 속에 주일학교, 그리고 중·고등학생 때의 교회 생활과 군 생활을 거쳐 목회자로서의 일생을 주님께서 붙잡아 주셨고 지켜주셨고 인도하셨다.

전도사 7년, 목사로서 37년간 교회를 시무하며 목회자의 삶을 사는 동안 나의 일생의 목적은 오직 하나, 하나님의 영광이었다. 나의 신앙인생에 두 번의 회의 —그것은 하나님의 존재에 대한 회의와 나 자신의 구원에 대한 회의였다—를 거치면서 나의 생의 목적을 오직 하나님의 영광을 위하여 살겠다는 결심을 확고히 하게 되었고, 나의 목회의 첫 목적도 하나님의 영광이었고, 그 첫째일이 예배라고 믿었다. 그래서 교회는 예배 단체로서 거룩하여야 하고 하나님께 합당한 거룩한 예배로 하나님께 영광 돌려야 한다는 신념으로 목회에 임하였다. 교인 한 사람 한 사람을 참예배자로 세우는 일에 전념한 것이다. 지금 뒤돌아보면 나의 인간적 부족과 연약에도 불구하고 하나님께서 나의 일생을 목회자로 명예롭게 살게 하신 것은 나의 일념 '오직 하나님께 영광'을 위한 열심 때문이 아닌가 생각한다.

내가 오늘 이 글을 쓰는 것은 후배들에게 조금이나마 유익한 참고가 될까하여 쓰는 것이다. 교회성장 위주의 목회와 다양한 목회활동으로 말미암아 하나님께 드리는 영광과 예배를 훼손할까하는 우려가 있기 때문이다. 예배가 인간 중심이 되면 교회는 급속히 세속화 된다. 설교는 예배의 중심이다. 하나님의 말씀이 선포되는 시간이기 때문이다. 설교가 사람의 귀를 즐겁게 하는 것이 되면 하나님의 말씀을 농담처럼 들리게 하고 설교자는 인기연예인이나 전문 강사처럼 여겨지게 된다. 오직 하나님을 섬겨 하나님의 말씀을 대언하여 전하고 하나님의 뜻을 전하며 하나님의 주권을 세워야 하고 그래서 회중들로 하여금 하나님 앞에 꿇어 엎드려 경배하도록 하는 사명과 책임이 목사에게 주어져 있는 것이다. 실천신학이 잘못되면 학교에서 배운 이론신학(교의신학)은 한갓 죽은 지식이 되어버린다. 실천신학에서 열매를 맺을 때에 배운 이론신학이 빛을 발하게 된다. 이론신학은 실천신학 즉 예배와 목회를 위한 지침이 되기 때문이다.

나의 목회 일생에 항상 나를 붙들어 세워 준 말씀이 있다.

그 첫째가 고전 10:31〈모든 것을 하나님의 영광을 위하여 하라〉는 말씀이고, 그에 따라 마 6:33〈무엇보다 먼저 구할 것이 하나님의 나라와 의〉라는 말씀과, 요 2:24〈사람에게 의탁하지 아니하셨다〉는 말씀과, 요 21:22〈너는 나를 따르라〉는 주님의 말씀이었고, 요 3:30〈그는 흥하여야 하겠고 나는 쇠하여야 하리라〉는 세례 요한의 고백과, 요 21:15〈내 어린 양을 먹이라〉는 주님의 분부의 말씀, 그리고 아 1:6〈나의 포도원을 내가 지키지 못하였구나〉라는 말씀이다. 나는 아가서 1장6절의 말씀을 하나님께서 나에게 맡기신 포도원(목장)인 교회를 지키라는 말씀으로 받아 지키려고 하였다. 목사에게 첫째 사명이며 최고의 명예는 자신에게 맡겨진 목장을 윤택하게 하는 것이다. 자기 목장, 자기 포도원을 황폐하게 버려두고 다른 일에 명예를 구할 수는 없는 것이다. 먼저 자기에게 맡겨진 포도원을 잘 지킴으로 하나님을 기쁘시게 하여 영광 돌려야 하는 것이다. 그래서 나는 목양일념(牧羊一念)이라는 말을 귀하게 여긴다.

1) 하나님 중심 목회

하나님의 영광을 위한 목회는 하나님 중심, 하나님 절대주의의 목회로 실천하게 된 것이다. 이것은 개혁주의의 대원리이기도 하다(롬 11:36). 그래서 주일성수를 강조하였고 **예배 중심으로 목회**하였다. 예배는 교회의 첫째 사명이라고 믿었고 그래서 교회 생활을 무엇보다 우선순위에 두는 것이 신자의 신앙생활의 첫 걸음이라고 여겼다. 그래서 복음의 은혜와 구원의 감격에 대한 설교 보다는 하나님의 영광을 위한 헌신과 책임을 강조하였고, 믿음의 강조 보다 사명에 대한 강조를 더 하였고, 기성신자들 특히 중직자들의 책임을 강조하였다. 신앙생활의 기본 – 주일성수, 십일조헌금, 예배생활에 대한 것과 봉사와 헌신과 성품의 변화 즉 성화와 생활의 변화, 인격의 그리스도화를 강조하였다. 예배를 하나님의 영광을 위한 최선의 일로 여겼고, 그래서 주일 예배를 위하여 나머지 6일간의 생활의 예배를 또한 강조하였다. 교회는 예배 단체로서 세상과 구별되어야 하고, 예배는 하나님께 드리는 최고의 경의이기 때문에 교회는 거룩성을 지켜야 하고, 예배 또한 하나님 면전에서의 의식으로서 경건하고 엄숙하여야 하며 인도자인 목사는 더더욱 근신하여야 한다고 믿었다. 그래서 나는 교회의 전통을 따라 예배 모범에 규정한 바를 그대로 지키려고 노력하였다(헌법적 규칙 4조, 예배모범 1장–6장).

교회는 신앙공동체로서 하나님을 섬기는 제사장 단체이다.

그러므로 교회는 구원의 방주로서 문을 넓게 열어야 하지만 하나님을 섬기는 예배단체로서 성별되어야 한다. 그러므로 교회는 하나님의 집으로서 하나님을 모신 성전이 되어야 하고 하나님을 섬기는 예배자로서 본질을 지켜야 한다. 그러므로 인간 중심의 예배를 경계하고 하나님 중심의 예배를 확립하도록 하여야 한다. 교회의 문을 열고 닫음의 열쇠가 담임목사에게 있다는 것을 항상 유의해야 한다. 목사에게 주신 권위와 그에 따른 책임이다. 예배의 시작과 마침을 목사가 주장하도록 한 권세이고, 하나님 예배의 성별을 지키고 교회의 거룩성을 지키게 하신 책임이다. 예배의 경건과 거룩을 지켜야 하는 책임이다.

예배는 하나님 면전에 나아와 하나님을 섬기는 경배이다. 공교회적으로 하나님의 영광과 권세를 찬양하고 그 거룩한 은혜를 감사하며 인간 자신의 허물과 죄를 자복하고 하나님의 긍휼을 기다리는 은혜의 보좌 앞이다. 이 하나님 면전 인식으로 모두가 근신하여 하나님 앞에 신령과 진정으로 엎드려야 하는 것이다. 목사는 이 공예배의 인도자이다. 성도의 예배가 하나님께 열납되며 예배를 통하여 성도들이 은혜와 복을 받도록 하고자 하는 간절함과 열심이 예배 인도자에게 있어야 하는 것이다. 오직 하나님의 영광을 위하여 나아가는 교회가 되어야 한다.

2) 말씀 중심 목회

하나님 중심 목회는 말씀 중심 목회로 실현하게 된다.

왜냐하면 주님께서 목자장이시고 인간 목회자는 그의 종일 뿐이기 때문이다. 말씀중심 목회는 곧 하나님의 목회인 것이다. 교인을 세우고 양육하며 예배자로 만드시는 이, 교회를 세우고 성장케 하시는 이가 하나님이시라고 믿고 그대로 **순종의 목회**를 하려고 한 것이다. 그래서 나 인간 목회자의 할 일은 하나님의 말씀을 바르게 전하고 가르치는 일이라고 확신하고 그 일에 전념한 것이다. **강단 중심 목회** 즉 **설교 중심의 목회**를 한 것이다. 하나님의 백성(그리스도의 양 된 자)은 하나님의 말씀 양식으로 태어나고 자라고 힘을 얻는다. 그래서 하나님의 말씀만이 인간 심령을 변화시키고 회개케 하고 믿음을 갖게 하며 또한 위로와 소망을 갖게 한다. 그래서 인간의 심리적인 방법이나 말의 지혜를 지양하였다. 인간 자신의 계획이나 지식을 동원하려고 하지 않았다. 오직 하나님의 말씀을 그대로 전하되 각층을 따라 모든 사람들이 이해할 수 있도록 풀어서 전하려고 하였다. 말씀 속에 감추어 두신 구원의 진리, 하늘의 진리를 밭에 묻힌 보화를 캐내듯 하고, 깊은 우물에서 생수를 퍼 올리듯 하고, 지혜로운 청지기처럼 성경의 창고에서 새것과 옛것을 찾아내듯 하려고 하나님 앞에 무릎 꿇어 하나님을 바라볼 뿐이었다. 그래서 진리의 보화를 얻으면 그 깨달은 말씀을 기쁨으로 전하려고 한 것이다. 그래서 나는 장기적인 목회 계획이나 설교 계획을 세우지 아니하였다. 그 날에 주신 양식을 전하고 그 때에 명하신 섭리 따라 순종하고자 한 것이다.

설교학에서 배울 때와는 다르게 나의 경험으로는 설교의 서론도

"하나님이 말씀하시기를", "성경에 말씀하기를"이라는 말로 시작하는 것이 더 옳다고 여겨지게 되었다. 사람의 관심을 모으고 마음의 문을 열게 하기 위하여 오히려 성경 말씀을 먼저 제시하는 것이 바람직하다고 여긴다. 회중들로 하여금 세상 이야기가 아닌 하나님의 말씀에 제일 먼저 접하게 함이기 때문이고, 목사의 설교가 인간 목사의 작품이 아닌 하나님의 말씀으로 받아들이게 함이고, 그래서 설교자를 주목하는 것이 아니고 그 말씀을 통하여 하나님께 주목하게 하는 일이 되게 하고, 그리고 하나님의 말씀의 권위를 깨닫게 함으로 하나님 경외의 신앙을 갖게 하기 때문이다. 시작의 첫마디 말이 중요하다. 청중으로 하여금 설교자가 전하는 말씀이 성경말씀, 하나님 말씀임을 확신케 함으로 청중이 긴장하여 하나님의 말씀으로 듣게 함이 중요하다. 그리고 하나님의 말씀 진리에 대한 지식을 심령에 채우게 된다. 하나님의 말씀은 운동력이 있어 좌우에 날선 어떤 검보다 더 예리하여 사람의 심령골수를 해부한다는 말씀을 기억해야 한다.

하나님의 종은 하나님의 말씀만 전하는 자임을 잊지 말아야 한다.

나는 주일 오전, 오후 그리고 수요밤 예배 설교와 새벽기도회 설교를 거의 대부분 나 자신이 감당하고자 하였다. 그것이 하나님께 대한 맡은 자로서의 충성이며 교인들을 향한 나의 책임이라고 여겼기 때문이다. 주일 오전 예배는 교회의 방향과 신앙생활의 지침을 제시하는 설교를 하였고, 수요일밤 예배는 주로 강해 설교를 하였다. 그리고 주일 오후는 교리적 부분이나 헌신예배 등을 위한 설교를 하였다. 설교 형식은 모두 다 성경 본문 설교를 주로 하였다. 수요일밤 예배 설교는 기성신자들의 양육을 위하여 좀 더 진한 음식을 준비하는 마음으로 하였고, 주일 오전 예배설교는 전교인을 대상으로 하는 일반적인 말씀으로 문제 해결을 염두에 둔 설교를 하였다. **특히 주일 오전 설교를 중히 여기고 준비하였다.** 그 이유는 교회와 신앙생활의 방향을 제시할 뿐 아니라 큰 전쟁의 승리를 위한 것이었기 때문이다. 한 주간 동안 여러 가지 시험과 유혹과 어려움 속에 지치고 상하고 흔들렸던 심령들, 원망과 불평과 다툼과 근심걱정에 시달린 심령들, 사단의 시험과 충동, 그리고 인간 사이에 일어나는 갈등과 마음속에서 얼어나는 의심과 낙심 좌절 등을 치유하고 평정하기 위하여는 주일설교가 매우 중요하다. 그래서 주일 오전 예배를 대예배회라고 부르는지 모르겠다. 아무튼 교회적으로나 신자 개인적으로나 각 심령에 일어난 사단의 진 즉 하나님을 대적하여 높아진 견고한 진을 파하여야 하는 큰 전쟁인 것이다. 확신을 주어 말씀에 굳게 서게 해야 하는 시간인 것이다. 그 날의 설교로 승리하여야 한다. 그 설교를 통하여 진리의 빛을 얻고 위로를 받고 회개의 눈물을 흘리고 믿음에 굳게 서게 되면 모든 심령이 기쁨을 얻고(회복하고) 시험의 불은 사라지고 온 교회가 평안한 중에 화락하게 된다. 목사가 해결할 수 없는 문제들이 해결이 된다. 모든 것이 평정이 되는 것이다. 사단의 궤휼은 물러가고 성령의 위로가 넘치게 된다.

목사는 강단에서 교회를 다스리고 목양한다. 목사의 설교는 그리스도의 양들의 양식이 되고 교회의 지팡이가 되고 상하고 병든 자의 양약이 될 뿐 아니라 사자나 이리나 독사 같은 사탄의 궤휼과 훼방을 잠재우는 하나님의 심판의 선언이다. 전쟁(영적싸움)에 승리를 주는 융단 폭격과 같은 것이다. 설교는 하나님의 말씀의 대언이고 현재적 하나님의 음성이기 때문이다. 하나님이 주시는 말씀을 받아 성령으로 전하면 그 말씀이 백성에게는 구원의 음성, 주님의 위로와 격려의 음성이 되고 또한 죄에 대한 심판과 경고와 경계의 말씀이 되고 삶과 행동에 빛을 주시는 지혜와 진리의 말씀이 된다.

그러므로 목회자는 생명을 걸고 강단을 지켜야 한다. 하나님의 나팔의 사명을 죽음을 각오하고 수행하여야 한다. 하나님의 종은 사람을 두려워하거나 사람의 귀를 즐겁게 하는 나팔이 아니고 하나님의 명령을 전하는 나팔이 되어야 한다(갈 1:10; 민 10:1—10).

설교의 생명은 말에 있지 아니하고 성령의 능력에 있다. 그러므로 설교준비 시간에 설교자가 하나님 앞에 자신을 산제물로 바쳐야 한다. 인위적 연구의 산물이 아닌 하나님의 은혜의 말씀, 하나님의 생명의 양식을 받아 전하여야 한다. 하나님께서 설교자에게 십자가의 사랑과 지혜와 능력을 주실 때에 그 설교는 하나님께서 친히 말씀하시는(성령의 영감으로) 권세 있는 말씀이 된다. 설교는 미사여구에 있는 것이 아니고 오직 하나님의 성령의 능력에 있다(고전 2:1—5). **인본주의 설교는 사람의 귀를 즐겁게 하지만 신본주의 설교는 사람의 심령을 변화시킨다**(행 2:37).

3) 어린 양 우선 목회

주님은 베드로에게 목양을 위임하실 때에 그 첫 말씀이 "내 어린 양을 먹이라"고 하셨다. 부모의 권위는 자녀를 양육하기 위하여 사용되어야 하고, 국가의 지도자도 그에게 맡겨진 백성을 보호하고 먹이기 위하여 세움 받은 것이다. 그와 같이 교회에 세움 받은 중직자도 하나님의 어린양인 성도들을 위하여 세워진 직이다. 어린 양을 먼저 보호하여야 한다. 중직자로 말미암아 상처 입거나 실족하게 하지 말아야 한다. 그래서 어떤 문제가 발생하였을 때에 중직자 선에서 해결하고 그것을 교인들에게 노출되지 않도록 노력하였다. 어떤 경우는 가시덤불을 품에 안듯이 찔림의 아픔을 당하기도 하였다. 그러나 그것마저 할 수 없는 경우는 단호히 막아서서 교회의 성결을 지키고자 하였다.

왕은 백성의 목자이다. 어진 왕은 백성의 어버이로서 백성의 아픔을 함께 하였고, 그래서 자신의 이익만 취하고 백성들을 괴롭히는 관리들을 엄히 다스렸다. 그러나 악한 왕은 유력한 신하들과 편을 만들어 백성들을 압제하였다. **주님은 만왕의 왕으로 오셔서 광야에 길 잃은 양 같이 유리방황하는 백성들을 긍휼히 여기셨다.** 그래서 그들에게 가까이 하셔서 천국복음을 전하시고, 가르치시고 그리고 병자들을 고치시고 귀신을 쫓아내시고 기적의 양식을 주셔서 먹이셨다. 그러나 백성의 안위는 안중에 없고 오직 자신들의 권세만을 지키고자 한 외식자들 즉 거짓 목자들과 싸우셨다. 목회자는 어린 양들을 위하여 교만한 자들과 싸워야 한다. 자신의 권익만 생각하는 위선자들과 싸워야 한다. 말씀으로 싸워야 하고 기도로 싸워야 한다. 그들 속에 숨어 있는 위선과 싸워야 하고 그들로 인하여 어린양들이 해침을 받지 않도록 싸워야 한다. 교회는 주님의 교회이다. 그 누구도 인간의 공로나 세력을 자랑할 수 없다. 주님의 자리를 탐할 수 없다. 주님의 권세와 영광을 훼손할 수 없다. 교회를 인간이 주권자가 되는 인간 집단으로 만들 수는 없다. 만약 그렇게 되면 하나님의 영광은 떠나게 되고 양들도 떠나게 된다. 이가봇이 된다.

목사는 주님의 사자가 되어 주님의 교회를 지켜야 되고 주님의 양들을 지켜야 한다. 교회로 하여금 하나님의 교회가 되게 하기 위하여 생명을 바쳐야 한다. 주님의 이름의 권세 앞에 무릎 꿇고 주님의 말씀의 권위 앞에 복종하며 성령의 감화로 주장하게 되는 교회로 세워야 한다. 하나님의 어린 양들이 행복한 교회가 되도록 하여야 한다. 하나님의 집이요 진리의 기둥과 터로서 교회가 되어야 한다. 목회자는 교인 한 사람 한 사람을 다 알곡으로 하나님 앞에 바쳐지기를 바라야 한다. 그래서 중직자들의 교만을 늘 경계하고 교인들의 활발한 교회 생활을 도모하여야 한다. 약한 자나 초신자가 상처를 입을까 주의하고 교회의 평안과 교인들의 자유로운 활동과 헌신 봉사와 교제를 활성화 하여야 한다. 한 사람이라도, 주일학생 하나라도 소외되는 자가 없도록 살펴야 한다. 그래서 교인들이 예배시간에 은혜로 기뻐하고 예배 후에 방마다 구석마다 모여서 즐겁게 성도의 교제를 나누는 것을 보는 것이 목회자의 행복이 되어야 한다.

당회장권이 담임목사에게 있다. 그러나 그 권세로 다스리려고 하지 말고 숨겨두어야 한다. 주께서 무능한 자처럼 잡혀서 조롱과 침뱉김과 채찍과 죽임 당하신 것을 바라보아야 한다. 당회장권이 짓밟히는 수모를 조용히 감당해야 할 때가 있다. 십자가 후에 부활이 있듯이 목사가 죽으면 하나님께서 다시 살리신다. 그리하면 교회도 살고 목회도 살고 당회장 권도 살게 된다. **지도자는 사령관처럼 이끌어야 하지만 때로는 사장교의 기둥처럼 무능하게 서 있어야 한다.** 흔들리지 말고 제자리에 서 있어야 한다. 온갖 수모와 멸시를 당하여도 제자리에 서 있어야 한다. 마치 자녀를 양육하기 위하여 모든 것을 참고 견디신 우리의 어머니들처럼 그 자리를 지켜야 한다. 사도 바울의 어머니적 지도자론을 마음에 새겨야 하고 주님의 "내 어린 양을 먹이라"는 분부를 배워야 한다(살전 2:6-8, 요 21:15).

"그는 흥하여야 하겠고 나는 쇠하여야 하리라"는 세례 요한의 고백을 배워야 한다(요 3:30).

4) 전통적 목회(삼방주의 목회)

삼방주의 목회는 한국교회 뿐 아니라 교회사를 통하여 초대교회 때부터 내려온 전통적 목회 방식이다.

첫째는 골방 즉 기도의 방이다. 목회는 기도로 이루어진다. 왜냐하면 목사는 주님의 교회를 위임받은 주님의 종이기 때문이다. 기도 없이는 목회를 할 수 없다. 주께서 기도하셨듯이 목사도 기도하여야 한다. 기도의 밀실에서 목자장이신 주님과 대면하여 주님께 교회와 교인들의 상황을 보고하고, 필요한 것을 구하고 주님으로부터 내리시는 지혜와 권위와 말씀을 받아야 한다. 목회의 방향과 지혜를 얻고, 설교준비를 하게 되고, 영권과 영감과 영력을 얻게 된다.

나는 하나님께 세 가지 힘을 구하였다. 그것은 체력과 지력과 영력이다. 그리고 엘리야에게 주셨던 영감의 삼갑절을 구하였고 솔로몬에게 주셨던 지혜를 구하였다. 교회를 다스리며 교인들을 목양할 수 있는 사랑의 힘을 구하였다.

둘째는 책방이다. 목사는 늘 책방에서 사는 자이다. 특히 성경본문을 깊이 알도록 읽고 묵상하여야 한다. 목사는 화려한 세상 지식보다 먼저 하나님의 말씀을 바르게 알고 전하여야 하기 때문이다. 본문 자체에(말씀자체에) 능력이 있고 생명이 있다(딤후 4:14-17). 다양한 세상 지식은 화려한 옷과 같을 뿐, 생명의 양식은 성경 말씀 자체임을 인식하여야 한다. 그래서 성경 말씀에 착념할것과, 말씀을 듣는 자, 읽는 자, 지키는 자가 복이 있다고 말씀하셨다(벧후 1:19, 계 1:3).

셋째는 심방이다. 이것은 목회의 중요한 요소이다.

찾아오는 사람을 상대한 상담과, 불러 모아서 교육시키는 제자훈련 보다 더 중요한 것이 심방이라고 생각한다. 심방은 목자가 양의 개인적 형편을 살피고 찾아가 상담하고 위로 격려하고 축복하는 일이기 때문이다. 목자장이신 주께서 양을 하나하나 그 이름을 불러서 인도하시고 먹이심과 같이 목회자도 양을 찾아 수고의 땀을 흘려야 하고 시간과 정성을 드려서 양들을 살펴야 한다. 전체적으로 대할 때에는 한 사람 한 사람을 상대할 수 없다. 설교는 전체를 대하여 같은 말씀을 객관적 입장에서 전하고 먹이지만, 심방은 개개인과 가정을 대면하여 위로와 축복을 하게 되는 것이다. 심방을 통하여 소외된 자를 붙들어주게 되고 약한 자를 격려하게 되고 병든 자를 위로하게 된다. 그뿐 아니라 설교 제목과 자료를 얻게 되고 교인을 향한 이해와 그래서 더 깊이 사랑하고 기도하게 된다. 여기서 목사와 신자의 관계가 축복과 사랑의 관계로 바르게 이루어지고 그리스도의 사랑이 전달되는 것이다.

강단에서는 하나님의 말씀을 거리낌 없이 전하고 선포함으로 믿음과 회개를 촉구하지만 심방에서는 한 가정 한 가정과 그 가족 개개인을 위하여 축복하고 말씀으로 위로 격려하게 된다. 그리고 골방에 들어가서 그 가정과 식구들의 형편과 사정 따라 하나님 앞에 도고하게 된다. 목사의 부족을 회개하기도 하고 그들의 잘못에 대한 사죄를 간구하기도 한다. 그래서 목사는 건강한 신자보다 병든 신자, 잘못과 허물이 많은 사람, 괴롭히고 근심하게 하는 신자를 위하여 더 많이 기도하게 된다. 목회 심방을 소홀히 할 수 없는 이유다. 심방은 교인들을 위할 뿐 아니라 목사 자신을 위한 것이다. 목회적 사랑과 지혜와 설교 재료를 거기서 얻게 된다.

5) 교파주의적 목회

나는 내가 속한 교단의 정체성을 충실히 지키고자 하였다. 하나님의 말씀을 지키고 개혁주의 신학의 교리를 지키어 칼빈주의 기본 문서인 웨스터민스터 신앙고백서와 대소요리문답, 그리고 본 교단의 헌법 특히 예배모범을 지키는 것이 나 자신의 정체성을 지키는 것이라고 생각하였다. 이것이 하나님 앞에 보수 교단에 속한 목사로서의 책임이고 나의 자존심을 세우는 길이라고 믿었다. 보수교단의 신학과 교리가 가장 성경적이고 이 성경교훈의 바른 교리를 가르치고 지키는 것이 교단에게 주신 사명이라고 믿었기 때문이다. 그래서 본 교단에 속한 목사가 된 것을 감사하고 자랑스럽게 생각하였다. 대부분의 교단들이 복음주의로 나아갈지라도 내가 속한 교단은 개혁주의를 파수하여야 한다고 생각한다. 기초와 뼈대(교리)를 튼튼히 세우지 아니하면 쉽게 무너질 수밖에 없는 것이 된다. 각 교단들은 각자 자신들에게 주신 사명이 있다고 본다. 그러므로 타 교단을 정죄하는 일도 삼가야 할 뿐 아니라 자신이 속한 교단의 신학을 포기하고 교리를 흐리게 하면서 교회 성장 지상주의에 휩싸이는 것도 경계해야 한다. 특히 교단 헌법에 명시한대로 예배의 경건을 지켜야 하는 것이다(헌법 정치 7장, 헌법적규칙 4조, 예배모범 1장-6장).

선교적 연합활동과 예배의 경건은 구별되어야 한다. 교단성을 지키는 것이 자존심이다. 나는 목사 임직 때에 오른손을 들고 서약한 바를 끝까지 지키고자 하였다.

6) 모본(제자도)적 목회

목회자는 "내가 그리스도를 본 받은 것 같이 너희는 나를 본 받으라"고 말한 사도 바울처럼 교인들 앞장서서 나를 따라 하나님을 섬기라고 말 할 수 있어야 한다. 또한 목사는 성경 진리를 가감 없이 전해야 한다는 사명감과 그 말씀에 미치지 못하는 자신의 인간적 연약 사이에서 갈등과 몸부림이 있어야 한다. 그래서 늘 자복과 회개를 힘쓰며 자신을 쳐서 복종시키고자 하였다. 언행과 삶속에서 작은 흠이라도 나타나게 될까 늘 조심하였다. 나의 입으로 전하는 하나님의 말씀이 나의 언행으로 말미암아 훼방을 받게 되고, 주님의 이름에 욕을 돌리게 되고, 보는 사람이 실족하게 될 것을 두려워하였다. 주님의 말씀대로 교회는 세상의 빛과 소금이 되어야 한다. 그러므로 목사는 더욱 빛이 되어야 한다.

나는 하나님께서 나에게 맡기신 교회가 더욱 아름다운 교회로 성장하기를 위하여 힘썼다. 양적 부흥도 귀하지만 그 보다도 질적 성숙에 강조점을 두었고 그래서 세상의 빛 된 교회, 진리의 기둥과 터로서의 아름다운 집, 오직 하나님만 섬기고 하나님께만 예배하는 성전으로 세워져 가기를 목표하였다. 그래서 하나님께 영광 돌리고 성도의 교제가 활발하고 데살로니가 교회처럼 본이 되는 교회로 좋은 소문이 널리 퍼지기를 바랐고, 주님 오실 때에 칭찬받는 교회, 하나님의 밭에 알곡들로 채워지기를 원하였다.

인간 자신의 이름에는 멸시가 있을지라도 목사라는 직명에는 존경과 사랑과 신뢰가 있게 해야 한다고 믿었다. 인간 김OO가 죽고 짓밟힐지라도 목사직의 명예를 지키면 그를 세우신 주께서 영광을 받으신다. **목사직의 존귀함을 지켜야 한다는 일념으로 목회하였다.**

"내가 내 몸을 쳐 복종하게 함은 내가 남에게 전파한 후에 자신이 도리어 버림을 당할까 두려워함이로다"(고전 9:27)라고 고백한 사도 바울의 목회적 자세를 배우고자 힘썼다. 사람들은 예수 그리스도를 보기 전에 먼저 목사를 보고 신자들을 본다. 그래서 작은 흠이라도 발견하면 크게 비난한다. 그리스도인은 세상에서 빛의 사명을 가졌기 때문이고 그래서 그리스도신자는 깨끗하고 정직하고 선하여야 한다는 것을 더 잘 알고 있기 때문이다. 특히 물질 관계나 이성 관계에서 깨끗해야 한다. 성취욕과 명예욕을 경계하여야 한다. 정직하고 선하여야 한다. 세상의 부정과 불의를 책망하고 사람들의 탐욕과 부정직과 불선을 회개하도록 할 책임이 목사에게 있다. 그리스도인들은 나중 주님의 심판석에 함께 앉을 자들인데, 자신이 부정불의하면서 어떻게 남을 심판할 수 있겠는가? 주님의 심판을 방해하는 자가 될까 두려워하여야 한다.

또 교회 정치에 있어서 인본주의 정치를 지양하고 신본주의 정치를 배워야 한다. 사단의 권모술수가 아니고 주님의 사랑의 정치를 배워야 한다. 목사는 권세나 지위를 위하여 일하는 자가 아니고 그리스도의 사랑으로 섬기는 그리스도의 종임을 기억해야 한다. 자신을 높이는 자가 아니고 주님을 높이는 자이다.

"…살든지 죽든지 내 몸에서 그리스도가 존귀하게 되게 하려 함이라"(빌 1:20)고 말한 사도 바울의 고백을 배워야 한다.

이상과 같은 나의 목회 소신은 성경이 가르치는 것이고 선배 목회자들의 소신이었고 지금도 신실한 주의 종들의 소신이라고 생각한다. 나 자신의 목회 일생을 되돌아보면 이같은 소신에 미치지 못한 것을 부끄러워 할 뿐이다.

성경적 교회의 전통을 이어 받아 전수하는 것이 교회의 공동 신앙고백적 의미에서 옳은 일이라 생각한다. 같은 찬송을 부르고 동일한 경건과 거룩으로 하나님을 섬기는 것은 하나 된 공교회로서 시간과 공간을 초월한 일치를 지향하는 일이다. 새로운 목회 방식을 시도하는 것보다 전통을 이어온 목회의 경건을 파수하고자 하는 노력이 더 우선이라고 여긴다.

7) 예배 찬송에 대하여

찬송은 하나님께 올리는 노래, 거룩한 노래이다. 사람이 즐기는 노래가 아니다. 신앙고백적 노래이고, 은혜를 사모하여 간구하는 기도의 노래이고, 사죄와 용서를 구하는 회개의 노래이고, 구원의 은혜를 감사하는 노래이고, 하나님의 위대하심과 영광을 찬양하는 노래이다. 그러므로 가사는 물론이고 그 리듬 또한 거룩한 노래이다. 하나님께 속한 리듬, 하나님께 합당한 리듬이 있다고 본다. 인간의 육적인 감정을 자극하는 리듬이나 심리적인 황홀경에 빠뜨리는 것이 아니고, 심령과 양심을 깨우치고, 마음에 평안과 쉼과 감사와 회개의 눈물을 흘리게 하는 영적인 노래이다. 십자가의 주님을 바라보게 하며 거룩하신 하나님을 대면하게 하는 노래이다.

사탄의 리듬이 있다고 들었다. 록음악은 사람으로 하여금 육체적 감정이 흥분되게 하고 정신적인 심리적인 안정을 잃게 하고 인간을 병들게 하는 음악이라고 어떤 학자는 말하였다. 그러나 인간 영혼에 쉼을 주고 마음에 평안을 주고 거룩한 감정을 만족케 하는 음악이 있다. 다윗의 하프소리처럼 인간을 치유하는 음악이 있다. 하나님 앞에 드리는 찬양이 이러한 노래이다. 음악선교를 35여 년간 지속해

온 장로님 한 분이 만든 실내음악단의 찬송가 Tape가 비록 전달되는 가사가 없는 현악뿐이었을지라도 그 찬양의 소리를 들었던 한 이방인이 병에서 회복되는 기적을 일으킨 적이 있다. 하나님의 노래는 이렇게 사람을 치유하는 능력이 있다. **음의 세계도 하나님께서 창조하신 아름다움의 세계이다.** 창조의 질서와 조화를 이루는 리듬과 화음의 아름다움이 있다. 그러나 사탄은 이 음의 세계에도 침범하여 파괴함으로 하나님을 훼방하고자 한다. 그래서 말세적 말초 신경적 자극을 통하여 인간의 욕망과 원한의 불을 불러일으키게 하는 소리를 만들려고 하는 것이다. 이러한 이유로 현대에 유행하고 있는 복음송 중에는 그 리듬이 거룩한 노래에 속할 수 없는 것이 있다고 본다. **찬송은 하나님께 올리는 향이다.** 곡이 붙은 기도이기 때문이다. **인간이 즐기는 노래가 아니다. 놀이를 위한 노래가 아니다.**

그러므로 예배 찬송을 특히 주의해야 한다.

이 글을 쓰면서 나는 지난 40여 년간 목회자로 섬겼던 교회와 노회, 그리고 그 지역 교회들의 동역자들과 성도들의 사랑과 성원이 컸다는 것을 새삼 돌아보게 된다. 나를 개혁주의 목회자로 키우신 은사님들, 특히 이제는 천국에서 쉼을 얻으신 박형룡 박사님, 박윤선 박사님, 손계웅 목사님, 이영수 목사님, 그리고 은퇴 후 성경 주석을 집필하고 계시는 박희천 목사님 등 그들의 신학과 성경관과 경건과 진실함과 목회자적 사랑과 교정(敎政)을 배우며 지도를 받은 것이 나에게는 큰 자산이 되었고 자랑이 되었다. 그러면서도 그 사랑과 지도에 보답은 커녕 인사도 한 번 제대로 하지 못하고 은퇴의 삶을 살고 있음을 부끄럽게 여기게 된다. 그러나 빚진자의 고백이지만 혹시 후배들과 교회에게 조금이나마 도움이 되기를 바라는 마음이 간

절하다.

나의 목회를 도와 수고와 인내를 함께한 부교역자들과 직원들, 그리고 당회원들에게 하나님께서 칭찬과 상급으로 갚아주시기를 바란다. 특히 늘 반가운 얼굴로 그 번거로운 수고를 마다하지 아니한 이은영 집사에게 하나님께서 윗샘과 아랫샘의 복을 내려주시기를 기원한다.

나의 목회 일생에 나의 곁에는 힘과 위로를 주어 도운 분들도 있고 때로는 힘들고 아프게 한 분들도 있다. 그러나 이 모든 분들이 다 하나님께서 나를 위하여 보내주신 하나님의 사자들이었다. 모두가 감사하고, 엎드려 하나님께 감사와 영광을 돌릴 뿐이다.

끝으로 나의 부모님과 기도와 격려로 도와준 형제 자매 친지들, 그리고 어머니 같은 사랑으로 목사의 인간적 허물을 덮어주며 위로하고 주의 종으로 존경과 섬김을 아끼지 아니하였던 권사님들과 집사님들이 나의 약점을 채우고 오늘까지 서 있게 한 큰 힘이 된 것을 감사한다.

그리고 목회자의 반려자로 온갖 어려움을 견디며 인내하여 목사의 부족한 부분을 채우어주고 격려하여 준 아내와, 말없이 하나님의 좋은 일꾼들로 성장하여 내가 하지못한 부분들을 채우며 주님을 섬기는 자녀들, 모두가 나의 힘이고 자랑이 된 것을 하나님께 감사드린다. 하나님이여! 나의 가문에 주신 은총이 헛되지 아니하여 더욱 큰 영광을 주께 돌리게 하소서.

이 책의 출판을 맡아주신 오늘의문학사 리헌석 사장님과 이영옥 편집장님께 감사의 말씀을 드린다.

특별히 이무주 목사님의 신학교 과제물을 나의 목회소신의 일부로, 이 책의 추천서 대신 수록하게 됨을 기쁘게 여긴다. 나의 목회

소신에 공감하는 후배가 있다는 것과 특히 언론인 출신 신학도의 예리한 눈에 비친 나의 모습이 그만큼 그의 목회 정의를 위하여 도움이 되었다는 보람때문이다. 그래서 나에대한 과장된 표현들을 수정하고자 하였으나 그대로 수록하기로 하였다. 이 책을 읽는 다른 후배들에게 도움이 되기를 바라는 마음에서이다.

나는 평소에 가난한 자의 축복과 부모의 축복이 가장 진실한 축복이라고 믿어 왔다. 그리고 후배들의 평이 또한 선배된 자의 자랑이고 상급이라고 생각한다. 고마운 마음을 금할 길 없다. 그의 소신대로 좋은 목회자가 되기를 축원한다.

“목회자 리더십에 대한 연구”

— 대전대일교회 김기중 목사를 중심으로

이 무 주(부산 해운대큰교회 담임목사)

들어가는 말

요즈음 우리나라가 심각한 경제난으로 위기를 맞고 있다. 기업들은 경영의 긴축이란 이름아래 그동안 함께 땀 흘리며 동고동락 해오던 근로자를 밖으로 내몰아 실업자를 양산시키고 있고 기름값은 하루가 다르게 치솟아 물가고를 부추기고 있으며 그동안 풍요에 길들여져 있던 국민들은 살기가 어렵다고 아우성이다. 더욱 안타까운 것은 이런 위기를 당하면서도 누구하나 이 문제에 대해 책임을 지겠다고 선뜻 나서는 사람이 없다는 사실이다. 국민들은 정부를 탓하고 정부는 기업을 탓하고 기업은 정책을 탓하고, 도대체가 서로가 서로에게 손가락질만 했지 ‘이것이 내 잘못이오’ 하는 사람이 없다. 하기야 이 마당에 누구를 탓해서 무엇하랴마는 그래도 나라가 이 지경까지 된데는 누구에겐가 책임이 있을 게 아닌가. 필자는 이 문제의 가장 큰 원인을 지도자의 지도력부재에 두고 싶다. 그렇다. 국가나 사회나 또 어느 조직체나 지도자의 지도력은 이렇듯 중요하다.

최근들어 우리 교회(일반적인 교회)에서도 지도자, 혹은 리더십에 대한 관심이 고조되고 있다. 그리스도의 몸인 교회의 지속적인 성장과 성도의 질적인 성숙을 위해 무척 바람직한 일이라고 생각한다. 따라서 필자는 지난 10여년 동안 꾸준한 성장으로 지역 교회들의 주목을 받고 있는 대전대일교회 김기중 목사의 목회철학과 아울러 그의 리더십에 대해 고찰하고 그것을 통해 도전과 교훈을 얻고자 한다.

Ⅰ. 서론

1) 대전대일교회 연혁과 현황

대전대일교회는 대한 예수교 장로회(합동) 함남노회에 소속된 교회로 대전광역시 서구 변동 1번지에 위치하고 있다. 1987년 5월 24일 대전중앙교회에서 당시 그 교회를 담임하고 있던 이영수 목사를 중심으로 분립하여 설립된 이래 이영수 목사가 소천하자 그 후임으로 1988년 4월, 지금의 김기중 목사가 부임하게 된다. 그 후 1989년 교회 부지를 현 위치인 변동에 매입하고 교회당을 신축했으나 늘어나는 성도들을 수용할 수 없어 설립 5년 후인 1993년 연건평 960평의 4층 건물로 다시 증축하여 오늘에 이르고 있다.

현황으로는 설립 당시 300여명으로 시작한 대일교회는 지난 10년 동안 꾸준한 성장을 거듭하여 지금은 850여명의 교인이 2부제로 주일예배를 드리고 있으나 자리가 모자랄 정도다. 특히 예배와 선교에 큰 비중을 두고 예산의 10%를 예배를 위해 투자하고 있는데 금년부터는 보다 질 높은 예배를 위해 30여명의 단원으로 구성된 오케스트라를 편성하여 성가대와 함께 예배를 돕고 있다.

선교 현황으로는 국내외에 단독 또는 협력으로 파송한 선교사가 있으며(8명), 방송선교를 위해 주일예배실황을 매월 1회 대전극동방송을 통해 녹음중계하고 있고 제주 아세아방송을 통해서도 담임목사의 15분설교가 주 1회 방송되고 있다. 그 가운데서도 특히 주목할 것은 우즈베키스탄의 사마르칸트에 사마르칸트대일교회를 개척한 일이다. 현지의 한인 2세를 초청해서 국내에서 신학을 공부하게 한 다음 다시 선교사로 파송하여 개척한 현지의 대일교회를 섬기게 하면서 목회와 선교를 감당케 하고 있는데 개척 1년만에 벌써 100여명의 현지인들이 복음을 영접했다는 소식이다. 이와같은 일들로 인해 지출되는 선교비가 교회 전체 예산의 약 25%를 차지하고 있으나 앞으로 더욱 늘어날 전망이다. 조직으로는 당회(당회원/목사 1인, 장로 13인)아래 15개의 전도부서와 6개의 성가대, 주일학교, 그리고 40개의 구역이 구성되어 상호 유기적인 협력과 기도로 명실공히 살아 움직이는 교회로 성장해가고 있다.

2) 김기중 목사의 약력과 목회 철학

(1) 약력

김기중 목사는 1939년 경상북도 군위군에서 아직 부모님이 예수를 믿지 않는 불신 가정에서 출생하여 어린시절 그곳에서 자랐다. 원래 총명하여 주위 어른들의 기대를 모았던 그는 한때 과학자가 되고자 하는 꿈을 키우기도 했으나 예수 그리스도를 영접하고 하나님을 인격적으로 만나면서 목사가 되겠다는 결심을 한다. 당시의 명문이었던 경북고등학교를 졸업하고 총신을 진학, 목회자로서의 훈련을 쌓게 되는데 그때부터 이미 그의 부드러운 성품은 동료학우들로부터 깊은 신뢰를 얻어 재학 중에는 총학생회 회장을 맡아 훌륭히 그 지도력을 발휘했다.

목사 안수 후에는 대구반야월서부교회와 안동서문교회를 두루 담임했고, 감당한 교회들을 모두 은혜 가운데 성장시켰다. 학문에 대한 열정 또한 남달랐던 터라 그의 향학열은 교회를 담임하는 중에도 미국 훼이스신학대학원에 입학, 목회학 박사 학위를 취득하는데 성공하게 한다. 대구신학대학(현 대신대학)과 대전신학대학, 그리고 중부대학교에서 후학들을 위해 강의를 하기도 했으며 꾸준히 저술활동에도 관심을 쏟아 평신도를 위한 신앙강좌시리즈인 "가까이 더 가까이"를 3집까지 출간했고 그 외에도 다수의 설교집을 내놓고 있다. 한편 올해로 4년째 대전극동방송에서 신앙상담 프로그램의 상담자로 매주 봉사해 오고 있을 뿐만 아니라 간간히 부흥회 강사로 활동하기도 한다. 지금은 함남노회 노회장을 역임하고 있으며 가족으로는 그림과 성악과 문학에 두루 탁월한 재능을 가진 사모와 슬하에 출가한 딸 둘, 그리고 이탈리아에서 성악공부를 위해 갓 유학을 마치고 돌아온 막내 딸, 대학원에 재학중인 아들 하나가 있다.

(2) 목회 철학

김기중 목사의 목회철학의 첫 번째를 꼽는다면 한마디로 "말씀중심"의 목회이다. 그는 말하기를 목회의 중심사역은 무엇보다 말씀이라고 강조한다.아무리 세월이 흐르고 역사가 바뀌어도 변하지 않는 것이있다면 하나님의 말씀밖에는 없기 때문에 이 말씀의 중요성은 웬만큼 강조해도 지나치지 않는다고 주장한다. 참으로 옳은 말인 듯

싶다. 일찍이 하나님께서는 잠든 시대를 깨우심에 있어서 늘 말씀의 종들을 사용해 오셨다. 구약 이스라엘 시대에도, 어두운 중세 시대에도, 그리고 종교개혁 시대에도 하나님께서는 한결같이 말씀의 나팔로 잠든 시대를 깨우셨기 때문에 말이다. 병든 세상 한 복판엔 언제나 잠자는 교회가 있었고, 잠든 교회의 한가운데는 선포를 잃어버린 강단이 있었다는 사실을 생각해볼 때 김기중 목사의 이 말씀 중심의 목회철학은 그 당위성을 충분히 갖고 있다.

그의 두 번째 목회철학은 "하나님 주인정신"이다. 이 말을 더욱 쉽게 풀면 "하나님은 주인이요 나는 머슴이다"라는 사상이다. 그래서 그는 언제나 자신은 하나님의 손에 붙잡힌 지팡이가 된 것으로 만족해한다. 그래서 그런지 그는 설교조차도 한꺼번에 1년치를 계획하지 않는다. 뿐만 아니라 웬만한 사업도 장기 계획을 수립해 놓고 일하지 않는다. 그렇다고 대책이 전혀없는 것도 아니다. 단지 그때그때 필요에 따라 하나님께 간절히 구하는 것이 그의 대책이다. 이것은 하나님의 주권을 철저히 인정하는 그의 칼빈주의적 세계관과 신본주의의 신앙에 근거하고 있다고 보여진다. 때문에 그의 목회는 요란하지가 않다. 그러나 그의 목회엔 언제나 균형이 잡혀있다.

그의 또 목회철학 가운데 또 하나 빼놓을 수 없는 것은 "평화주의 목회"이다. 그는 일보다 교회의 화평을 중시한다. 그는 필자를 향해 "천하를 얻고도 화평을 잃으면 무슨 유익이 있겠느냐?"고 반문한다. 그래서 사람들은 그를 "신사"라고 부른다. 그는 웬만해서 무리하게 당회를 운영하는 법도 없다. 속도 보다는 방향을 중시하기 때문이다. 그는 안건을 내놓기 전에 충분히 숙고한다. 그리고 제안한 안

(案)이라도 만장일치가 아니면 즉시 보류 또는 철회한다.그래서 오히려 당회원들이 민망해 할 정도다.

옳다! 필자도 그의 평화주의 철학에 동의한다. 왜냐면 싸우면 많은 것을 잃어버리기 때문이다. 우선 인격을 잃고, 믿음을 잃고, 또 이웃을 잃어버린다. 현명한 사람은 고귀한 에너지를 결코 싸움에 소모하지 않는다. 예수님이 그렇게 사셨다.

II. 본론

1) 김기중 목사의 리더십

(1) 설교자로서의 그의 리더십

설교자가 갖추어야 할 품성이 있다면 '높은 도덕성'과 '고상한 인격' 그리고 '순결한 경건성'이다. 이것은 시대가 탁(濁)할수록 더욱 그렇다. 사람들은 자신들의 타락을 오히려 성직자의 도덕적 순결에서 보상받고 싶어하기 때문이다. 그리고 또 한가지 놓칠 수 없는 설교자의 자질로는 "잘 가르치는 은사"이다. 그래서 사도 바울은 "주의 종은 다투지 아니하고 모든 사람을 대하여 온유하며 가르치기를 잘하며 참으며"라고 딤후 2:24절에서 지적했다. 여기에서 "가르치기를 잘하며" 라는 말은 단지 재능의 문제라기 보다는 설교자의 전인격적인 전제를 요구하는 말로 생각된다. 이것이 있고나서 "말의 재능"이 첨가될 때 그 가르침은 비로소 "권위"를 가질 수 있게 된다.

대일교회 성도들은 담임 목사의 가르침에 순종한다. 다시 말해 그 권위를 인정한다. 이것은 그의 생활에서 앞의 요구들이 충족되었기 때문일 것이다. 김기중 목사의 설교는 그렇게 웅변적이지도 않다.그러나 그의 설교 시간 내내 청중들은 진지하다. 그것 역시 그의 설교가 구김살이나 군더더기가 없고 억지로 꾸미지 않은 원고로 솔직 담백하게 청중들을 은혜의 바다 속으로 빨려들게 하기 때문일 것이다. 또 그의 설교에는 복음과 윤리가 함께 강조된다. '예수만 믿으면 복 받는다'가 아니라 '예수 믿고 바로 살아야만 복 받는다'이다. 즉 믿음과 실천을 함께 요구하고 있다는 것이다. 금념(1997년) 11월 30일까지 설교한 주일 낮 예배의 본문을 보면 구약성경에서 16회(33%), 신약성경에서 32회(67%)가 선택되어 졌는데 이로봐서도 그의 설교엔 율법과 복음이 적절하게 안배되어 강조되어지고 있다는 것을 알 수 있다.

목사가 하는 행동 역시 일종의 설교이다. 교인들을 가르친 바 그 교훈대로 살지 않을 때 교인들이 그 설교자를 따르기를 기대하기란 매우 어려운 일이다. 김기중 목사는 일단 이점에서 마음을 놓아도 괜찮을 것 같다. 왜냐하면 그 재능과 삶이 알맞게 조율되어 있기 때문에 말이다.

(2) 목회자로서의 그의 리더십

우리들 중 대부분은 큰 사람이 되라고 하면 아무 이의를 달지 않겠지만 종이 되라면 자자손손 원수로 지내자고 할 것이다. 남을 섬긴다는 것이 말 만큼 쉽지가 않다는 뜻이다. 주님은 우리에게 이렇게 가르치셨다. "너희 중에 크고자 하는 자는 너희를 섬기는 자가 되고 너희 중에 누구든지 으뜸이 되고자 하는 자는 모든 사람의 종이 되어야 하리라"(막 10:43-44) 사실 예수님 당시에도 종이라는 단어는 그렇게 매력적이지 못했다. 종이란 말의 헬라어에는 이런 뜻이 담겨 있다. '주인이 식사하는 동안 식탁에서 기다리는 사람', 즉 지금으로 말하면 웨이터이다. 그러나 예수님은 자신이 종의 삶을 삶으로 말미암아 이 단어의 가치를 한 차원 높이셨다. 목사를 지칭하는 말 가운데 "미니스터(Minister)"란 말이 있다.이 말 속에도 종이란 뜻이 숨어 있다. 김기중 목사의 리더십이 종의 리더십이다. 그는 결코 성도들 위에 군림하지 않으려 한다. 다만 맡겨진 양무리를 진실하고 성실하게 살필 따름이다. 그의 목회철학에서도 살폈듯이 그는 결코 종 이상이기를 거부한다. 그는 함께 사역하고 있는 후배 교역자들에게도 존경을 받는다. 왜냐하면 동역자 이하의 요구를 하지 않기 때문이다. 그리고 그들에게 이렇게 주문한다. "맡겨진 양떼를 알뜰히 살피고 진실하게 사역에 임하라. 그리고 고난도 달게 받는 신실한 목회자가 되라"고. 그는 자신의 목회 모본을 예수님의 가르침에 두고 있다. 따라서 그의 목회는 먹이고(가르침), 양육하고(권면, 책망, 교정, 위로), 보호하고, 구성원의 연대감을 촉진시키고, 지도하며 인도하고, 이름을 불러가며 기도하는 목회이다. 그렇기 때문에 성도 각인이 가진 믿음의 분량 이상만큼 강요당하지 아니한다. 그래서 더욱 그들을 스스로 움직이게 한다.

그러나 김기중 목사는 종이기를 원하면서도 비굴하지 않다. 왜냐하면 그는 자신이 사람의 종이기 전에 먼저 하나님의 종임을 알기 때문이다. 하나님이 그리스도인을 종으로 부르신 것은 열등한 것도 천한 것도 아니다. 하나님의 종은 언제나 하나님께 특별한 존재일 뿐이다. 그러므로 결코 사람의 욕구대로 움직이는 종이 아니라 하나님 아버지의 뜻에 복종하는 종이 되기를 소망한다.

(3) 인간적인 면모를 통해 본 리더십

김기중 목사에 대한 일반적인 평판은 “과묵하다” “점잖다” 등으로 요약된다. 타고난 성품 자체가 워낙 호인이라 말 수가 적고 표정이 많지 않아 그를 처음 대하는 사람들은 오히려 부담이 된다고 말 한다. 그러나 그의 부드러운 말씨에는 상대방의 마음을 쉽사리 무장해제 시킬 수 있는 파워를 지니고 있다. 그래서 교인들은 그를 두 번 만나고 싶어한다. 그래서 전도서는 “말이 많으면 우매자의 소리가 나타난다”(전 5:3)고 경고하고 있다. 그 중에서도 목사가 말이 많으면 품위는 절단이다. 그런 목사 앞에 누가 무얼 믿고 의논하겠으며 어딜 믿고 따라 가겠는가? 더군다나 변명하는 목사는 더욱 수준이 보이지 않는다. 목사는 일정한 수준을 지키며 사는 사람이다. 변명은 해도 알고, 안 해도 알만한 사람은 안다. 교인들은 바보가 아니다. 변명을 하지 않으면 두 가지 얻는 것이 있다. 하나는 어떤 잘못을 저질렀을 경우 솔직하고 진실하고 신사적이라는 평을 듣게 되고, 또 하나는 착하고 너그럽다는 소리를 듣게 된다. 목사는 한없이 착한 사람이기를 교인들은 원한다. 김기중 목사에겐 그런 강점이 있다. 이점이 교인들로 하여금 그를 강하게 신뢰하게 한다.

끝으로 한 가지만 더 그의 인간적 면모를 기린다면 “자기 자랑을 하지 않는다는 점이다” 사실 얼마나 많은 설교자들이 강단에서 감히 자기자랑을 해 왔던가! 아들 자랑 딸 자랑 아내 자랑, 그것도 모자라 심지어는 자기 집 강아지 자랑까지 해댄다. 사람의 욕구에 남에게 인정받고 싶어하는 욕구가 왜 없을까마는 목사에게 있어서 그것은 있을수록 추하다. 자랑은 겸손의 반대개념이다. 교만이 화장만 달리하고 있을 뿐이다. 그러나 김기중 목사는 설교에서는 물론 사석에서 조차 자신의 자랑을 늘어놓았던 기억이 필자에게는 없다. 그렇다고 그에게 자랑거리가 없을 거라고 생각하는 것은 커다란 착각이다. 그에게도 남만큼 자랑거리가 많다. 그러나 그는 그것들 모두가 하나님께서 거저 주신 은혜라는 것을 알기 때문이다.

Ⅲ. 결론

지금까지 창립 10여 년만에 300여명에서 850여명으로 교회를 꾸준히 성장시켜 온 대전대일교회 김기중 목사의 목회철학과 그의 리더십에 대해 긍정적인 면을 주로 살피면서 교훈을 얻고자 했다. 물론 그라고 해서 채워야 할 부분들이 왜 없으랴마는 다음에 혹 기회가 또 오면 몰라도 오늘은 그것들에 대해서는 미루기로 한다. 필자는 교회성장을 물량적인 수치로 평가하기를 조심스러워 한다. 왜냐하면 물량을 추구하다 보면 십중팔구는 세속주의로 흐르기가 십상이기 때문이다. 세상 논리는 하나를 포기하고 아흔 아홉을 얻을 수만 있다면 당연히 그것을 선택한다. 그러나 교회는 그래서는 안 된다. 그렇게 해서 실패한 역사가 있기 때문인다. 대 제사장 가야바는 예수님을 놓고 빌라도에게 "많은 사람을 위해 한 사람이 희생되는 것이 옳다"고 주장한다. 그러나 그의 주장이 과연 옳았었던가? 교회는 성장과 성숙이 균형을 이룰 때 가장 이상적이다. 성장이라 함은 부피를 의미함이요 성숙이라 함은 질을 의미함이다. 교회는 성장이 목표가 되기보다는 어디까지나 결과여야 한다. 왜냐하면 주님은 동기와 과정을 더욱 중요하게 보시는 분이시기 때문이다. 따라서 과정의 승리가 없는 결과는 하나님께서 기뻐하시지 않으신다.

김기중 목사가 필자에게 주는 도전은 그의 목회철학이다. 그는 미래의 거창한 목회비전을 꿈꾸기 보다는 오늘 내가 하나님을 어떻게 섬기고 있느냐에 대해 더욱 집착한다고 했다. 그는 질을 무시한 양(量)에도 연연하지 않는다. 사실 양에 대한 유혹 앞에 많은 목회자들이 미혹되고 있는 현실을 감안할 때 김기중 목사의 목회철학은 신선하다. 그리고 그는 목회의 최고 이상(理想)을 하나님께서 친히 자신의 영광을 드러내시도록 하는데 두고 있다. 그래서 모든 성도가 진정한 예배자로 거듭 나는 데까지 자신을 헌신하겠다는 다짐이 감동적이다. 그의 목회에 목자장 되시는 주님께서 언제나 함께 하시기를 기도드린다.

이 글은 이무주 목사가 총신대학교신학대학원을 다닐 때(1997년 12월 7일) '목회자 리더십'에 대한 과제물로 제출한 것으로서 대전대일교회 김기중 목사의 리더십을 중심을 쓴 것이다. 이무주 목사는 극동방송 아나운서로 사역하다가 지금은(2011년 4월 현재) 부산 해운대큰교회에서 담임목사로 섬기고 있다.

제1부 목회론

"오라 우리가 굽혀 경배하며 우리를 지으신 여호와 앞에 무릎을 꿇자" (시 95:6)

하나님의 영광을 훼손하는 자는 누구인가?

●●●

"선지자들은 거짓을 예언하며 제사장들은 자기권력으로 다스리며 내 백성은 그것을 좋게 여기니 그 결국에는 너희가 어찌하려느냐"

(렘 5:31)

"사단아 물러가라 기록되었으되 주 너의 하나님께 경배하고 다만 그를 섬기라 하였느니라"(마 4:10)

시험하는 사단에게 주께서 하신 마지막 말씀이다.

여기 주께서 사용하신 두 용어 '경배'와 '섬김'은 예배를 표현함에 기본이 되는 두 단어이다. 예배는 경배와 섬김이다. 그리고 예배를 통하여 우리는 하나님께 영광을 돌린다.

사단이 첫 아담부터 마지막 아담이신 예수 그리스도에게, 그리고 오늘 우리에게까지 부단히 시험하고 유혹하는 것은 하나님 예배를 훼방하고 그 영광을 자신이 받고자 하는 것이다. 물질적 부나 대중들의 박수나 천하 권세와 영광을 내세워서 우리를 유혹하는 것이다(마 4:3-9). 얼마나 많은 사람들이 심지어 하나님의 백성까지도 이 세상적 부와 명예와 권세를 위하여 사단에게 무릎 꿇고 절하여 섬기는가?

하나님은 하나님에게만 예배하는 백성을 선택하시고 불러내시고 구속하셔서 하나님 예배자로 세우시고 교훈하시고 지키시고 함께 하신다. 구약의 이스라엘이 그 백성이고 신약의 교회가 그 단체이다. 그리스도 신자들은 예배 공동체로 함께 모여 하나님을 섬긴다. 이렇게 교회는 예배 공동체이고 하나님을 섬기는 하나님의 집이고 하나님의 성전이다(딤전 3:15). 하나님은 교회를 통하여 하나님 예배를 지키게 하셨고 하나님 예배자를 불러 모으시고 또 만들어 가신다. 하나님의 영광의 그릇으로 삼으신다. 그런데 가끔 교회로 말미암아 또는 하나님 예배자로 말미암아 오히려 하나님의 영광을 훼손하는 경우가 생긴다. 즉 예배를 더럽히고 예배 공동체인 교회를 더럽히고 예배자로 세움 받은 성직을 더럽힘으로 하나님의 영광을 훼손하게 되는 것이다.

1. 우상을 만드는 자는 하나님 예배를 다른 신에게 주는 자이다.(롬 1:21-25)

하나님을 알되 하나님으로 영화롭게도 아니하며 감사치도 아니하고 하나님이 아닌 다른 것에게 주는 자이다.

1) 이방 우상숭배자는 하나님의 영광을 피조물과 바꾸는 자이다.(롬 1:21~25)

"그 생각이 허망하여지며 미련한 마음이 어두워져서 썩어지지 아니하는 하나님의 영광을 썩어질 사람과 금수와 버러지 형상의 우상과 바꾸는 자", "하나님의 진리를 거짓 것으로 바꾸어 피조물을 조물주 보다 더 경배하고 섬기"는 자들이라고 말씀하셨다. 그들은 금, 은, 동, 목, 석으로 만든 인간의 수공물 앞에 절하고 제사하는 어리석은 자들이 되어 그 마음이 허망하고 암매하며 육체의 욕심을 따라 행함으로 하나님의 진노를 받게 된다고 말씀한다(사 44:9-20; 엡 2:2-3; 4:17-19; 골 3:5-6).

2) 하나님의 백성이 되어 우상을 만드는 자는 두 주인을 섬기는 자이다.(마 6:24)

그래서 간음하는 여인 같은 자이고(약 4:4) 탐심을 버리지 못한 자이고(약 4:2-3; 골 3:5), 하나님과 원수 노릇하는 자이고(약 4:4), 십자가 원수로 행하는 자이고(빌 3:18) 육체의 만족을 위하고 부끄러운 일을 자랑으로 여기는 자이고(빌 3:19), 땅의 일을 생각하는 자(빌 3:19; 골 3:2)라고 말씀하셨다

그래서 주께서 경계하시기를 "한 사람이 두 주인을 섬기지 못할 것이니 혹 이를 미워하며 저를 사랑하거나 혹 이를 중히 여기며 저를 경히 여김이라 너희가 하나님과 재물을 겸하여 섬기지 못하느니라(마 6:24)라고 말씀하셨다.

광야 이스라엘은 금송아지 우상을 만들어 광란의 제연을 베풀다가 하나님의 진노를 받았고(출 32:1-31; 시 106:19; 행 7:41; 고전 10:7), 이스라엘 백성이 바벨론의 포로로 잡혀가게 된 것은 우상숭배로 말미암아 하나님의 이름을 더럽혔기 때문에 하나님의 진노를 받게 된 것이라고 말씀하고 있다(겔 6:1-7; 8:4-18; 시 106:38 참고). 그들은 성전 문 앞에 '투기의 우상'을 세웠고 성전 담 안 은밀한 곳에 각종 곤충과 짐승의 가증한 우상을 벽 사면에 그려놓고 이스라엘의 장로 70인이 그 앞에서 분향하였고 또 성전을 등지고 동방 태양을 향하여 경배하였다. 그래서 하나님께서 그들을 "아껴보지 아니하고 긍휼을 베풀지도 아니하신다"고 말씀하셨다(겔 8:4-18). 그들은 이렇게

하나님과 우상을 겸하여 섬겼다. 하나님을 섬김은 형식 뿐이었고 그들의 마음은 우상에게 향한 것이다. 하나님과 우상을 겸하여 섬김으로 하나님의 제사를 더럽혔고 하나님의 이름을 더럽힌 것이다(겔 20:39, 23:39). 신자가 하나님의 성전인 자신의 심령속 은밀한 곳에 탐심의 우상을 그려놓고 그것을 섬긴다면 그는 가증한 일을 행하는 자가 된다. 예배의 자리에 나아와 앉아 있지만 마음은 하나님을 등지고 황금의 태양, 권력의 태양 등을 향하여 경배하고 있다면 그것은 하나님의 이름을 망령되이 부르는 것이 될 것이다. 마음이 청결하지 못하여(마 5:8) 간음하는 여인 같이 두 주인을 섬기는 자가 된다.

하나님께서 받으시는 예배 자와 받지 않으시는 제사에 대하여 말씀하셨다.(사 66:2-4)

즉 "…무릇 마음이 가난하고 심령에 통회하며 나의 말을 인하여 떠는 자 그 사람은 내가 권고하려니와 소를 잡아 드리는 것은 살인함과 다름이 없고 어린 양으로 제사 드리는 것은 개의 목을 꺾음과 다름없으며 드리는 예물은 돼지의 피와 다름이 없고 분향하는 것은 우상을 찬송함과 다름이 없이 하는 그들은 자기의 길을 택하며 그들의 마음은 가증한 것을 기뻐한즉 나도 유혹을 그들에게 택하여 주며 그 무서워하는 것을 그들에게 임하게 하리니 이는 내가 불러도 대답하는 자 없으며 내가 말하여도 그들이 청종하지 않고 오직 나의 목전에 악을 행하며 나의 기뻐하지 아니하는 것을 택하였음이니라 하시니라" 라고 하신 것이다.

탐심의 우상을 버리지 아니하는 자의 제사를 하나님은 미워하신다. 인간의 타락은 예배의 타락이다. 하나님의 것을 하나님께 드리지 아니하면 그 마음이 어두워지고 허망하여져서 욕심을 따라 온갖 우상을 만들어 섬기게 되고 감성이 부패하여지고 의지가 사악하여져서 죄악에 매이게 된다(롬 1:18-32; 엡 4:17-19).

하나님은 하나님의 영광과 찬송을 결코 다른 자 즉 우상에게 주지 아니하신다고 말씀하셨다.

"나는 여호와이니 이는 내 이름이라 나는 내 영광을 다른 자에게, 내 찬송을 우상에게 주지 아니하리라"(사 42:8).

"…어찌 내 이름을 욕되게 하리요 내 영광을 다른 자에게 주지 아니하리라"(사 48:11).

그래서 "천지를 짓지 아니한 신들은 땅 위에서, 이 하늘 아래에서 망하리라"고 선포하셨다(렘 10:11).

2. 하나님의 교회를 해치는 자는 하나님의 이름을 더럽히는 자이다.(고전 3:16-17)

하나님의 성전인 교회를 해치는 자는 하나님의 집을 더럽히는 자로서 하나님의 이름을 욕되게 하는 자이다.

1) 교회 안에 자신을 높이려는 자들이 있다.(요삼 9-11; 유 6,8)

이들은 권위를 훼방하고 봉사를 훼방하고 교회를 해치는 자이다. 그들은 교회 이익을 빙자하여 자신의 권익을 도모하고 하나님의 나라와 의보다 인간 자신의 나라와 의를 세우고자 한다.

으뜸 되기를 좋아하는 디오드레베는 사도 일행을 접대하지 아니하고 오히려 악한 말로 비방하고 전도자들을 접대하지 않을 뿐 아니라 접대하려는 교인들의 봉사를 금하여 교회에서 내어 쫓는다고 하였다. 그 같은 행위를 '악한 것'이라고 지적하여 본받을 것이 못된다고 하고 그러한 자는 하나님을 뵈옵지 못한 자라고 하였다(요삼 9-11).

"으뜸 되기를 좋아 한다"는 말은 교회 안에서 우두머리가 되기를 좋아한다는 의미이다. 즉 자기의 주권과 주장대로 교회의 머리 노릇을 하겠다는 것이다. 그래서 사도의 권위를 인정하지 않으려하고 오히려 여러 가지 악한 말로 비방하는 것이다. 그리고 전도자들을 섬기려는 신자들까지 금하여 교회에서 좇아내는 것이다. 자신의 위세와 주권을 세우기 위하여서이다. 바리새인들과 제사장들이 예수님에게 대하여 그리하였다. 그들이 주님을 배척한 것은 그들의 권세를 지키기 위함이었고 그들의 위선과 잘못을 주님께서 지적하셨기 때문이다. 백성들에게 짐을 지우고 자신은 하나도 지지않고 백성들에게 존경만 받고자 하는 자들이었다(마 23:2-12). 섬기는 대신 주장하고, 자신을 낮추는 대신 높이고자 한다. 인간 권력으로 교회를 주장하려하고 교인들에게 상처를 준다. 그들은 율법의 잣대로 다른 사람을 정죄하고 비판하였으나 결국 그들은 주님의 주권을 침범하고 하나님의 심판권을 행사하고자 하는 교만한 자리에 서게 되는 것이다. 그래서 압살롬이 성문에서 다윗 왕에게로 향하는 백성들의 마음을 도적질하여 자기를 따르게 한 것처럼 사도에 대한 불평과 원망을 퍼뜨리는 것이다(삼하 15:1-6).

사도를 세우신 이가 주님이시고 교회를 세우시는 이가 주님이시다. 그리고 교회를 다스리고 교인들이나 사도를 판단하고 심판하실 이는 하나님이신데 으뜸 되기를 좋아하는 자들은 그 주님의 주권을 훼방하는 어리석음을 범하게 된다. 성경에 이같은 자들에 대하여 경계하기를 "형제들아 피차에 비방하지 말라 형제를 비방하는 자나 형제를 판단하는 자는 곧 율법을 비방하고 율법을 판단하는 것이라 네가 만일 율법을 판단하면 율법의 준행자가 아니요 재판자로다 입법자와 재판자는 오직 하나이시니 능히 구원하기도 하시며 멸하기도

하시느니라 너는 누구관대 이웃을 판단하느냐"(약 4:11-12), "남의 하인을 판단하는 너는 누구뇨 그 섰는 것이나 넘어지는 것이 제 주인에게 있으매 저가 세움을 받으리니 이는 저를 세우시는 권능이 주께 있음이니라", "네가 어찌하여 네 형제를 판단하느뇨 어찌하여 네 형제를 업신여기느뇨 우리가 다 하나님의 심판대 앞에 서리라"(롬 14:4,10)라고 하였다.

주님의 제자들도 한때 으뜸되는 자리를 원하여 서로 다투었다. 그러나 주님은 그들의 잘못을 지적하시고, 하나님 나라의 지도자는 섬기는 종이 되어야 할 것을 교훈하셨다(막 10:42-45; 눅 22:24-27; 요 13:12-17). 사도 바울은 교회의 지도자(감독)들에게 경계해야 할 중요한 요소가 교만임을 지적하였다. 교만은 사단이 정죄 받은 그 죄이기 때문이다(딤전 3:6). 하나님은 교만한 자를 물리치시고 겸손한 자에게 은혜를 베푸신다(약 4:6; 눅 18:11-14; 벧전 5:5). 하나님의 자리를 탐하는 교만을 경계하여야 한다. 하나님께서 "대적하시고" "물리치시"는 교만한 마음을 갖고서, 더욱이 하나님의 종들을 비방하던 그 입술로 어떻게 하나님을 기쁘시게 찬송하여 섬기겠는가? 교만은 예배를 훼방하는 사단의 행위이다.

"한 입으로 찬송과 저주가 나는도다… 이것이 마땅치 아니하니라"(약 3:10)

2) 교회 안에 분쟁이 있으면 하나님의 교회를 해치게 된다

"너희는 너희가 하나님의 성전인 것과 하나님의 성령이 너희 안에 거하시는 것을 알지 못하느냐 누구든지 하나님의 성전을 더럽히면 하나님이 그 사람을 멸하시리라 하나님의 성전은 거룩하니 너희도 그러하니라"(고전 3:16-17)

교회의 거룩성을 훼손하는 자는 곧 거룩하신 하나님을 욕되게 하는 자이다. 고린도 교회에는 분쟁과 분파가 생겼다(고전 1:10-13). 그래서 사람을 자랑하고 서로 시기하고 사람을 따라 행하였다(고전 3:3-4). 그리고 이 분쟁은 교회를 무질서하게 하고 성찬식까지 해쳤다(고전 11:17-22).

주께서 말씀하시기를 "스스로 분쟁하는 나라마다 황폐하여질 것이요 스스로 분쟁하는 동네나 집마다 서지 못하리라"(마 12:25)라고 하셨다. 머리가 하나이시니 몸도 하나이다(엡 4:3-6). 그리스도의 몸인 교회는 하나님을 섬기는 예배 공동체이다. 분쟁으로 교회를 해치는 행위는 주님을 나뉘게 하는 아픔이고 하나님의 영광을 가리우는 일이다. 그리고 주님의 교회를 인간 집단으로 전락시키는 것이 된다. 사단은 교회 안에 원망과 불평을 일으켜 분쟁하도록 시험한다. 그래서 하나님의 영광을 훼방하고자 하는 것이다. 초대교회에도 이러한 시험이 있었다. 그래서 사도들은 이러한 일을 막고 교회가 평안한 중에 그 사명을 잘 수행하도록 하기 위하여 평신도 직분자들을 세웠다(행 6:1-6).

사도 바울은 고린도 교인들을 대하여 권면하기를 "분쟁이 없이 같은 마음과 같은 뜻으로 온전히 합하라"(고전 1:10)고 하였고 "…사람을 자랑하지 말라"(고전 3:21), "…서로 대적하여 교만한 마음을 먹지 말라"(고전 4:6)고 권하였다(빌 2:2-3참고). 또 빌립보교회에 보내는 편지에서 격려하기를 "모든 일을 원망과 시비가 없이 하라 이는 너희가 흠이 없고 순전하여 어그러지고 거스르는 세대 가운데서 하나님의 흠 없는 자녀로 세상에서 그들 가운데 빛들로 나타내며 생명의 말씀을 밝혀…"(빌 2:14-16)라고 하였다. 주님께서는 친히 그의 제자 된 신자들이 하나 되기를 위하여 기도하셨고(요 17:11, 21), 그의 십자가 희생으로 말미암아 원수된 장벽을 허시고 소멸하여 한 성령 안에서 하나가 되어 함께 하나님께 나아가 하나님과 화목하게 하셨다(엡 2:14-19). 예수 그리스도 안에서 모두가 한 성도이고 동일한 시민이고 하나님의 권속이 되게 하신 것이다.

3) 신자의 몸은 그리스도의 지체이고 성령이 거하시는 전이다. (고전 6:15-20)

그러므로 신자의 몸을 더럽히는 것은 성전을 더럽히는 것이 된다. 그런데 음행은 성전인 자신의 몸을 더럽히는 죄악이다. 더욱이 그리스도의 지체를 창기와 합하여 한 몸을 만드는 일이 되는 것이니 더욱 주님을 욕되게 하는 행위가 된다. 그래서 구약 선지자들은 하나님의 선민의 범죄들 중에 특히 우상숭배와 성적 범죄를 동일 선상에서 강력히 비난하고 경계하였다(겔 6:11, 16:15-22; 호 4:11-14). 고린도 교회 안에는 이같은 성적 범죄가 있었고 또 이것을 통탄히 여겨 회개하고자 하지 아니하였다. 그래서 사도는 강력히 항의 하였고 책망하였다(고전 5:1-7).

"너희 중에 심지어 음행이 있다 함을 들었으니 이런 음행은 이방인 중에서라도 없는 것이라… 그리하고도 너희가 오히려 교만하여져서 어찌하여 통한히 여기지 아니하고 그 일 행한 자를 너희 중에서 물리치지 아니하였느냐… 너희가 자랑하는 것이 옳지 아니하도다 적은 누룩이 온 덩어리에 퍼지는 것을 알지 못하느냐 너희는 누룩 없는 자인데 새 덩어리가 되기 위하여 묵은 누룩을 내어버리라 우리의 유월절 양 곧 그리스도께서 희생이 되셨느니라"(고전 5:1-7)

음행은 누룩과 같아서 온 덩이에 퍼져 거룩한 덩어리인 교회를 마침내 더럽게 오염시키게 된다.

다윗처럼 철저히 회개함으로 깨끗이 제하여야 할 것이다(시 51:1-17). 다윗은 말씀의 책망을 받은 후 철저히 회개하였다.

"하나님이여 주의 인자를 좇아 나를 긍휼히 여기시며 주의 많은 자비를 좇아 내 죄과를 도말하소서 나의 죄악을 말갛게 씻기시며 나의 죄를 깨끗이 제하소서" "우슬초로 나를 정결케 하소서 내가 정하리이다 나를 씻기소서 내가 눈보다 희리이다" "하나님이여 내 속에 정한 마음을 창조하시고 내 안에 정직한 영을 새롭게 하소서 나를 주 앞에서 쫓아내지 마시며 주의 성신을 내게서 거두지 마소서 주의 구원의 즐거움을 내게 회복시키시고 자원하는 심령을 주사 나를 붙드소서" "하나님의 구하시는 제사는 상한 심령이라 하나님이여 상하고 통회하는 마음을 주께서 멸시치 아니하시리이다"(시 51:1-2, 7, 10-12, 17).

이렇게 상한 심령의 제사를 드렸다. 다윗의 위대성은 여기에 있다. 회개하는 신앙을 소유하였다는 것이다. 사울은 회개에 실패하였지만 다윗은 회개의 예배를 드린 것이다. 하나님은 통회하고 마음이 겸손한 자와 함께 하신다고 말씀하였다.

"여호와는 마음이 상한 자에게 가까이 하시고 중심에 통회하는 자를 구원하시는도다"(시 34:18) "지존무상하며 영원히 거하며 거룩하다 이름하는 자가 이같이 말씀하시되 내가 높고 거룩한 곳에 거하며 또한 통회하고 마음이 겸손한 자와 함께 거하나니 이는 겸손한 자의 영을 소성케 하며 통회하는 자의 마음을 소성케 하려 함이라"(사 57:15)

주께서 말씀하시기를 "애통하는 자는 복이 있나니 저희가 위로를 받을 것임이요"(마 5:4)라고 하셨다.

4) 주님은 성전을 더럽히는 행위를 용납하지 아니하셨다.

(요 2:14-17; 마 21:12,13)

성전 안에서 행하는 상행위를 엄히 경계하시고 쫓아내신 것이다. "내 아버지의 집으로 장사하는 집을 만들지 말라"(요 2:16)고 하셨고, 만민의 기도하는 집을 강도의 굴혈로 만들었다고 책망하셨다(막 11:17). 하나님의 성전은 "기도하는 집" 즉 예배하는 집이다. 그런데 경제적 이익을 도모하는 시장터가 되고 서로의 주머니를 넘어다보는 강도의 소굴로 만든다면 이것은 하나님의 집을 더럽히는 큰 죄악이다. 그래서 탐심은 우상숭배라고 지적하셨다(골 3:5). 주님은 주님께 나아오는 모든 사람을 영접하시고 저들을 구원하셨다. 그러나 바리새인들의 외식과, 그리고 성전을 더럽히는 행위는 용서치 아니하셨다. 예수 그리스도는 하나님의 성전을 깨끗케 하기 위하여 오신 구세주이시다. 개인의 심령을 깨끗이 하고 그리고 하나님의 교회를 깨끗이 하신다. 그래서 하나님 앞에 거룩한 제사장(예배자)으로 바치신 것이다(계 1:6, 5:10)

교회의 이권 단체화를 경계해야 한다. 교회는 하나님을 섬기는 거룩한 단체이다. 그런데 세상적인 이익을 위한 단체로 변질되면 하나님의 영광을 가리우고 하나님은 그 교회에서 떠나신다. 하나님이 떠나시면 그 교회는 교회의 빛을 잃어버리고 세상에 짓밟히게 된다. 엘리 제사장의 잘못은 그 아들들이 하나님의 제물을 짓밟았고 성전에서 수종드는 여인들과 간음한 것을 단호히 금하지 못한 것이다. 그래서 그 아들들은 블레셋과의 전쟁에서 죽었다. 법궤를 앞세웠지만 오히려 이방인들이 더 분발하게 하는 계기가 될 뿐이었다. 이가봇이 된 것이다. 하나님의 영광은 이스라엘에게서 떠나고 전쟁에 패하여 하나님의 법궤는 이방 블레셋군에게 빼앗겼고 엘리 제사장은 넘어져 목이 부러져 죽었고 그 자부는 난산으로 죽었다. 태어난 아기의 이름을 이가봇이라고 부르고 죽은 것이다(삼상 2:12-17, 22-25, 29-34, 4:1-22).

"이 세상이나 세상에 있는 것들을 사랑치 말라 누구든지 세상을 사랑하면 아버지의 사랑이 그 속에 있지 아니하니 이는 세상에 있는 모든 것이 육신의 정욕과 안목의 정욕과 이생의 자랑이니 다 아버지께로 좇아 온 것이 아니요 세상으로 좇아 온 것이라"(요일 2:15-16)

세상 정욕이 가득찬 마음을 가지고 하나님을 사랑할 수는 없다. 하나님의 성전이 세상 사랑으로 채워지면 하나님의 사랑은 그곳에 머물 수 없다. 하나님의 이름을 더럽게 하는 곳에는 하나님께서 거기 계시지 아니하신다. 예루살렘 성전은 46년간 지은 크고 화려한 성전일지라도 그 안에 하나님의 영광이 떠나고 대신 인간의 탐욕이 가득 찼을 때에 돌 위에 돌 하나도 놓이지 아니하도록 철저히 파괴되었다. 러시아의 대 성당들이 화려하지 않아서 공산주의자들이 그 성당을 박물관이나 창고로 사용한 것이 아니다. **교회는 건물이 아니고 거룩한 무리들의 모임이고, 인간의 이익을 위한 단체가 아니고 하나님을 섬기는 예배 공동체이다.** 교회는 하나님의 성전이다. 하나님의 성전이 된 그리스도인들이 하나님 예배를 위하여 모인 성전이다. 교회는 세속적 꿈과 이상과 야망을 성취시키는 단체가 아니다. 인간의 구원을 위하여 일하지만 인간의 행복을 위하거나 성공을 위한 상담소나 학원이 아니다. 정의를 세우고 자선을 힘쓰고 병자를 고치기도 하지만 사회 정의를 위한 단체도 아니고 자선단체나 복지단체도 아니다. 정치 집단도 아니고 경제 단체도 아니고 음악당이나 공연장도 아니다. 병원도 아니고 심리치료사도 아니다.

교회는 세상의 그 어떤 단체도 할 수 없는 일을 수행하는 단체다. 그리스도 신자 외에는 그 누구도 동참할 수 없는 일을 하는 단체다. 오직 하나님을 섬기며 하나님께 경배 드리며 하나님께 영광 돌리는 일을 하는 단체다. 그래서 신자들을 '거룩한 무리'(성도) 라고 부르고, 교회를 '거룩한 집'(성전) 이라고 부른다. 그리고 목사를 성직자라고 부른다.

3. 위선적 예배자는 하나님을 만홀히(업신여김:조롱함) 여기는 자이다.(갈 6:7)

신령과 진정이 없는 예배는 하나님께서 받지 아니하신다.

1) 아나니아, 삽비라 부부의 헌금은 위선적 예배이다.(행 5:1-4)

사도를 속이고 하나님을 속인 헌금이다. 양심을 속이고 사람을 속이고 성령을 속인 것이다. 즉 그들 부부는 자신들의 명예를 위하여 헌금한 것이다. 헌금을 적게 한 것이 문제가 아니고 일부만 바치면서 전부를 바치는 것처럼 한 것이다. 하나님을 섬김이 아니고 자신을 섬긴 것이다.

그러나 마게도냐 교회들은 "환난의 많은 시련"과 "극한 가난" 중에도 오히려 '넘치는 기쁨'과 '자원하는' 마음으로 '먼저 자신을 주께 드리고 또 하나님의 뜻을 따라' '풍성한 연보를 넘치도록' 하되 '힘대로 할 뿐 아니라 힘에 지나도록' 하였다고 칭찬하고 있다(고후 8:1-5). 그리고 이같은 헌금의 제사를 하게 된 것을 하나님의 은혜라고 하였다. 우리가 하나님께 기쁨으로 헌금할 수 있는 것도 하나님의 은혜로만 가능하다. 전심전력을 다하여 하나님을 사랑하고 섬기는 예배인 것이다.

2) 바리새인들의 경건은 위선이었다.(마 6:1-18)

그들의 구제나 기도나 금식이 모두 하나님 앞에 행한 것이 아니고 사람에게 보이려고 한 것이라고 주께서 지적하셨다. 사람의 칭찬과 상급을 위한 것이었다. 사람의 눈을 위한 예배이다. 또 그들의 전도의 열심도 진정 인간 영혼의 구원과 하나님의 영광을 위한 것이 아니었음을 주께서 지적하시기를 "화 있을찐저 외식하는 서기관들과 바리새인들이여 너희는 교인 하나를 얻기 위하여 바다와 육지를 두루 다니다가 생기면 너희보다 배나 더 지옥 자식이 되게 하는도다" (마 23:15)라고 하셨다. 그들의 "모든 행위를 사람에게 보이고자 하여" 자신들의 명예와 영광을 구하였다(마 23:5-7; 요 5:42-44). 하나님의 영광을 위한 경건이 아니었다. 그들은 물질적 십일조는 하였지만 심령의 사랑과 믿음은 드리지 아니하였고(마 23:23), 외모는 거룩한 옷을 입었으나 심령속은 탐욕과 방탕으로 가득찼다고 책망하셨다 (마 23:25-28).

전도와 선교는 교회의 지상사명이다. 그러나 그 의도와 목적이 무엇인가를 되돌아 보아야 한다. 즉 인간 구원인가 아니면 교세 확장인가? 하나님의 집의 부흥인가 아니면 사업체의 번영인가? 예배 공동체의 성장인가 아니면 인간 집단의 세력화인가? 하나님의 영광인가 아니면 인간의 자랑인가?를 심각히 반성하여야 한다. 전도의 진정한 목표는 하나님의 영광이어야 한다(시 67편 박윤선 주석).

"하나님이여 민족들로 주를 찬송케 하소서 모든 민족들로 주를 찬송케 하소서"(시 67:3,5)

한 영혼 한 생명을 하나님 앞에 향기로운 제물로 바치고 그들로 하나님께 영광 돌리는 예배자로 만드는 것이 전도의 목표이다(롬 15:16;

고전 14:25; 행 2:47).

3) 발람선지자의 예언은 황금을 위한 것이었다.(민 22:31-24:25; 벧후 2:15-16)

발람은 발락왕의 뇌물을 따라 이스라엘을 저주하려 하였지만 하나님의 경계로 말미암아 오히려 축복한 선지자이다. 발람의 설교 내용은 하나님의 진리였지만 설교자의 의도는 황금뇌물을 위함이었다. 하나님을 위한 설교가 아니었다는 말이다. 그래서 발람을 미친 자라고 하였다(벧후 2:15-16). 또 아합 왕 앞에서 전쟁의 승리를 외친 선지자들은 권력 앞에 아첨하는 거짓 선지자들이었다. 그들은 참 선지자 미가야를 오히려 미워하고 핍박하였다. 세상 권세를 위하여는 평안을 외쳤고, 진리를 전한 하나님의 사람을 대하여는 비난한 것이다(왕상 22:5-28). 사람으로 그릇된 길에서 돌이켜 하나님께로 돌아오게 하여 참 예배자로 세우려 하지 아니하고 평안만을 전하는 선지자는 거짓 선지자이다(렘 6:14, 14:13-15, 23:16-17, 29:8-9). 선지자는 하나님을 위하여 백성에게 보내어진 하나님의 사람이기 때문이다. 말세가 되면 사람들이 자기 귀를 즐겁게 하는 말을 듣고자 한다고 하였다(딤후 4:3-4). 옛적 이스라엘 백성들도 하나님의 말씀을 자기들에게 욕으로 여기고 참 선지자의 권면과 전하는 하나님의 말씀을 듣기를 거부하였다. 그래서 평안과 승리만 전하는 거짓 선지자들이 일어나는 것이다. 설교자가 귀에 듣기 좋은 말만 하면 선지자의 사명을 저버리는 것이 된다.

하나님은 그의 말씀 안에 함께 하신다. 인간의 말로 위로코자 하면 주님의 위로는 없게 된다. 예배는 죄 많은 인간이 하나님 앞에 나아감을 얻는 신인교제의 시간이고 그 교제의 중요한 요소가 말씀인데 말씀이 없으면 무엇으로 하나님과 교제 하겠는가? 하나님의 말씀을 농담처럼 만들지 말 것이다(창 19:14). 주님의 이름을 내세운 인간들의 헛된 웃음을 경계하여야 한다. 백성들은 귀에 좋은 소리를 듣고자 하고 선지자는 그 백성들의 요구에 맞추어 거짓 평안을 전하는 예배는 하나님을 섬기는 예배가 아니다. 하나님의 이름을 만홀히 여기는 예배이다.

황금을 위한 설교, 권력을 위한 설교, 자신의 명예와 이익을 위한 예배는 예배가 아니다.

4) 예배를 번폐스러운 일로 여기는 자들이 있다.(말 1:6-14)

감사의 제사, 기쁨의 제사를 드리지 아니하였다는 말이다. 신령이 없는 제사를 드렸다는 말이다.

말라기 시대의 제사장들은 하나님의 이름을 멸시하여 공경하지 아니하였고 두려워하지도 아니하였다. 그래서 하나님께 드리는 제사를 경멸히 여겨 흠 있는 것, 저는 것을 드림으로 하나님의 이름을 더럽혔고 하나님 제사를 아주 번거롭게 여겨 코웃음치고 훔친 물건과 저는 것, 병든 것을 하나님께 가져왔다고 지적하였다. 그래서(그들이 하나님의 이름을 영화롭게 하지 아니하면) 하나님께서 그들에게 저주를 내려 복이 저주가 되게 하겠고 모든 백성 앞에 멸시와 천대를 당하게 하리라고 경고하셨다(말 2:1-9). 그들은 레위의 언약을 지키지 아니하였다. 제사장은 하나님의 사자가 되어 그 입에 진리의 법이 있어야 하고 불의함이 없어야 하고 지식을 지켜 백성들이 그 입에서 율법의 교훈을 구하게 되어야 하는데 그 반대가 되었다. 즉 그들이 "옳은 길에서 떠나 많은 사람을 율법에 거스르게" 하였다. 하나님의 법을 지키지 아니하고 율법을 사람에게 치우치게 적용하였다고 지적한다(말 2:6-9).

예배를 경멸히 여기는 자들은 그 입술이 부정하여지고 그 행위가 거짓되어 백성들을 오히려 실족하게 한다. 그래서 백성들까지 다 부패하여져서 하나님 예배를 경시하게 된다. 이방 불신자와의 결혼과 이혼으로 말미암아 하나님 제사를 더럽혔고, 십일조와 헌물을 바치지 아니하여 하나님의 것을 도적하였다. 그리고 하나님을 원망하였다(말 2:10-17, 3:8-15).

예배를 경멸히 여기는 자는 하나님을 경멸히 여기는 자이다. 하나님은 엘리제사장에 대하여 책망하실 때에 "나를 존중히 여기는 자를 내가 존중히 여기고 나를 멸시하는 자를 내가 경멸히 여기리라"(삼상 2:30하)고 말씀하셨다. 신자가 신자의 본분을 저버리면 맛 잃은 소금 같이 밖에 버리워 사람에게 짓밟히게 되고(마 5:13), 제사장이 하나님 예배를 경멸히 여기면 백성들 앞에 멸시와 천대를 받게 된다(말 2:9). 그리스도인이 하나님께서 영광 받으실 열매를 맺지 못하면 가지처럼 밖에 버리워 말라지고 불에 살라지게 된다(요 15:6-8).

"부지런하여 게으리지 말고 열심을 품고 주를 섬기라"(롬 12:11)는 말씀을 항상 기억하며 자신을 하나님 앞에 드리기를 힘써야 하겠다.

(딤후 2:15)

5) 예배와 함께 악을 행하는 자들이 있다.(사 1:10-18; 렘 7:8-11; 미 3:11)

믿음의 제사는 그리스도의 피를 가지고 드리는 예배이다(창 4:4; 히 11:4). 즉 자기 죄를 마음 아프게 뉘우쳐 회개하는 상한 심령의 제사를 드리고 말씀에 순종하는 의의 제사를 드리는 것이다. 그런데 피 없는 제사 즉 가인 같은 제사를 고집하는 자들이 있다는 것이다.

이사야 선지자는 그 같은 제사에 대하여 하나님께서 몹시 싫어하신다는 것을 지적하였다. 즉 그들을 "소돔의 관원", "고모라의 백성"이라고 부르면서 책망하시기를 "…내 마당만 밟을 뿐이니라 헛된 제물을 다시 가져오지 말라 분향은 내가 가증히 여기는 바요… 대회로 모이는 것도 그러하니 성회와 아울러 악을 행하는 것을 내가 견디지 못하겠노라… 그것이 내게 무거운 짐이라 내가 지기에 곤비하였느니라 너희가 손을 펼 때에 내가 내 눈을 너희에게서 가리고 너희가 많이 기도할지라도 내가 듣지 아니하리니 이는 너희의 손에 피가 가득함이라 너희는 스스로 씻으며 스스로 깨끗하게 하여 내 목전에서 너희 악한 행실을 버리며 행악을 그치고 선행을 배우며… 여호와께서 말씀하시되 오라 우리가 서로 변론하자 너희의 죄가 주홍 같을지라도 눈과 같이 희어질 것이요 진홍 같이 붉을지라도 양털 같이 희게 되리라… 여호와의 입의 말씀이니라"(사 1:12-20) 라고 하셨다.

"성회와 아울러 악을 행하는 것을" 하나님께서는 견디지 못하겠다고 말씀하셨다. 죄악 된 생활을 버리지 아니하면서 제사와 기도에 열심하는 것은 가증한 것이라고 말씀하신 것이다. 그래서 그 죄악된 행위를 씻어 깨끗케 하고 하나님 앞에 의의 제사를 드릴 것을 촉구하는 것이다. 순종 없는 예배는 오히려 가증한 것이다. 오히려 하나님 예배를 더럽히는 것이다. 예레미야 선지자도 같은 것을 지적한다.

"너희가 도둑질하며 살인하며 간음하며… 너희가 알지 못하는 다른 신들을 좇으면서 내 이름으로 일컬음을 받는 이 집에 들어와서 내 앞에 서서 말하기를 우리가 구원을 얻었나이다 하느냐 이는 이 모든 가증한 일을 행하려 함이로다 내 이름으로 일컬음을 받는 이 집이 너희 눈에는 강도의 소굴로 보이느냐…"(렘 7:9-11)

순종 없는 제사, 회개 없는 신앙고백은 그 가증한 모든 일들을 계속하여 행하려는 의도라고 지적하신 것이다. 에스겔 선지자도 그들의 의가 없는 예배를 지적하기를 "그들이 네 가운데에서 부모를 업신여겼으며… 네 가운데에서 고아와 과부를 해하였도다 너는 나의 성물들을 업신여겼으며 나의 안식일을 더럽혔으며 네 가운데… 이간을 붙이는 자도 있었으며… 산 위에서 제물을 먹는 자도 있었으며 네 가운데에 음행하는 자도 있었으며… 혹은 그 이웃의 아내와 가증한 일을 행하였으며… 이를 위하여 이웃에게 토색하였으며 나를 잊어 버렸도다 나 주 여호와의 말이니라"(겔 22:7-12)라고 하였다. 사도 바울은, 스스로 하나님의 선민으로, 하나님의 지도자요 선생이라고 자랑하면서 남을 판단하는 유대인들을 향하여 그들의 위선을 지적하기를 "그러면 다른 사람을 가르치는 네가 네 자신을 가르치지 아니하느냐 도적질 말라 반포하는 네가 도적질 하느냐 간음하지 말라 말하는 네가 간음하느냐 우상을 가증히 여기는 네가 신사 물건을 도적질 하느냐 율법을 자랑하는 네가 율법을 범함으로 하나님을 욕되게 하느냐 기록된 바와 같이 하나님의 이름이 너희로 인하여 이방인 중에서 모독을 받는도다"라고 하였다(롬 2:21-24).

악인도 하나님의 도구로 사용 된다(잠 16:4; 출 9:16). 시기심으로 열심 내는 자의 전도에도 효과를 주신다(빌 1:15-18). 그러나 주께서 말씀하시기를 "나더러 주여 주여 하는 자마다 천국에 다 들어갈 것이 아니요 다만 하늘에 계신 내 아버지의 뜻대로 행하는 자라야 들어가리라 그 날에 많은 사람이 나더러 이르되 주여 주여 우리가 주의 이름으로 선지자 노릇하며 주의 이름으로 귀신을 쫓아 내며 주의 이름으로 많은 권능을 행치 아니하였나이까 하리니 그때에 내가 저희에게 밝히 말하되 내가 너희를 도무지 알지 못하니 불법을 행하는 자들아 내게서 떠나가라 하리라"(마 7:21-23)라고 하셨다. 선지자 노릇하여도 즉 하나님의 진리를 전하는 명설교자가 되었어도, 귀신을 좇아내는 영권과 많은 권능을 행사하는 은사를 가졌을 지라도 주님 앞에 "불법을 행하는 자들"이라는 책망을 받을 수도 있다는 것이다. 순종 없는 제사, 하나님의 뜻을 저버린 자신의 열심은 오히려 하나님을 욕되게 하는 일이 되는 것이다. 하나님의 이름을 망령되이 부르는 자란 말이다. 시4편에 다윗의 입을 통하여 하나님께서 말씀하시기를 "…인생들아 어느 때까지 나의 영광을 변하여 욕되게 하며 허사를 좋아하고 궤휼을 구하겠는고 여호와께서 자기를 위하여 경건한 자를 택하신 줄 너희가 알지어다… 너희는 떨며 범죄치 말지어다 자리에 누워 심중에 말하고 잠잠할지어다 의의 제사를 드리고 여호와를 의뢰할지어다"(시 4:2-5)라고 하셨다.

우리가 하나님 앞에 잘못된 예배를 드릴 때에 하나님을 욕되게 하는 것이다. 그러나 우리가 하나님을 욕되게 한다고 하여서 하나님께서 욕을 받으시는 것은 아니다. 하나님은 스스로 영광을 입으시고 찬송 중에 거하신다. 다만 하나님을 욕되게 하는 그 사람 자신에게 화가 있을 뿐이다(마 26:24). 가시채를 뒷발질하기가 자기에게 고생일 뿐이다(행 26:14).

말라기 선지자는 예수 그리스도로 말미암은 예배의 회복을 이렇게 예언하였다.

"그가 은을 연단하여 깨끗케 하는 자 같이 앉아서 레위 자손을 깨끗케 하되 금, 은 같이 그들을 연단하리니 그들이 의로운 제물을 나 여호와께 드릴 것이라"(말 3:3)

예수 그리스도 안에 있는 믿음의 제사 즉 의의 제사를 드리게 하신다는 말씀이다. 예수 그리스도 안에 있는 신자는 예수 그리스도의 말씀 안에 거하는 자이고 그는 예수 그리스도의 제자가 되어 참된 자유를 얻으며 참된 예배자로서 거룩한 열매를 맺어 하나님께 영광 돌리게 된다(요 8:30-31, 15:8).

4. 복음진리를 왜곡하는 자는 십자가의 도를 훼방하는 자이다. (벧후 2: 1~3; 고전 1:18)

진리를 왜곡하고 변질되게 하는 자이다. 하나님께 나아가는 유일한 길이신(요 14:6) 예수 그리스도 외에 다른 길을 전하는 것이다. 그래서 그들은 "말씀을 혼잡하게 하는 자"이고(고후 3:17), "진리를 대적하"는 자이고(딤후 3:8), "다른 복음"을 전하는 자이고(갈 1:7-9), "하나님의 은혜를 색욕거리로 바꾸"는 자이고(유4), 예수 그리스도를 부인하는 자이고(벧후 2:1; 유4), 귀신의 가르침을 받는 거짓 교사이고(딤전 4:1-2, 벧후 2:1), 경건의 능력을 부인하는 자이고(딤후 3:5-8), "그리스도의 양 떼를 해치는 흉악한 이리"라고 지적한다(행 20:29-30). 이렇게 다른 예수를 전하고 하나님의 말씀에 인간 교훈을 혼합하여 전하는 이단, "그들의 말은 악성 종양이 퍼져 나감과 같"아서 많은 사람들의 믿음을 무너뜨린다고 하였다(딤후 2:17,18). 그들은 믿음의 제사를 드리지 못하게 하고 교회를 해치는 것이니 하나님의 영광을 훼손하는 것이다.

그러므로 사도바울은 강한 어조로 경계하기를 "그러나 우리나 혹은 하늘로부터 온 천사라도 우리가 너희에게 전한 복음 외에 다른 복음을 전하면 저주를 받을지어다"(갈 1:8)라고 하였다. 그리고 젊은 목사 디모데에게 경계하기를 "네가 진리의 말씀을 옳게 분별하며 부끄러울 것이 없는 일군으로 인정된 자로 자신을 하나님 앞에 드리기를 힘쓰라 망령되고 헛된 말을 버리라…"라고 하였다(딤후 2:15-16). 사도들이 전한 예수 그리스도 외에 다른 터를 닦아 둘 자가 없다고 단언하였다(고전 3:10-11).

5. 성직을 더럽히는 자는 그를 세우신 하나님을 훼방하는 자이다. (렘 5:30-31)

"이 땅에 기괴하고 놀라운 일이 있도다 선지자들은 거짓을 예언하며 제사장들은 자기 권력으로 다스리며 내 백성은 그것을 좋게 여기니 그 결국에는 너희가 어찌 하려느냐"

성직의 세속화와 인본주의 예배를 경계하신 말씀이다.

선지자와 제사장은 하나님께서 맡기신 성직이다. 백성들을 위하여 하나님의 말씀(진리)을 전하고 가르치고 하나님께로 인도하여 하나님을 섬기며 예배하기 위하여 세움 받은 하나님의 사람들이다. 백성들은 그들의 입에서 진리를 찾고 올바른 길로 나아가며 하나님 앞에 예배자로서 영광을 돌리게 된다. 신약교회에서도 사도들의 증거하는 말씀을 받아 회개하는 무리들은 사도들의 가르침을 받아 예배 공동체를 형성하여 하나님을 섬겼다(행 2:42).

그런데 선지자들은 하나님의 진리가 아닌 거짓을 예언하였고 제사장들은 하나님의 권위가 아닌 인간 권력으로 다스렸으며 백성들은 그것을 좋게 여겼다. 총체적 부패다. 성직자도, 백성도 다 부패하여 하나님의 성직을 더럽혔고 따라서 하나님의 이름이 그들 중에서 더럽혀졌다. 그 이유는 그들의 마음이 교만하여지고 부패하여 지고 진리를 잃어버려 경건을 이익의 방도로 생각하였기 때문이다(딤전 6:4, 5). 성직과 예배를 세상적 이익의 방도로 생각한 것이다. 하나님을 섬김이 인생의 목적이 되어야 하는데(고전 10:31) 오히려 인간 이익의 수단으로 전락시킨 것이다. 여기에 성직의 직업화와 교회의 세속화 그리고 인간 중심의 예배 즉 사람을 기쁘게 하려는 예배가 생겨나게 되는 것이다. **성직의 속화는 교회의 속화를, 그리고 예배의 속화를 재촉하게 된다.** 사사시대 말기가 그러하였고(삿 17장-21장), 예루살렘 멸망전의 이스라엘이 그러하였다(겔 22:24-31). 에스겔 선지자는 당시 선지자와 제사장들의 속화와 예배의 속화를 잘 지적하고 있다(겔 22:25-26).

"그 가운데서 선지자들의 배역함이 우는 사자가 식물을 움킴 같았도다 그들이 사람의 영혼을 삼켰으며 전재와 보물을 탈취하며… 그 제사장들은 내 율법을 범하였으며 나의 성물을 더럽혔으며 거룩함과 속된 것을 분변치 아니하였으며 부정함과 정한 것을 사람으로 분변하게 하지 아니하였으며 그 눈을 가리워 나의 안식일을 보지 아니하였으므로 내가 그 가운데서 더럽힘을 받았느니라"

성속의 구별을 없이함으로 하나님의 것(거룩한 것)을 더럽힌 것이다. 거룩한 것의 속화인 것이다. 따라서 성직을 하나의 직업(직장이나 사업)으로 여기게 되고 성직자를 하나의 피고용인으로 취급하게 되는 것이다. 하나님의 사람이 연예인 같이 되고 제사장이 피고용인으로 전락되며 선지자가 꼬리가 되면 그 시대의 종말이 가까오게 되는 것이다(신 33:1; 딤전 6:11; 사 9:15; 겔 33:30-33; 창 19:14; 삿 17:1-13, 18:4,19). 성직자는 인간의 종이 아니고 하나님의 종이고 백성들의 고용인이 아니고 백성들의 지도자로 세움 받은 자이다. 성직은 세속적인 직업과 같은 것이 아니고(생업 수단으로서 직업이 아님) 하나님께 고용된 하나님의 종이고 하나님의 일을 수행하는 사명자이다. 그러므로 구약의 제사장들이나 레위 족속에게는 기업이 없었다. 하나님께서 친히 기업이 되시고 백성들이 하나님께 드리는 제물이 그들의 먹을 양식이 되게 하신 것이다.

그런데 말세가 되면 사람들의 마음이 높아지고, 사회의 인본주의적 세속화가 가속됨으로 말미암아 성직과 예배까지도 인간 중심으로 속화 시키려하는 것이다(딤후 3:1-5). 그래서 "사람이 바른 교훈을 받지 아니하며 귀가 가려워서 자기의 사욕을 좇을 스승을 많이 두고 또 그 귀를 진리에서 돌이켜 허탄한 이야기를 좇게 된다"(딤후 4:3, 4). 이같은 사람들의 요구를 따라 성직자는 인간의 귀를 즐겁게 하는 말을 하게 되고, 하나님 예배보다 인간의 이익을 위한 일에 기울어지고, 인간 권력으로 다스리게 된다. 그리고 백성들은 그것을 좋아하게 되는 것이다. 성직을 더럽히고, 성전을 더럽히고, 예배를 더럽히고, 하나님의 영광을 훼손하는 것이다. 이렇게 변질된 지도자와 백성에 대한 하나님의 책망에 주의해야 한다(사 56:10-12; 렘 6:13-17, 14:13-15, 23:1-32; 겔 34:2-10, 17-32; 미 3:5,11; 습 3:4).

사도 바울은 격려하기를 "그러나 너는 모든 일에 근신하여 고난을 받으며 전도인의 일을 하며 네 직무를 다하라", "너는 말씀을 전파하라 때를 얻든지 못 얻든지 항상 힘쓰라…"(딤후 4:5,2)라고 하였다. 성직의 정체성을 지켜야 한다. 사도 바울은 자신의 성직 수행에 대하여 변호하기를 "우리의 권면은 간사에서나 부정에서 난 것도 아니요 궤계에 있는 것도 아니라 오직 하나님의 옳게 여기심을 입어 복음 전할 부탁을 받았으니 우리가 이와 같이 말함은 사람을 기쁘게 하려 함이 아니요 오직 우리 마음을 감찰하시는 하나님을 기쁘시게 하려 함이라 너희도 알거니와 우리가 아무 때에도 아첨의 말이나 탐심의 탈을 쓰지 아니한 것을 하나님이 증거하시느니라"(살전 2:3-5)

고 하였고, "이제 내가 사람들에게 좋게 하랴 하나님께 좋게 하랴 사람들에게 기쁨을 구하랴 내가 지금까지 사람의 기쁨을 구하는 것이었더면 그리스도의 종이 아니니라"(갈 1:10)고 하였다. 그래서 그는 "…살든지 죽든지 내 몸에서 그리스도가 존귀하게 되게 하려 하나니 이는 내게 사는 것이 그리스도니 죽는 것도 유익함이라"(빌 1:20,21)라고 고백하였다. 우리의 충성은 하나님을 향한 충성이다. 성직자는 물론 백성들도 성직의 정체성을 지켜 하나님 앞에 충성을 다하도록 하여야 할 것이다.

"사람이 마땅히 우리를 그리스도의 일꾼이요 하나님의 비밀을 맡은 자로 여길지어다 그리고 맡은 자들에게 구할 것은 충성이니라"(고전 4:1,2), "네가 죽도록 충성하라 그리하면 내가 생명의 면류관을 네게 주리라"(계 2:10하)

주님 당시 유다의 종교지도자들(제사장, 서기관, 장로들)에 대하여 주님은 준열한 심판을 선언하셨다(마 23:1-36). 그들은 하나님을 영화롭게 하고 백성들을 바르게 목양하기 위하여 세움 받은 지도자들이었다. 그런데 그들은 그 거룩한 직을 자신들의 권세와 이익의 수단으로 만들어 버린 것이다. 그들은 '모세의 자리'에 앉은 자들이다. 즉 하나님의 지도자의 자리에 앉은 자란 말이다. 성경학자들 이었고, 율법의 교사였고 제사의 집례자였고, 열심히 전도하였고, 성직자의 옷을 입고 시장이나 거리에서나 어디서든지 존경과 위엄을 받았다. 그럼에도 불구하고 그들은 백성들에게 무거운 짐을 지우고 자신들은 한 손가락으로도 움직이려 하지 아니하였고, 말로만 가르쳤지 그들의 생활은 외식이었고, 높은 자리를 탐하였고, 천국문을 닫아 다른 사람도 들어가지 못하게 방해하였고, 어린 신자들을 실족케하여 배나 지옥의 자식이 되게 하였고, 인간의 교훈으로 가르쳐 잘 못 인도하였고, 율법의 정신을 저버린 것이다. 그래서 주님은 제자들에게 경계하여 "삼가 바리새인과 사두개인들의 누룩을 주의하라"(마 16:6)고, 하셨고 그리고 그들에게 "화"를 선언하신 것이다. 들포도를 맺힌 이스라엘에 대하여 6화를 선언한 것처럼(사 5:8-23), 주님은 변질된 이스라엘 지도자들에게 대하여 7화를 선언하셨다(마 23:13, 15, 16, 23, 25, 27, 29). 성직을 더럽히면 주님의 심판을 받는다. 그들에게 존귀한 사명을 주신 하나님의 이름을 더럽히고, 하나님의 백성을 멸망의 길로 인도하고, 하나님의 예배를 더럽히고, 하나님의 교회를 속화시키기 때문이다. 인간 중심의 예배 즉 인간을 높이고 인간을 기쁘게 하는 예배는 예배가 아니라 오히려 예배를 파괴하는 행위가 된다.

예배를 더럽히는 자가 하나님의 영광을 훼손하는 자이다.

① 우상숭배자는 하나님 예배를 다른 것에게 주는 자이다.

② 성전을 더럽히는 자는 예배 공동체를 더럽히는 자이다.

③ 진리를 더럽히는 자는 잘못된 예배로 인도하는 자이다.

④ 성직을 더럽히는 자는 예배를 더럽히는 자이다.

사단은 끊임없이 성직자를 시험하고 교회를 시험한다. 교회 안에 자기를 높이려는 자가 일어나 "자기 지위를 지키지 아니하고 자기 처소를 떠난 천사"(유6) 즉 마귀의 행습을 일삼는 자가 있다.

또 사단은 물질과 명예와 권세로 미혹한다. 이러한 시험에서 자신을 지키고 교회를 지켜야 한다. 예배를 지키면 다 지키게 된다. 그러나 예배에 실패하면 모든 일이 다 실패하게 된다. 예배를 지키면 교회의 사명도 지키게 되고, 신자 자신의 믿음도 지키게 된다. 성직자의 자존심도 지키게 되고, 예배자로 부름 받은 최고의 은혜를 지키게 된다. 그러므로 목사는 이 일 즉 하나님을 섬기는 예배를 위하여 전 생명을 바친 자이고, 교회는 이 일을 위하여 그리스도의 피로 세우신 하나님의 성전이다.

사단은 예배를 파괴하고 변질되게 하려고 시험한다. 핍박 환난으로 훼방하고 유혹과 위협으로 파괴코자 한다. 하나님께 드리는 것과(거룩한 것) 사람에게 주어진 것(속된 것)을 구별하지 않도록 함으로 예배를 속된 것으로 변질시키려 한다(겔 22:26).

예배 시간을 성별하라. 예배 모임을 성별하라. 하나님께 드리는 것을 성별하라. 하나님의 것을 하나님께 돌리도록 하라!

"하늘에 계신 우리 아버지여 이름이 거룩히 여김을 받으시오며 나라가 임하시오며 뜻이 하늘에서 이루어진 것 같이 땅에서도 이루어지이다… 대개 나라와 권세와 영광이 아버지께 영원히 있사옵나이다 아멘"(마 6:9-13).

시험과 예배

— 마태복음 4장 1절-11절 강론 —

"사탄아 물러가라 기록되었으되 주 너의 하나님께 경배하고 다만 그를 섬기라 하였느니라"(마 4:10)

예수 그리스도께서 40일간 금식하시고 주리신 때에 마귀는 주님께 다가와서 시험하였고, 주님은 기록된 하나님의 말씀으로 시험을 이기시고 마귀를 물리치셨다. 이는 마귀와 그 시험의 성격이 어떠하며, 그 시험을 이기는 방도가 무엇인가를 가르쳐준다.

마귀는 시험(유혹)하는 자이다. 하나님을 대적하기 위하여 하나님의 창조 세계를 파괴함으로 하나님의 일을 훼방하고, 특히 인간 세계와 교회를 시험하여 범죄 타락하게 한다. 그래서 하나님의 영광을 훼방하고 마귀 자신이 하나님이 받으실 영광과 경배를 받고자 하는 것이다. 인류의 조상 아담, 하와를 시험하여 하나님을 반역하고 떠나게 한(창 3:1-12) 마귀는 마지막 아담으로 오신 예수 그리스도를 시험하여 그의 인류 구원의 일(메시야 사역)을 실패하게 하고자 한 것이다. 마귀는 아담 이후 인류 종말의 날, 마귀가 영원한 불못으로 던지어질 때까지 쉬지 않고 인간 세상을 시험하고 그리스도의 몸된 교회와 성도들을 시험할 것이다(계 19장; 20:7-10).

1. 마귀는 인간의 욕망과 연약성(취약점)을 이용하여 시험한다.

첫 사람 아담에게 시험한 것 같이 마귀는 예수 그리스도를 대하여도 그의 인성(人性)의 연약성과 인간의 기본 욕망을 따라 시험하였다.

(아담에게는 먹음직도 하고 보암직도 하고 지혜롭게 할 만큼 탐스럽게 보는 욕망을 일으켜 하나님을 거스리게 하였고, 주님에게는 굶주린 취약점을 이용한 기본 욕구와 명예심(공명심)과 권력욕을 일으켜 시험하였고, 우리 모든 신자들과 인생길에는 세상의 정욕 즉 육신의 정욕과 안목의 정욕과 이생의 자랑(요일 2:16)을 통하여 유혹한다)

1) 첫째 시험은 돌들이 떡덩이로 변하게 하도록 요구한 것이다. (2-4)

예수께서 굶주리신 때에 그의 신적(하나님의 아들로서의)능력을 사용하여 눈앞에 있는 돌들이 떡덩이(양식)로 변하게 하라고 시험한 것이다. 즉 기적의 양식을 만들어 주님 자신도 주린 배를 채우고, 그리고 인생의 가장 급한 문제(먹는 문제: 경제문제)부터 해결하라는 것이다. 인간(육신)의 절실한 생존 본능을 틈탄 유혹이다.

이는 주님에게 있어서는 시급한 인생문제부터 먼저 해결하는 메시야(구세주) 즉 경제적 메시야가 되라는 것이고, 교회에 있어서는 사람들의 영적 문제보다 육신적, 물질적 요구를 채워주는 복음운동을 하게 하는 시험이고, 신자나 불신자나 모든 사람들에게 있어서는 인간의 영생문제 보다 현실적 삶의 문제 즉 경제 문제를 첫째로 삼게 하는 시험이다.

그러므로 주님은 기록된 성경말씀 신명기 8장 3절 "사람이 떡으로만 사는 것이 아니요 여호와의 입에서 나오는 모든 말씀으로 살 것이니라"는 말씀으로 마귀를 물리치셨다.

인간의 삶은 떡(물질)으로만 사는 것이 아니고 하나님의 말씀으로 살게 된다는 말씀이다. 인간 생명을 주신 하나님께서 그 생명을 위한 양식도 정하여 주신다(마 6:25-33; 시 104:10-29). 하나님은 그 입의 말씀으로 양식을 정하셨다. 그래서 인류 최초의 양식을 채소와 실과(창 1:29, 30)로 정하셨고, 그리고 노아 홍수 심판 후에는 고기도 양식으로 주셨다(창 9:3). 그뿐 아니라 그 양식을 얻는 방법도 말씀으로 정하여 주셨는데 그것은 땅을 경작하는 일과(창 2:5) 땀 흘리는 수고를 통하여 얻게 하신 것이다(창 3:17-19). 그리고 경작할 수 없는 광야에서의 40년간 이스라엘 백성들에게는 하늘에서 내리는 기적의 양식 만나를 먹게 하셨고, 그 거두는 법도 정하여 주셨다(출 16:4-5, 13-30; 수 5:12). 주님은 주님을 따라 모인 무리들이 굶주린 것을 보시고 기적의 떡을 먹이셨다. 이는 그 무리들을 불쌍히 여기시는 사랑에 의한 양식이다(마 14:13-21; 15:32-38). 그리고 예수 그리스도께서 친히 자신을 인간의 영생의 양식으로 주시기 위하여 성육신 하신 말씀으로 오신 것이다(요 6:33-35, 48-58; 요 1:14).

돌로 떡을 만드는 일이 하나님의 아들이신 예수 그리스도에게는 능히 하실 수 있는 일일지라도 그것은 하나님의 말씀이 아닌 마귀의 요구를 따르는 것이니 하나님의 주권을 범하는 것이고, 하나님께서 정하신 양식을 얻는(일반적인) 방도 즉 하나님의 정하신 법을 범하는 일이 되는 것이다(창 3:17-19; 살후 3:10-12). 이적을 행할 수 있는 능력뿐 아니라 그 주권이 하나님께 있는데 하나님의 주권을 침범할 뿐 아니라 하나님의 법질서를 파괴하고서(비정상적인 양식을 만듦으로)야 어떻게 하나님 앞에 설 수 있겠는가?

범죄한 자는 하나님 예배의 자격을 상실하게 된다. 그래서 다윗은 범죄 후에 깨닫고 회개할 때에 고백하기를 "나를 주 앞에서 쫓아내지 마시며 주의 성령을 내게서 거두지 마소서 주의 구원의 즐거움을 내게 회복시켜 주시고 자원하는 심령을 주사 나를 붙드소서… 하나님이여 나의 구원의 하나님이여 피 흘린 죄에서 나를 건지소서 내 혀가 주의 의를 높이 노래하리이다. 주여 내 입술을 열어 주소서 내 입이 주를 찬송하여 전파하리이다"(시 51:11-15)라고 하였다. 다윗 같은 믿음의 사람도 한순간 눈앞에 들어온 유혹에 의하여 범죄한 것이다. 아간의 범죄로 말미암아 이스라엘이 전쟁에 패한 것도 욕심에 의한 것이다. 눈앞에 보이는 황금덩이와 은돈과 고급 외투 한 벌에 미혹된 아간은 하나님을 보지 못하였고 하나님의 명령을 보지 못한 것이다(수 7:1-21). 그러나 눈앞의 강한 유혹에도 오직 하나님을 바라보고 그 말씀(계명)을 바라보았던 요셉은 여주인의 강청을 물리치고 승리할 수 있었다(창 39:9-12).

사람의 살고 죽음이 떡에만 있는 것이 아니고 하나님의 말씀에 있다. 그러므로 한 그릇 식물에 장자의 명분을 쉽게 팔아버린 에서 같이 망령된 자가 있을까 두려워하라고 경계한다(히 13:16). 자신의 배고픈 현실과 떡만 보면 범죄하기 쉽다. 떡 앞에서 먼저 그 떡을 오늘의 양식으로 주신 하나님을 바라보아야 한다. 그의 말씀을 보아야 한다. 하와가 마귀의 충동을 따라 선악과를 바라봄으로 하나님의 금령(말씀)을 범하고 하나님을 반역하는 죄에 빠진 것처럼 떡만 바라보면 하나님의 법질서(명령)를 파괴하게 된다.

비록 돌로 떡을 만드는 일이 하나님의 아들인 예수 그리스도의 능력으로 능히 할 수 있는 일이었고, 또 도덕법칙이 아닌 자연 질서를 거스리는 행위일지라도 하나님의 주권을 침범하는 행위를 요구한 것이 마귀의 시험인 것이다.

2) 둘째 시험은 높은 성전 꼭대기에서 뛰어 내리라는 요구이다. (5-7)

그래서 시편 91편 11절, 12절의 말씀 같이 천사의 보호를 입음으로 예수 그리스도께서 하나님의 아들이신 것을 증명하라는 것이다. 즉 하나님의 아들임을 증명해 보이는 이적 기사를 행하라는 시험이다. 이는 명예와 자존심을 자극하는 시험이다. 이같은 시험은 바리새인들과 사두개인들에 의하여도 있었다. 즉 "하늘로서 오는 표적을 보이"라는 요구였다(마 16:1). 그리고 주님이 십자가에 달리신 때에도 유대인들을 통하여 십자가에서 내려오라고 충동함으로 시험하였다. 즉 "…네가 만일 하나님의 아들이어든 자기를 구원하고 십자가에서 내려오라… 지금 십자가에서 내려올지어다 그리하면 우리가 믿겠노라 그가 하나님을 신뢰하니 하나님이 원하시면 이제 그를 구원하실지라 그의 말이 나는 하나님의 아들이라 하였도다…"(마 27:40-43)라고 조롱하고 욕한 것이다.

높은 곳에서 뛰어 내릴 때에 하나님의 보호를 입는 것을 나타냄으로 말미암아 성경 말씀의 진정성을 증명하는 일이나, 하늘로서 오는 표적을 보이는 일이나, 십자가에서 내려오는 일은 모두 다 많은 군중들 앞에서 예수 그리스도 자신이 하나님의 아들이신 것을 증명하여 보이라는 시험이다. 하나님의 아들 된 능력을 보이고, 하나님께서 사랑하심으로 보호하시고 구원하여 주시는 여부를 보이라는 것이다. 그래서 믿게 하라는 것이다. 이적 기사를 통한 믿음 운동, 많은 군중들로 하여금 몰려오게 하라는 시험이기도 하다. 실재 오병이

어의 이적 후에 많은 유대 군중들이 예수님을 찾아 몰려왔었고, 그들이 예수님을 자기들의 왕으로 추대하려고 열광한 적이 있었다(요 6:14-15, 25-26).

예수 그리스도께서 만약 자신의 명예를 지키려고 생각하셨더면 높은 꼭대기에서 뛰어 내렸을 것이다. 또한 하늘로서 오는 표적을 보였을 것이고, 그리고 십자가에서 뛰어 내렸을 것이다. 그래서 불신 유대인들을 굴복시키고, 애통하는 백성을 위로하고, 민중들을 이끌고 메시야 왕국을 세웠을 것이다. 그러나 주님은 마귀의 충동과 교묘한 시험을 "또 기록된 말씀"(신 6:16) "주 너의 하나님을 시험치 말라"는 말씀으로 마귀를 물리치셨다. 예수께서 하나님의 아들 됨을 증명하기 위하여 높은 꼭대기에서 뛰어내리는 행동은, 하나님을 믿는 믿음을 빙자하고 성경 말씀을 증거 하겠다는 목적으로 행할지라도, 그것은 하나님을 시험하는 행동이라는 것이다. 마귀는 간교하게 주님을 시험하였고 주님으로 하여금 하나님을 시험하게 한 것이다.

높은 곳에서 뛰어내리는 일은 무모한 행동이다. 믿음을 증거하고 하나님을 증거하기 위하여 높은 곳에서 뛰어내린다거나, 불속에 뛰어든다거나 물속에 뛰어드는(사 43:2) 행동은 하나님의 능력과 사랑을 시험하는 일이다. 마치 자녀가 부모의 사랑을 시험하거나 학생이 선생의 실력을 시험하는 것과 같은 교만하고 방자한 행동이 되는 것이다. 1970년대에 서울에서 이러한 일이 있었다. 어떤 이단에 속한 집사가 자기 딸과 함께 파라치온(농약)을 마시고 죽은 사건이다. 자기 남편에게 전도하기 위하여 세 식구가 둘러앉아서 성경을 펼쳐놓고 믿는 자에게 따르는 표적 중에 "어떤 독을 마셔도 해를 받지 아니" 한다는 말씀(막 16:18)을 증명해 보이기 위하여 파라치온을 마신 것이다. 그 모녀는 하나님을 시험한 것이다. 전도적 열심이 때로는 무모한 일을 행하게 한다. 믿음을 내세워 무모한 모험을 일삼게 하기도 한다. 우리가 독을 마신다든가 독사에게 물려도 해를 받지 아니하게 하시는 하나님의 보호를 입는 것은 바울 사도의 경우처럼 알지 못한 실수나 강제에 의한 일일 경우이다(행 28:3-6; 단 3:24-27; 6:22). 그런데 마귀가 요구한 것과 같이 높은 꼭대기에서 뛰어내리는 일은 이웃을 돕기 위한 행위도 아니고 하나님의 뜻을 순종하기 위한 자기희생도 아니다. 단지 자신을 과시하며 자기의 명예를 지키기 위한 무모한 행위일 뿐이다. 아말감이 금니로 변하게 하고, 달리는 자동차를 멈추어 서도록 하고, 사람을 뒤로 넘어지게 하는 일들은 모두 마술사의 행위같이 기이한 일들일 뿐이고, 오히려 하나님을 시험하는 일이 될 뿐이다. **인간의 구원은 이적 기사를 보고 믿는 믿음에 의한 것이 아니고, 십자가 아래서 자신의 죄를 깨닫는 데서 오는 믿음에 의하여 이루어진다.**

이 시험은 인간의 공명심에 의한 유혹이고, 예수 그리스도에게 있어서는 대중적 메시야, 십자가 없는 구원 사역을 하라는 것이고, 교회로서는 이적 기사를 앞세운 복음사역, 물량적 부흥성장을 통한 인간의 성취욕, 명예심을 만족케 하려는 것이다. 십자가 구속으로 말미암은 인간 구원도 하나님께의 순종의 길이고, 하나님을 섬기고 하나님께 절대 순종하는 길이 믿음의 길인데 십자가 없는 구원 운동, 순종 없는 신앙, 인간 자신을 섬기기 위하여 하나님을 이용하라는 시험이다.

예배자는 하나님께 순종의 십자가를 지고 하나님의 이름을 높이고 하나님께만 영광 돌리는 절대 헌신자이다. 하나님을 시험하는 행위를 하고서야 어떻게 하나님을 높여 찬양하겠는가? 우리의 감사는 나 인간의 요구(약 4:3)대로 이루어주셨기 때문이 아니고, 나 인간으로 하여금 하나님의 뜻을 받들게 하신 것을 인한 감사이다(마 26:39, 42; 요 12:27, 28; 고후 12:5-10). 그러므로 하늘로서 오는 표적을 구하는 유대인들을 향하여 주께서 말씀하시기를 "이 악하고 음란한 세대가 표적을 구하나 요나의 표적 밖에는 보여 줄 표적이 없느니라"(마 16:4)라고 하셨다. 그뿐 아니라 주님에게 십자가를 지지 말라고 간청하는 베드로를 향하여 "사탄아 내 뒤로 물러 가라 너는 나를 넘어지게 하는 자로다 네가 하나님의 일을 생각하지 아니하고 도리어 사람의 일을 생각하는도다"라고 하셨고, 그리고 모든 제자들에게 말씀하시기를 "누구든지 나를 따라오려거든 자기를 부인하고 자기 십자가를 지고 나를 따를 것이니라"(마 16:23,24)라고 하셨다.

하나님을 시험한 광야 이스라엘은 언약의 땅 가나안 복지에 들어가지 못하였다(민 14:22,23; 시 96:8-11). 인간 자신의 성취욕(공명심)을 위하여 하나님의 능력을 이용하고자 하는 자는 그가 비록 주의 이름으로 선지자 노릇하였고(명설교자가 되었고) 주의 이름으로 귀신을 쫓아내었고 주의 이름으로 많은 권능을 행하였을 지라도 오히려 주님 앞에 "불법을 행하는 자들" 이라는 책망과 진노를 살 뿐이다(마 7:22, 23). 전도의 열심은 매우 귀한 일일지라도 그 전도한 사람을 자기보다 배나 더 지옥 자식이 되게 한다면 얼마나 불행한 자인가?(마 23:15).

3) 셋째 시험은 마귀 자기에게 엎드려 경배하면 천하만국과 그 영광을 주겠다는 제안이다(8-10).

일종의 정치적 거래를 하자는 것이다. 마귀와 손잡고 왕이 되라는 것이다. 예배와 세상 권세를 맞바꾸자는 것이다. 예배를 이용하여 세상 권세 영광을 가지라는 것이다. 이 시험은 인간의 권세욕을 틈

탄 시험이고, 하나님 예배에 대한 시험과, 신앙정절에 대한 시험이다. 예배를 통하여 인간 자신이 영광을 받고자 하려는 시험이고, 세상 권세 영광을 위하여(하나님만 섬기는) 신앙정절을 버리게 하는 시험이고, 세상 권세의 위협 앞에 굴복하게 하는 시험이다. 예배를 훼방하고 예배를 빼앗으려고 하는 것이다.

예수 그리스도에게는 하나님 예배를 마귀에게 주고 대신 세상 권세를 취하여 세상 나라를 세우는 정치적 메시야 즉 “유대인의 왕”이 되라는 시험이고, 교회로서는 예배를 인간 중심의 예배로 바꾸어 인간 자신의 권력과 영광을 위한 도구로 전락시키게 하려는 시험이고, 신자들에게는 예배를 자신의 세상적 부귀영화 성공을 위한 방도로 삼게 하려는 시험이다. 하나님 없는 교회, 예수 그리스도 없는 신앙운동, 하나님의 영광 없는 예배, 인간이 중심이 되고 인간의 즐거움과 만족과 인간의 영광만 있는 교회로 전락하게 하는 것이다. **설교가 농담화 되고, 기도가 시위화 되고, 찬송이 유희화 되고, 예배가 축제화 되고, 성직이 직업화 되고, 교회가 세속화 되게 하려는 시험이다.** 주님 당시의 유대인들이 하나님의 이름을 위하여 열심을 가졌지만 그들 마음과 사상 속에는 하나님을 사랑하고 두려워함이 없었고(요 5:42), 그들 상호간에 주고받는 영광은 있었으나 하나님의 영광을 구하지는 아니하였다(요 5:44). 사두개인들은 제사장 이라는 성직을 이용하여 세속 권세와 결탁하였고, 바리새인들은 서기관이라는 성직을 자신들의 권세와 영광을 위한 방편으로 삼았다(마 23:1-7). 바벨론 포로로 잡혀갈 당시 예루살렘 성전에는 백성들과 장로들이 성전 안에서 은밀히 우상을 섬겼고, 제단 앞에 서서 오히려 성전을 등지고 동방태양을 향하여 경배하였다(겔 8:10-18). 이것이 예루살렘 패망의 원인이었다.

시험하는 마귀에게 주님은 단호히 말씀하시기를 "사단아 물러가라 기록되었으되 주 너의 하나님께 경배하고 다만 그를 섬기라 하였느니라"(10)라고 하여 물리치셨다. 기록된 성경말씀(신 6:13; 삼상 7:3)으로, 그리고 마귀를 대적하심으로 물리치신 것이다. 마귀는 대화로 상대할 자가 아니고 대적할 하나님의 원수이다. 그리고 마귀의 시험을 이기는 비결은 오직 기록된 하나님 말씀과 예배를 지키는 것이다.

마귀는 눈앞에 보이는 세상 권세와 영광을 가지고 예수 그리스도를 굴복시키고자 하였고, 그리고 그리스도의 몸된 교회를 굴복시키고자 한다. 로마 황제 신당에 나아가 한번만 분향하고 "황제는 나의 주 이십니다"라고 고백하면 그 나머지 1년 365일은 신앙의 자유를 주겠다는 것이나, 일본 제국의 신사를 참배한 후의 신앙생활 허용이나, 교회예배 시 먼저 동방요배를 요구한 것 등은 모두 세상권력의 위협과 타협책이었다. 신바비로니아의 느부갓네살 왕이 만든 신상에게 절하지 아니하는 자는 풀무불 속에 던져 넣도록 정한 법령이나, 왕 외에 어떤 신에게라도 기도하면 사자굴에 던져 넣도록 정한 법령 등은 모두 세상 권세를 통한 위협이었다. 그러나 신실한 성도들은 이 위협과 타협책에 굴복하지 아니하고 신앙정절 즉 하나님 예배를 지켰던 것이다(단 1:8; 3:15-18; 6:10). 이것이 주님의 길이었고 주님을 따르는 제자의 길이다(마 16:24, 25; 빌 1:20).

"…누구든지 나를 따라오려거든 자기를 부인하고 자기 십자가를 지고 나를 따를 것이니라 누구든지 제 목숨을 구원하고자 하면 잃을 것이요 누구든지 나를 위하여 제 목숨을 잃으면 찾으리라"(마 16:24, 25)

예배는 하나님의 것이다. 그런데 마귀는 그 예배를 찬탈하려고 하는 것이다. 빼앗으려고 한다. 주의 제자들도 한때는 서로 권력 다툼을 하면서 주님의 뜻과 반하게 행동하였다. 교회 지도자들 중에는 권세 영광을 탐하여 예배를 소홀히 여기거나 하나님의 영광을 훼방하는 시험에 빠지는 일이 있다. 예배는 안중에 없고 눈앞의 권세와 지위와 명예에만 집착하게 되면 하나님을 경멸히 여기는 죄를 범하게 된다(삼상 2:30하; 갈 6:7). 세상 정욕으로 말미암아 한순간에 다윗처럼 범죄하여 하나님의 이름을 욕되게 한다. 하나님은 하나님의 것을 범하는 자를 심판하신다. 정치적 교권에만 집착하고 하나님을 두려워하지 아니하면 하나님의 진노를 사게 된다. 하나님께서는 성직자들의 많은 허물에도 불구하고 그들의 부족과 잘못을 덮어주시지만 예배를 범하는 자에게는 심판을 내리신다. 예배 인도자가 되지 못하게 하신다(말 1:6-2:9; 삼상 2:17, 25, 29-35).

2. 예수 그리스도의 메시야 사역을 실패하게 하기 위한 시험이다.

마귀는 주님의 공생에 벽두부터 시작하여 주님 십자가에 달리신 때까지 주님의 속죄 구원의 사역을 실패하게 하고자 시험하였다. 하나님의 뜻을 거스리고 마귀 자신의 의도 따른 메시야가 되라는 것이었다. 그래서 십자가 없는 구원 사역을 하도록 시험(유인)하였다.

1) 첫째 시험에서 마귀는 주님의 메시야로서의 선지자 사역을 변질케 하고자 하였다.

그것은 경제적 메시야가 되라는 것이었다. 즉 잃은 양을 찾아 천국복음(회개의 복음)을 전하기 위하여 오신(마 4:23; 막 1:14) "그 선지자"(요 1:45)이신 예수 그리스도께 마귀는 돌로 떡을 만드는 메시야가 되라고 한 것이다. 하나님의 복음 진리보다 육신의 양식을 주는 구세주가 되라는 것이다.

또한 자신(의 살과 피 즉 십자가 희생)을 영생의 양식으로 주시기 위하여 오신 예수 그리스도께(요 6:26, 35, 48-58) 마귀는 기적의 떡(양식)을 만들라고 요구하였고, 인간의 영을 살리기 위하여 오신 주님께 육의 양식(썩는 양식)을 주라고 요구한 것이다(요 6:27, 63). "무익한 육"을 위하여 "썩는 양식"을 주라고 요구한 것이다. 그래서 영생하도록 있는 양식이신 예수 그리스도를 외면하게 하려는 것이다. 하늘로서 내려오신 산 떡이신 예수 그리스도 자신보다(요6:33-35) 광야 이스라엘이 먹었어도 죽은 만나 같은(요 6:49) 기적의 양식을 주라고 한 것이다. 말씀(진리) 증거 보다(요 18:37) 경제적 문제 해결자로(요 6:26-35), 하나님의 나라와 의(義)보다 인간의 의식주 문제 해결자로 구세주가 되라는 것이다. 영생 없는 구원, 영혼보다 육신문제 만을 위한 메시야가 되라는 시험이었다(요 6:14, 15, 26-35, 51-66).

2) 둘째 시험에서 마귀는 주님의 메시야로서 제사장 사역을 변질케 하려고 하였다.

그것은 대중적 메시야가 되라는 것이었다. 자신의 몸을 희생 제물로 바쳐 단번에 영원한 속죄제를 드리기 위하여 오신 대제사장이신 예수 그리스도께(히 6:20; 9:12; 10:10, 12) 높은 곳(십자가 위)에서 뛰어 내리는 기사를 보여 믿게 하라고 요구한 것이다. 대속적 죽음을 피하고 대중적 환영을 받을 수 있는 길을 택하라는 것이다. 즉 예수 그리스도는 인간 구원을 위하여 친히 십자가에 달려 죽기 위하여 오셨는데(마 16:4) 마귀는 높은 곳에서(십자가 위에서) 뛰어 내리는 기적을 보여 주님의 메시야 됨(하나님의 아들 되심)을 증명하라고 하였고(마 27:40-43), 성부 하나님께의 순종의 제물로 오신 주님을 향하여 하나님을 시험하는 일을 하라고 충동한 것이다. 십자가 없는 구원, 죽음 없는 부활승리(빌 3:10, 11), 회개 없는 신앙(행 2:38; 3:19)을 전하라는 시험이다. 십자가 위에서 다 이루어야 할 인간 구원의 일을 완전히 실패하게 하는 시험이다. 그러므로 십자가를 부정하는 베드로를 향하여 주님은 단호히 책망하시기를 "사탄아 내 뒤로 물러 가라 너는 나를 넘어지게 하는 자로다 네가 하나님의 일을 생각하지 아니하고 도리어 사람의 일을 생각하는도다"(마 16:23)라고 하신 것이다.

3) 셋째 시험에서 마귀는 주님의 메시야로서 왕(王)의 사역을 변질케 하고자 하였다.

그것은 정치적 메시야 즉 세상 나라의 왕이 되라는 것이다. 만왕의 왕으로 마귀를 심판하시고 영원한 승리를 위하여 오신 예수 그리스도께, 마귀 자기에게 엎드려 경배하라고 요구한 것이다.

예수 그리스도는 천국의 왕으로 오셨는데(요 18:36,37), 마귀는 주님에게 제안하기를 세상나라 왕이 되라고 하였고, 주님은 십자가로 말미암아 마귀를 멸하고 사망 권세에 매인 자들을 놓아주기 위하여 오셨는데(히 2:14-16), 마귀는 오히려 자기와 거래(타협)하자고 하였고, 주님은 참 예배자를 찾으시는 하나님의 뜻을 수행하기 위하여 오셨는데(요 4:21-24; 6:37-44; 7장; 히 9:14; 13:12,15), 마귀는 자기에게 엎드려 경배하라고 요구한 것이다. 주님은 십자가로 승리하기 위하여 오신 왕이시다(요 12:31-33; 16:11, 33; 골 2:15; 엡 2:16). 천국의 왕으로 오신 예수 그리스도는 또한 예배를 받으시는 성자 하나님이시다. 그런데 마귀는 예수 그리스도께 세상 나라 왕권을 위한 정치적 메시야가 되라고 시험한 것이다. 천국 왕권을 내어주고 하나님 예배를 내어주고, 심판 받을 세상 나라 권세와 영광을 취하라는 것이다. 주님의 구원 사역을 완전히 실패하게 하고 인류를 여전히 더욱 가혹하게 마귀의 지배하에 두게 하려는 미혹이다. 마귀는 하나님의 대적자이고 교회의 원수이다. 그러므로 마귀는 타협할 자가 아니고 대적할 자이다(엡 6:11; 마 13:25, 28; 벧전 5:9; 약 4:7). 예배는 그 무엇과도 바꿀 수 없는 하나님의 것이다. 결코 양보할 수 없는 것이 하나님 예배이다. 그런데 마귀는 예배를 조건으로 자기와 협상하자고 한 것이다. 그러므로 주님은 단호히 물리치셨다.

"사단아 물러가라 기록되었으되 주 너의 하나님께 경배하고 다만 그를 섬기라 하였느리라"

이상과 같이 마귀의 시험은 고난의 종으로 오신 예수 그리스도께(사 53:1-10) 십자가 고난을 피하라는 미혹이고, 하나님의 사랑으로 오신 주님께(요 3:16; 요일 4:9-11) 사랑과 관계없는 기적의 사람 즉 대중적 환영을 이끌어 내는 메시야가 되라는 것이고, 하나님의 나라를 주기 위하여 오신 주님께(요 18:36, 37; 마 5:3-11) 세상나라를 주는 왕이 되라고 하였다. 경제적, 대중적, 정치적 메시야가 되라는 것이다. 이것은 메시야 사역의 변질이고 실패이다.

하나님께서 보내신 메시야는 인간을 죄와 마귀에게서 구원하여 하나님의 아들의 생명 즉 영생을 주기 위함이고(롬 8:14-17), 하나님께 속하여 하나님을 섬기는 하나님의 나라와 백성이 되게 하고 왕 같은 제사장이 되게 하기 위함이다(벧전 2:5, 9; 계 1:6). 그런데 마귀의 시험은, 하나님께의 순종의 종으로 오셔서 십자가에 죽으심으로 인간 구원의 일 즉 하나님의 뜻을 성취하시기 위하여 오신 예수 그리스도에게 십자가 없는 구원자, 하나님의 뜻과 다른 구원자, 인간을 여전히 마귀의 주권 아래에 두는 구원자가 되라는 시험이었다.

그러므로 주님은 이 시험을 물리치시고, 십자가 위에서 "다 이루었다"라고 말씀하셨다(요 19:30). 십자가로 말미암아 하나님을 영화롭게 하였고 주님 자신도 하나님의 영광을 나타내신 것이다(요 12:27-28).

3. 교회의 복음 사역을 변질 시키려는 시험이다.

마귀의 시험은 예수 그리스도에 대한 시험일 뿐 아니라 그리스도의 몸 된 교회를 향한 시험이다.

그리스도의 몸으로서 교회는 ①그리스도의 일 즉 그리스도의 부활의 증인 사명을 수행하고(요 14:12; 행 1:8), ②하나님 나라와 의를 세우는 천국운동과(마 6:33) ③하나님께 감사와 찬송으로 영광 돌리는 예배(신령한 제사를 드릴 제사장 단체로서)의 사명을 수행하는 예배 공동체인데, **마귀의 시험은 교회로 하여금** ①복음의 은혜(예수 그리스도의 십자가와 부활의 은혜)를 신자의 현세적 부를 위한 수단으로 변질시키게 하고, ②십자가 희생보다는 이적 기사를 앞세운 물량적 부흥을 자랑하게 하고, ③하나님 예배를 세속적 영광을 위한 수단으로 전락시키도록 하는 것이다. 다시 말하면 마귀는 교회로 하여금 ①십자가 은혜(하나님의 은혜)를 인간의 욕망을 위한 수단으로 변질시키게 하고(유 4; 빌 3:18-20), ②천국보다 세상 나라에서의 번영을 추구하게 하고, ③하나님 예배보다 사람들의 요구와 즐거움을 추구하게 한다(갈 1:6-10; 딤후 4:3, 4). 빌립보교회 같은 모범교회 안에도 벌써 이러한 변질된 신자들이 있어, 십자가의 원수로 행하여 배를 신으로 삼고, 부끄러움을 자랑(영광)으로 여기고, 땅의 일을 생각하는 자들이라고 지적하였다(빌 3:18, 19).

그리스도 신앙은 모든 것을 하나님의 영광을 목적으로 하는 것인데, 복음의 변질은 십자가 복음의 중심에 인간의 정욕(요일 2:16)을 두는 것이고(유 4), 하나님을 섬기는 믿음을 자신의 욕구를 만족시키기 위한 수단으로 바꾸는 것이다. 사마리아 시몬처럼 탐욕과 명예를 위하여 성령의 은사를 구하게 되는 것이다. 어떤 신자가 카지노에 출입하면서 기도하기를 오늘도 돈을 많이 따서 십일조를 많이 바칠 수 있게 해달라고 한 것과 같은 것이다. 또한 이같은 사람들의 요구를 따라 교회가 사람들의 귀를 즐겁게 하는 재미있는 이야기를 들려준다면 이는 분명 복음의 변질이다(딤후 4:3, 4). 유다 말기 이스라엘 백성이 이러하였다. 그들은 선지자를 노래하는 가수처럼 여겼다(겔 33:32). 그러므로 당시 유다 예루살렘의 총체적 부패를 지적하여 말씀하기를 "선지자들은 거짓을 예언하며 제사장들은 자기 권력으로 다스리며 내 백성은 그것을 좋게 여기니 마지막에는 너희가 어찌하려느냐"(렘 5:31)라고 하셨다. 교회가 인간중심, 세속화 한 것이다. 그러므로 교회가 영적 양식보다 육의 양식을 앞세우고, 십자가 사랑보다 이적기사를 앞세우고, 하나님 나라보다 세상나라와 그 영광을 구하게 되면 그것은 마귀의 시험에 빠진 것이다. 교회가 현세적 물질주의와 기적적 성취주의와 세속적 권세주의를 따르면 그것은 하나님의 이름과 능력, 예수 그리스도의 십자가 희생과 부활의 은혜를 인간의 물욕과 성취욕과 권세욕을 위한 수단으로 바꾸는 변질이 된다. 우선순위의 뒤바꿈이고 두 주인을 섬기는 것이 된다(마 6:33, 24). 교회가 하나님의 말씀 순종보다 물질적 축복을 앞세우고, 십자가 희생의 사랑보다 이적 기사(은사나 능력)로 말미암은 문제해결을 추구하고, 하나님의 기뻐하심보다 인간 자신의 기쁨과 만족을 구하는 예배를 추구하면 그것은 하나님을 욕되게 하고 예수 그리스도의 십자가를 헛되게 하는 것이 된다.

교회의 복음 전도는 사람들을 예수 그리스도(십자가와 부활로 구주가 되신)에 대한 믿음과 하나님께 대한 회개로 말미암아 하나님께 속한 무리(거룩케 된 무리)가 되게 하는 것 즉 하나님 예배자로 세우는 것이다(행 26:18; 20:21). 그런데 마귀의 시험은 교회로 하여금 예수 그리스도의 이름을 전하고 십자가 복음을 전하지만 예수 그리스도와 관계없는 믿음, 신자 자신의 믿음을 믿는 믿음과 그로 말미암은 세상적 번영을 위한 믿음을 갖게 하고, 또 큰 능력과 기적을 행하는 믿음을 전하게 함으로 사람들로 하여금 하나님께로 돌아오는 믿음 즉 회개하는 믿음과는 관계없는 믿음을 갖게 하고, 하나님의 나라와 의보다 세상에서의 인간 자신의 권세와 영광을 구하게 하는 것이다. 주님은 부요하신 자로서 우리를 위하여 가난하게 되심으로 우리를 부요하게(구원)하셨는데, 우리가 주님의 이름으로 세상에서 부를 소유하려고 하는 것은 시험이다(고후 8:9). 하나님께서 믿는 자에게 부를 주시는 것과, 믿는 자가 믿음으로 말미암아 부를 얻고자 구하는 것은 별개의 것이다. 하나님께서 분명 부를 주시고 누리게 하신다. 그럴지라도 그 주권은 하나님께 있다. 우리 인간은 각각 하나님 앞에 받은 은사와 사명이 다른 것이다. 오히려 성경은 가르치기를 "세상에서 가난한 자를 택하사 믿음에 부요하게 하시고… 약속하신 나라를 유업으로 받게 하셨다"(약 2:5)고 말씀하셨다. 부를 위한 신앙(복음), 그것은 결국 우상숭배와 같은 것이다. 부귀가 하나님께로부터 오지만 부귀를 바라보는 신앙은 하나님을 바라보는 신앙과는 다른 것이다.

주님 친히 가난하게 되신(머리 둘 곳도 없으신) 주님을 따르라고 말씀 하셨고, 세상적 삶의 근거를 다 버리고 주를 따른 제자들을 향하여, 너희 가난한 자, 이제 주린 자, 이제 우는 자가 복이 있다고 말씀하셨다(눅 6:20, 21). 또 주께서 가르쳐주신 기도문에 "날마다 일용양식을" 주시기를 기도하라고 말씀하셨다. 성경은 "돈을 사랑함이 일만 악의 뿌리"라고 가르쳤고(딤전 6:10) 부자 되기를 애쓰지 말라고 하셨고(잠 23:4), 그리고 주께서도 친히 "너희 보물을 땅에 쌓아 두지 말라"고 하셨다(마 6:19). 십자가를 지신 주께서, 너희도 각자의 십자가를 지고 나를 따르라고 말씀하셨다(마 16:24). 그리스도의 복음은 이렇게 십자가 신학 즉 고난의 신학이고, 그리스도의 남은 고난을 자기 육체에 채우는 신학이 바울신학이다(골 1:24).

회개 없는 신앙, 십자가 없는 구원, 죄 문제의 해결이 없고 심령의 변화가 없고(행 2:37), 천국 영생이 없는 복음은 다른 복음이다(갈 1:7-9; 3:1). 십자가 없는 복음은 부활도 없다. 천국 없는 구원은 지상 나라뿐이고, 하나님 없는 구원은 인간이 중심된 것이고, 영혼 없는 구원은 육신만 위한 것이니 모두가 다 헛되고 속이는 것뿐이다. 예수 그리스도의 이름을 부르며 예수 그리스도의 이름을 입으로 전하지만 신앙의 목표를 하나님보다 인간 자신에게 두게 하고, 영혼보다 육신 문제를 우선으로 하고, 하나님의 영광보다 세상 영광을 바라보게 하는 것은 우상숭배자의 예배와 다를 것이 없다(사 66:3; 약 4:3).

4. 하나님 예배를 훼방하는 시험이다.

마귀의 모든 시험에는 하나님을 대적하고, 하나님과 분리시키고, 하나님 예배를 자신이 취하려는 의도가 있다. 시험의 목표이다.

1) 첫째는 하나님의 말씀을 범하게 하는 행동을 하게 함으로 하나님을 거스리게 한다.

① 하나님의 주권을 침범하게 함으로 하나님을 거스리게 한다.
② 하나님을 시험하게 함으로 하나님의 권위를 훼손케 한다.
③ 예배를 수단화 하게 함으로 하나님의 영광을 훼방한다.

2) 둘째는 두 주인을 섬기게 함으로 하나님을 떠나게 한다.

① 하나님과 겸하여 물신(탐욕의 우상)을 섬기게 한다.
② 하나님과 함께 성공신(명예욕의 우상)을 섬기게 한다.
③ 하나님과 함께 권세신(권력의 우상)을 섬기게 한다.

옛적 이스라엘 백성들과 장로들처럼 하나님 성전에 들어와서 동방태양을 바라보고 경배하도록 유혹한다(겔 8:5-16). 오늘날의 동방 태양은 황금 태양도 될 수 있고 권력태양, 인간태양, 이념태양, 성공태양, 민중태양 등등 일 것이다. 하나님의 성전인 예배회에 참석은 하였지만 하나님을 향한 '신령과 진정'의 경배 대신 오히려 자신의 마음속의 태양 ―동방태양― 을 향하여 절하고 있지 않는가? 교회가 예수 그리스도의 십자가 구원을 빙자하여 세속적 우상을 바라보도록 인도하고 있지는 않는지?

3) 셋째는 마귀 자신이 예배를 받고자 한다.

만약 신자나 교회 지도자의 마음속에 세속적 권세나 영광을 향한 열망이 있다면 그는 결국 마귀에게 경배하는 자가 될 뿐이다. 크리스토퍼 라이트(국제 랭함 파트너십 대표)는 현대 교회 내의 3대 우상을 지적하여 권력우상, 성공우상, 탐욕의 우상이라고 하며 말하기를 "교회의 지도자들에게 성공이나 능력을 통해 사람들의 인정을 받으려는 욕망이 크다"고 하였다. 교회의 지도자들은 하나님의 종들로서 하나님의 인정을 받도록 힘써야 하는데 사람들의 인정을 받으려고 한다는 말이다. 결국 사람들의 종이 될 뿐이다. 사람을 두려워하면 올무에 걸린다고 성경은 경계한다(잠 29:25). 그런데 교회지도자들이 사람을 두려워하고 사람에게 인정을 받고자 하면 결국 그의 설교나 찬양인도나 목양이 사람들의 기호를 따르게 되는 인본주의로 변질되고, 그리하면 교회는 세속화되고 만다. 하나님 중심 목회를 버리고 사람 중심 목회가 되고, 말씀주의 목회가 아니고 은사 중심 목회가 되며, 천국 중심이 아니고 세상 중심이 되면 그 교회는 거룩성을 잃어버리게 되고 세속화의 길을 가게 된다. 하나님께서 섬김을 받는 교회가 아니고 하나님의 이름을 빙자하여 사람이 섬김을 받게 되는 것이다.

예배는 하나님의 것이다. 구원의 목표가 예배이고(엡 1:6, 12, 14) 신앙의 목적이고(고전 6:23; 롬 12:1), 인생의 궁극 목적이다(고전 10:31). 그런데 이 목적이 변질되는 것이다. 전도는 참예배자를 찾으시는 하나님의 부르심의 일이다. 전도를 위한 집회와 예배회를 구별하여야 한다. 그뿐 아니라 구도자를 위하여도 구도자 중심의 예배가 되어서는 하나님 중심의 예배를 훼손하게 된다. 오히려 하나님께의 예배를 경험하게 함으로 구도자로 하여금 하나님 면전 의식을 갖도록 하여야 한다. 하나님이 기뻐하시는 참 예배자가 되도록 하여야 한다. 구령을 위한 전도가 아니고 몇 백배의 회집을 위한 것이라면 전도를 인간의 성취욕을 위한 도구로 만들게 되고, 하나님 예배자를 찾기 위한 전도가 아니면 인간을 위한 행사에 불과하다.

인간 구원보다 하나님의 영광이 우선이고, 교회의 물량적 부흥성장보다 인간 구원이 우선이다. 이 우선순위가 바뀌면 교회는 인간 집단이 되고 예배는 인간의 성취욕과 세속적 권세 영광을 위한 수단으로 바뀌게 된다.

하나님을 섬기는 자는 첫째 하나님의 말씀에 순종하고, 그래서 하나님을 경외하는 신앙으로 섬기고 오직 하나님만 섬기고 그 발 앞에 엎드려 경배하는 자이다. 인간의 시급한 요구와 상황을 초월하여 하나님만 바라보는 신앙, 인간 자신의 성취와 성공을 위한 요구보다 십자가의 길을 택할 줄 아는 순종의 신앙으로 세상권세보다 하나님 나라 영광을 바라보고 오직 하나님만 섬기는 예배자로 굳게 서는 자이다. 메시야의 사역도 하나님께의 순종, 교회의 복음 사역도 하나님께의 순종, 개인 신자의 신앙생활도 하나님께의 순종이다. 신앙은 하나님을 하나님으로 섬겨 영화롭게 하고 감사하는 신앙이지 하나님을 시험하는 모험이 아니다. 하나님은 우리를 어린아이같이 사랑하실지라도 우리 신자는 하나님의 사랑과 권능을 자신의 욕망(성취욕이나 물욕이나 권세욕)을 위하여 이용하려고 하여서는 안된다. 주께서 사탄을 물리치신 말씀을 늘 기억해야 한다.

"주 너의 하나님께 경배하고 다만 그를 섬기라 하였느니라"

인간 구원은 참예배자를 불러 세우는 일이다.

예배에 대하여

— 성경적 예배론 —

●●●

"아버지께서는 자기에게 이렇게(참되게) 예배하는 자들을 찾으시느니라"(요 4:23)

성경은 예배의 책이다. 찬송가는 예배의 노래이다. 성경은 예배의 대상이 누구이며, 예배는 무엇이며, 바른 예배는 어떻게 드리는 것인가를 가르친다. 예배가 열납되면 복된 인생이 되지만 예배가 실패하면 그 인생도 실패하게 됨을 가르친다. 인간의 범죄 타락은 예배의 자리로부터의 타락이고, 인간의 구원은 예배의 자리로의 회복임을 가르친다. 하나님께서는 참으로 예배하는 자를 찾으시기 위하여 그의 독생자 예수 그리스도를 인간 세상에 보내셨고, 예수 그리스도는 십자가의 희생으로 말미암아 참된 예배자를 찾으시고, 잃은 양을 찾은 목자가 그 양을 어깨에 메고 우리로 돌아옴 같이, 그 찾은 자(하나님께 돌아온 자)를 하나님 아버지 집 즉 예배의 집(성전)으로 인도하여 들이신다는 것을 가르친다(사 56:7).

1. 예배는 무엇인가?(의미와 본질)

예배는 하나님께서만 받으시는 최고의 영광이다. 천지를 창조하신 하나님, 만군의 여호와 하나님께서 유일하신 참 하나님이시며 영생하시는 하나님이시며 피조 세계를 다스리시며 인간의 생사화복을 주장하시는 하나님으로 고백하고 찬양하고 감사하며 그 앞에 꿇어 엎드려 경배하여 영광 돌리는 것이다. 즉 예배는 하나님을 하나님으로 섬겨 경배 드리는 것이다. 하나님께 합당한 예법을 따라(히 9:1) 하나님 앞에 엎드려 경배함으로 하나님을 기쁘시게 섬기는 것이 예배이다. 인간의 즐거움이나 만족을 위한 행사가 아니고 인간의 요구나 성공이나 명예나 지위를 얻기 위한 수단도 아니다. 오직 하나님을 섬겨 그 앞에 꿇어 엎드려 경배 드리는 것이다.

1) 예배는 하나님 앞에 꿇어 엎드려 경배하는 것이다.

(요 4:23,24; 계 4:10; 5:8,14)

그래서 최고의 영광과 존귀와 감사와 찬송을 하나님께 드리는 것이다. 네 생물과 24장로들이 보좌에 앉으신 이 앞에 엎드려 경배함과 같이 하나님 앞에 엎드려 하나님으로 높여 숭배하며 절하는 것이 예배이다(계 4:10, 5:8,14). 경배(worship)란 말의 원어(프로스퀴네인)적 의미는 "…에게 입맞추는 것"(toward+kiss)을 의미한다. 죄인 된 한 여인이 주님의 발 앞에 엎드려 그 발에 입맞춤으로 주님을 섬긴 것 같이 하나님의 아들에게 입맞추는 것이 예배이다(눅 7:38- 45; 시 2:12). 엘리야 시대에 북조 이스라엘에 "무릎을 바알에게 꿇지 아니하고 그 입을 바알에게 맞추지 아니한" 사람 7천인을 남겨 두었다고 말씀 하셨다(왕상 19:18). 즉, 여호와 하나님께 무릎 꿇어 입맞춘 신앙의 정절을 지켜, 이세벨 왕후의 우상 바알에게 무릎 꿇어 입맞추지 아니한 신실한 종들을 하나님께서 남겨두셨다는 말씀이다. 하나님은 우상이나 다른 신들에게 절하는 것을 금하시고 오직 하나님께만 경배할 것을 명하셨다(제1,2계명).

"너는 나 외에 다른 신들을 네게 있게 말지니라. 너를 위하여 새긴 우상을 만들지 말고… 아무 형상이든지 만들지 말며 그것들에게 절하지도 말며 그것들을 섬기지 말라 나 여호와 너의 하나님은 질투하는 하나님인즉 나를 미워하는 자의 죄를 갚되… 3, 4대까지 이르게 하거니와"(출 20:3-5)

하나님 외에 다른 것을 하나님처럼 섬겨 절하는 자를 하나님께서는 질투하는 사랑으로 그 죄를 갚으리라고 말씀하셨다. 예배는 하나님께서 홀로 받으시는 경배이다. 그러므로 예배는 오직 하나님께만 드려야 한다.

자기에게 엎드려 경배하면 천하만국의 영광을 주겠다고 시험하는 사탄에게 주님은 단호히 말씀하시기를 "사탄아 물러가라 기록되었으되 주 너의 하나님께 경배하고 다만 그를 섬기라 하셨느니라"(마 4:10) 라고 하셨다. 성경의 교훈이 오직 하나님만 경배하라는 것임을 확인하심으로 사탄의 간교한 시험을 물리치신 것이다. 권세의 신, 탐욕의 우상 앞에 절하는 어리석음을 경계하신 것이다. 그래서 사람이 두 주인 즉 하나님과 재물(신)을 겸하여 섬길 수 없다고 말씀하셨다(마 6:24). 우리가 부모에게 엎드려 절 할 때에는 부모에 합당한 존경과 공경을 표하여 높여 예를 행한다. 왕 앞에 절할 때에는 왕으로서 권세와 주권을 높여서 섬기는 예를 갖추는 것이다. 그와 같이 하나님 앞에 꿇어 경배하는 자는 하나님으로 높여 숭배하는 예를 표하는 것이다. 그러므로 부모나 왕을 하나님으로 높여서 숭배하지는 아니한다. 또한 어떤 우상이나 죽은 자에 대하여도 절하지 아니함은 그것들이 비인격자이고 또한 하나님으로 섬길 수 없는 자이기 때문이다. 지상의 그 누구도 그 무엇도 하나님께 드릴 경배를 받을 수 없고 또 그렇게 경배하여도 아니된다(행 12:22,23). 왜냐하면 하나님은 오직 한 분뿐이시고 하나님께 드릴 경배는 오직 하나님께서만 받으시는 것이기 때문이다. 그러므로 하나님께서 말씀하시기를 "나는 여호와니 이는 내 이름이라 나는 내 영광을 다른 자에게, 내 찬송을 우상에 주지 아니하리라"(사 42:8) 라고 주장 하셨다. 천사에게 엎드려 절하려고 하는 요한에게 경계하기를 "오직 하나님께 경배하라"(계 19:10; 22:9)라고 하였다. 그러므로 신앙인들은 하나님 외에 그 어떠한 신이나 우상 앞에 절하지 아니하였고 교회사를 통하여 이 예배를 지키기 위하여 순교의 피를 하나님께 바친 것이다(단 3:16-18; 계 2:13; 13:15; 20:4).

교회는 예배의 경건을 지키기 위하여 예배시간에는 하나님 외에 그 어떤 사람도 기념하지 못하게 하였고, 사람을 칭송하는 일이나 박수 등을 금하였다(장로교 헌법적 규칙 제 4조; 주일 예배회 참고). 교회의 단체적 경의를 표하는 예배 시간에 오직 하나님께 영광과 찬송과 거룩을 돌리도록 하였다. 그러므로 예배시간에는 옆 사람과 인사하는 것도 금하였다(장로교 예배모범 제12장: 교회 회집과 예배 때 행위 참고). 하나님 앞에 꿇어 엎드려 절하여 하나님께 공경과 숭배를 표하여 영광 돌리는 시간에 어떻게 사사로운 언행이나 인간 상호간의 친교를 갖겠는가? 성도 교제의 시간은 예배 순서를 다 마친 후에 갖도록 하는 것이 하나님 앞에서 마땅하며 하나님께서 기뻐하실 일이 될 것이다.

"너희는 여호와 우리 하나님을 높여 그 발등상 앞에서 경배할찌어다. 그는 거룩하시도다"(시 99:5) "너희는 여호와 우리 하나님을 높이고 그 성산에서 경배할찌어다. 대저 여호와 우리 하나님은 거룩하시도다"(시 99:9)

2) 예배는 하나님을 섬기는 것이다.(롬 12:1; 벧전 2:5)

첫 언약 시대의 섬김은 제사였다.

"…나를 섬기는 제사장 직분을 행하게 하되… 거룩한 옷을 지어서 영화롭고 아름답게 하고 거룩하게 하여 내게 제사장 직분을 행하게 하라"(출 28:1-4) 라고 명하셨다. 그리고 제사장들이 여호와 앞 회막문에서 제사로 하나님을 섬기는 "거기서 너희와 만나고 네게 말하리라 내가 거기서 이스라엘 자손을 만나리니 내 영광을 인하여 회막이 거룩하게 될지니라… 내가 이스라엘 자손 중에 거하여 그들의 하나님이 되리니…"(출 29:42-46)라고 말씀하셨다. 제사장 직분은 하나님을 섬기는 직분이다. 그리고 첫 언약 때의 섬기는 예법은 새 언약의 예표이다(히 9:1-15). 새 언약의 중보가 되신 예수 그리스도의 단번에 드린 영원한 속죄제로 말미암아 오늘날의 섬김은 신령한 제사로 말미암는다(벧전 2:5). 그래서 예수 그리스도는 그 백성을 거룩하게 하려고 영문 밖에서 고난을 받으셨고(히 13:12), 그 안에서 구속 곧 죄사함을 받은 신자들은 하나님 앞에 신령한 제사를 드릴 거룩한 제사장이 되는 것이다(벧전 2:5). 예수 그리스도는 그의 피로 말미암아 우리를 죄에서 해방하시고 하나님을 위하여 나라와 제사장으로 삼으신 것이다(계 1:6;5:10; 벧전 2:9).

"하물며 영원하신 성령으로 말미암아 흠 없는 자기를 하나님께 드린 그리스도의 피가 어찌 너희 양심으로 죽은 행실에서 깨끗하게 하고 살아계신 하나님을 섬기게 못하겠느뇨", "그러므로 형제들아 우리가 예수의 피를 힘입어 성소에 들어갈 담력을 얻었나니… 우리가 마음에 뿌림을 받아 양심의 악을 깨닫고 몸을 맑은 물로 씻었으니 참 마음과 온전한 믿음으로 하나님께 나아가자"(히 9:14; 10:19-22)

"…너희도 산돌 같이 신령한 집으로 세워지고 예수 그리스도로 말미암아 하나님이 기쁘게 받으실 신령한 제사를 드릴 거룩한 제사장이 될지니라"(벧전 2:5).

"…너희 몸을 하나님이 기뻐하시는 거룩한 산제사로 드리라 이는 너희의 드릴 영적 예배니라"(롬 2:1)

다시 살아난 영원한 생명을 소유한 신자의 몸(인격체)을 드려 하나님을 기쁘시게 섬기는 예배자가 되라고 말씀하신 것이다.

"섬김" 이란 말의 원어(라트레이아)의 의미에는 "기쁨"이라는 의미가 있다(어근적 의미). 섬김을 위하여는 기쁨이 필요 불가결의 요소이다. 섬김을 받는 자가 기쁘게 받아야 되고, 섬기는 자가 기쁨으로 섬겨야 하는 것이다. 섬기는 자의 태도가 매우 중요하다. 섬기는 자 중심의 섬김이 아니고 섬김을 받는 자 중심의 섬김이 되어야 하고, 섬김 받는 자가 기쁨으로 받을 수 있는 것을 기쁨으로 드려서 섬겨야 하는 것이다. 가인의 제사는 하나님께서 받으시지 아니하셨지만 아벨의 제사는 하나님께서 기쁘게 받으셨다. 하나님께서 받으심직한 것으로 섬기는 것이 예배이다.

3) 예배는 하나님 면전에서의 인간(피조물)의 반응이다.

B. B. Warfield 박사는 말하기를 "칼빈주의자는 하나님을 본 자요 또 그렇게 하나님을 본 결과로, 한편으로는 피조물로서 더욱이 죄인으로서 하나님 앞에 설 수 없다는 느낌이 가득 찼고 다른 한편으로는 그 하나님이 죄인을 영접하시는 하나님이라는 사실로 인하여 경이감으로 충만한 자이다"라고 하였다. 지극히 거룩하신 하나님 면전에서 인간의 반응은 하나님 앞에 설 수 없는 죄인으로서의 두려움과 하나님 앞에 영접 받은 죄인으로서의 감사로 말미암아 회개의 눈물과 헌신의 결단으로 하나님 앞에 엎드리게 된다. 경건한 두려움(히 12:28,29)과 감사의 반응으로 하나님 앞에 꿇어 엎드리는 것이다.(John MacArthur) 이 상반된 반응은 그의 심령 깊은 곳으로 부터 "나는 죄인입니다. 나를 불쌍히 여기소서"라는 부르짖음으로 나타나게 되고, "감사합니다" 라는 고백으로 나타나게 된다. 그래서 통회자복하는 상한 심령의 제사(시 51:17)를 드리게 되고(마 5:4), 감사의 제사로 하나님을 영화롭게 하는 자가 되는 것이다(시 50:23; 107:22; 116:17). 주님이 달리신 십자가 아래 엎드린 죄인의 신앙 고백이고 경배인 것이다. 그러므로 칼빈주의 자는 하나님을 본 고로 예배 자가 된 자이다. 그래서 하나님 절대주권 사상으로 무장하고 모든 일에 하나님으로 하나님 되게 하고자 헌신하는 자가 되는 것이다(롬 11:33-36; 9:14-24) (H. Henry Meeter).

한 죄인된 여인의 봉사(눅 7:38-50)는, 범죄 현장에서 잡혀온 여인처럼(요 8:2-11) 율법의 정죄와 죽음 직전에서 사죄 구원 받은 은혜의 경험을 가진 자로서, 예수 그리스도 앞에 엎드려 회오의 눈물과 감사와 결단의 눈물로 주님의 발에 입맞추어 예배한 것이다(눅 7:44

-47). 십자가 아래서 믿음의 눈으로 주님을 우러러 보는 자는 자신의 한 없이 부끄럽고 저주스러운 죄 때문에 거룩하신 하나님의 독생자께서 십자가에 고통당하심을 인하여 가슴치고 애통하며 회개하는 회심의 눈물을 흘리게 되는 것이다. 이것이 하나님을 체험한 자의 고백이고 믿음으로 드리는 감사의 제사이다.

이사야 선지자는 그가 선지자였을지라도 하나님의 영광의 광경을 목도한 후에 "화로다 나여 망하게 되었도다 나는 입술이 부정한 사람이요 입술이 부정한 백성 중에 거하면서 만군의 여호와이신 왕을 뵈었음이로다"(사 6:5)라고 고백하였다. 이는 "거룩하다 거룩하다 거룩하다 만군의 여호와여 그 영광이 온 땅에 충만하도다"(사 6:3) 라고 외치고 선포하는 스랍들의 찬양 속에, 높이 들린 보좌에 앉으신 주님의 영광을 체험한 선지자가 죄인으로서 누추한 자아를 발견하고 거룩하신 하나님 앞에 설 수 없는 죄인임을 고백한 것이다. 이는 곧 하나님의 거룩하심을 고백한 예배이다. 사도 베드로도 주님의 명령에 따라 물고기를 잡은 후에 그는 하나님이신 예수 그리스도를 발견하고 그 발 앞에 엎드려 "주여 나를 떠나소서 나는 죄인이로소이다"(눅 5:8) 라고 고백하였다. 사도 바울도 그가 예수 그리스도 앞에 꿇어 엎드러지기 전까지는 하나님을 위하여 큰 일하는 의인이라고 자긍하였지만 예수 그리스도 앞에 부름 받은 후에 그는 고백하기를 "죄인 중에 내가 괴수"라고 하였고, 그러한 자신을 구원하시고 사하셔서 사도로 삼으신 그 크신 은혜에 항상 감사하였던 것이다(딤전 1:12-17). 박윤선 박사는 요한일서 1장 7절-10절의 말씀에 근거하여 하나님 앞에 인간의 정직은 "나는 죄인입니다" 라고 고백하는 것이라고 말하였다. 이렇게 하나님 앞에 설 수 없는 죄인된 것을 발견하고 고백한 자에게 하나님의 구원의 은혜는 더욱 충만하게 임하고(사

6:6-8; 롬 5:20; 눅 7:48-50), 그리고 그러한 죄인에게 베푸신 하나님의 무한한 은혜로 말미암은 감사가 죄인의 심령에 깊게 솟아나는 것이다. 그래서 예수 그리스도로 말미암아 항상 찬미의 제사를 하나님께 드리게 된다(히 13:15).

거룩하신 하나님의 빛 아래 나타난 자신의 진면목을 발견한 인간의 자백과(사 57:15) 그러한 죄인을 영접하시는 사랑의 하나님, 자비의 아버지를 바라보는 자로서의 감사가 함께하는 고백이다. **'통회와 감사' 이 두 가지 상반된 거룩한 감정이 충만한 자가 그리스도 신자이고 참된 예배자가 되는 것이다.** 그래서 거룩하시고 자비하신 하나님의 영광을 높이 찬양하고 그 앞에 꿇어 경배하는 것이다. 스랍들처럼 얼굴을 가리우는 경외와 발을 가리우는 근신과 날개를 펴 날아오르는 경성으로 하나님을 찬양하는 것이다. 이것이 예배의 본질이다. 동방의 의인 욥의 하나님 체험은 자신의 죄를 깊이 통감하고 회개하는 신앙으로 나타났다(욥 42:5,6). 인간 스스로 의롭다고 말한 것이 얼마나 부끄럽고 가증한 죄인가?

"나는 죄인입니다" 라고 고백하는 자가 하나님을 하나님으로 높이는 예배자이다. 꿇어 엎드려 감히 고개를 들지 못하고 "나를 불쌍히 여기소서 나는 죄인입니다" 라고 부르짖었던 세리가 하나님께 열납되었고 스스로 의인인 줄 알고 다른 사람과 비교하여 자신의 의를 내세웠던 바리새인은 하나님께 열납되지 못하였다(눅 18:9-14). 사람들 중에는 자기가 죄인이라고 고백하는 죄인이 있고, 자기는 의인이라고 내세우는 죄인이 있다. 하나님의 거룩을 아는 자는 창녀이든 도둑이든 율법의 의를 자랑하는 바리새인이든 제사장이든 누구나 하나님 앞에 "나는 죄인입니다"라고 통회 자복하게 된다. 이사야 선지자처럼 그렇게 고백한다(사 6:5). 어둠속에 감추어져있던 검고 붉고

흰 것들이 각자의 색깔로 들어날 때에 빛의 빛 됨을 나타내게 됨과 같이 하나님의 거룩 앞에 인간 자신의 거룩하지 못함을 깨닫고 고백하는 자가 하나님의 거룩하심을 시인하고 높이는 것이다(요 3:19-21). 자신이 의롭다고 하여 하나님을 불의하다고 할것인가?(욥 40:8) 모든 사람은 죄인이라고 말씀하신 하나님을 거짓말하는 자로 만들 것인가?(요일 1:10)

4) 예배는 믿음을 고백하는 행동적 표현이다.

마음으로 믿은 믿음을 입으로 시인하는 고백적 행위이다. 즉 예배는 하나님 앞에 자신의 신앙을 고백하는 행위이다. **하나님을 하나님으로 믿는 자는 하나님께 예배한다.** 그러나 하나님을 하나님으로 믿지 아니하는 자는 하나님께 예배하지 아니한다. 믿음의 대상에 있어서 우상을 하나님으로 믿는 자는 우상에게 절하고 여호와를 하나님으로 믿는 자는 여호와께 경배한다. 권력이나 돈을 최고의 가치로 여기는 자는 권력이나 돈 앞에 무릎을 꿇을 것이고, 하나님을 자신의 절대자로 여기는 자는 오직 하나님께만 꿇어 엎드려 절할 것이다. 다니엘과 세 친구들의 믿음은 풀무불도, 사자의 입도, 느부갓네살왕의 권세도 두려워하지 아니하는 신앙 즉 하나님 절대 신앙이었다. 또 하나님을 인간의 욕망을 만족시키는 신으로 믿는 자는 하나님을 자신의 요구를 위한 수단으로 여겨 이용하려고 할 것이고, 하나님을 유일무이하신 하나님으로 믿는 자는 하나님 앞에 절대 헌신하는 예배를 드릴 것이다. 하나님을 인간과 같은 자로 믿는 자는 하나님을 가볍게 여길 것이나 하나님을 거룩하신 분으로 믿는 자는 그를 경외함으로 나아가 떨며 즐거워할 것이다(시 2:11).

하나님을 믿되 그 믿음의 성격에 따라 예배의 방법과 태도가 달라진다. 그의 예배가 우상숭배적 예배가 될 수 있고(사 66:3) 하나님을 인간 자신의 기호 따라 즐기는 놀이처럼 섬길 수 있고(겔 33:32) 하나님께 헌신하는 진실성이 없는 외식적인 예배, 형식적인 예배를 드릴 수도 있다(사 1:12-17; 마 6:1-18; 요 5:42; 말 1:6-14). 그러나 하나님을 하나님으로 믿는 자는 스랍들이나(사 6:1-3) 네 생물들이나 24장로들처럼(계 4:8-11), 이사야 선지자처럼(사 6:5-8) 죄인 되었던 한 여인 같이(눅 7:32-46) 그렇게 예배할 것이다. 다윗처럼 상한 심령의 제사를 드릴 것이고(시 51:17) 예수 그리스도로 말미암아 항상 찬미의 제사, 감사제를 드릴 것이다(히 13:15; 시 50:23; 116:17).

예배는 그 사람의 신앙을 나타낸다. 그가 하나님을 아는 것만큼 하나님을 높여 섬긴다. 그가 하나님을 사랑하는 것만큼 하나님을 뜨겁게 섬긴다. 이 지식은 두뇌의 지식이 아니고 심령의 지식이다(마 16:17). 그러므로 하나님의 말씀을 떠나고 하나님을 떠난 이스라엘 백성들을 향하여 "오라 우리가 여호와께로 돌아가자… 그러므로 우리가 여호와를 알자 힘써 여호와를 알자…"(호 6:1-3) 라고 하였다. "내 백성이 지식이 없음으로 망하였도다. 네가 지식을 버렸으니 나도 너를 버려 내 제사장이 되지 못하게 할 것이요…"(호 4:6)라고 책망하신 하나님께서 그 백성이 고난 중에 죄를 뉘우치고 하나님께로 돌아올 것을 예언한 말씀이다(호 5:15-).

"너희 몸을 하나님이 기뻐하시는 거룩한 산제물로 드리라"(롬 12:1)

2. 하나님께 합당한(하나님이 기쁘시게 받으실) 예배는 어떠한 것인가?(방도와 태도)

첫 언약(구약)에도 섬기는 예법이 있어서 제사장들이 그 예법을 따라 하나님의 성소에 나아가 섬겼던 것처럼 예수 그리스도 안에 있는 새 언약에도 하나님께서 세우신 섬기는 예법이 있다.

하나님께 드릴 참된 예배는 어떻게 드리는 것인가?

1) 신령과 진정으로 드리는 경배(요 4:23,24)

예수 그리스도께서 말씀하시기를 "아버지께 참으로 예배하는 자들은 신령과 진정으로 예배할 때가 오나니 곧 이때라 아버지께서는 이렇게 자기에게 예배하는 자들을 찾으시느니라 하나님은 영이시니 예배하는 자가 신령과 진정으로 예배할지니라" 라고 하셨다. 여기 예배로 번역된 말은 경배를 의미하는 말이다(계 4:10; 5:14; 7:11). 그리고 "신령과 진정으로" 라는 말의 원어적 의미는 "영(sprit)과 진리(truth)라는 말이다(개역개정성경):

> 학자들은 이 말의 뜻을 여러 가지로 해석한다. 번역 성경들의 번역을 따라 크게 두 의미로 해석하여 본다. 첫째: 한글개역 성경대로 "신령과 진정으로" 라고 해석하면 예배자의 경배 태도와 관련하여, 몸이 아닌 심령으로(형식이 아닌 심령으로) 무릎 꿇어 경배하고 외식이 아닌 진실로(즉, 참되게) 경배하라는 의미가 된다. 한글 공동 번역은 "영적으로 참되게" 라고 번역하였고, 현대인의 성경은 "영적이며 진실하게"로 번역하였다. 구약 예배의 몸을 굽혀 경배하는 것과 대비하여 심령의 허리를 굽혀 경배하고 바리새인들의 외식과 대비하여 참되고 진실한 예배를 드릴 것을 말씀하신 것이다. 특히 "하나님은 영이시니…"라고 전제한 말씀이 이 해석을 뒷받침한다고 볼 수 있다. 둘째는 한글 개역개정 성경대로 "영과 진리로"(현대어성경, 바른성경, 대다수 영역성경)라고 해석하면 예배의 방도와 관련하여, 성령과 진리 지식으로 예배하라는 의미가 된다.

① 신령과 진정으로 드리는 예배는 심령적으로 (몸이 아닌 마음으로), 참되게(외식이 아닌 진실로) 경배하라는 것을 의미한다.

영이신 하나님께 드리는 경배는 영적인 경배가 되어야 하고 참된 마음과 태도로 경배하여야 한다. 예배자의 태도에 대한 교훈이다. 바리새인이나 우상 숭배자들처럼 하지 말라는 것이다. "너희의 마음으로 주께 노래하며 찬송하며"(엡 5:19) "마음에 감사함으로 하나님을 찬양하고"(골 3:16), 라고 하셨고 기도에 있어서도 믿음의 기도(막 11:22- 25), 감사의 기도(빌 4:6), 진실한 기도(시 145:18), 간절한 기도(눅 18:7)등을 가르치고 있다.

② 궁극적으로 성령에 의한, 진리 지식을 따르는 예배를 드리는 자가 참 예배자가 될 수 있다는 말씀이다.

이는 사마리아인들이 "알지 못하는 것을 예배"하는 것과 같이 구원의 지식 없이 예배하는 것을 경계하는 말씀이다(요 4:22). 또한 인간의 생각이 아닌 하나님의 말씀 진리를 따른 예배를 드리라는 것이다. 예배의 방도에 대한 교훈이다. 성령으로 하지 아니하고는 하나님을 기쁘시게 할 수 없고(롬 8:5-9) 예수 그리스도를 주라고 고백할 수 없으니(고전 12:3) 성령으로 중생한 자가 성령의 인도 따라 참된 예배를 드리게 되고, 진리이신 예수 그리스도를 아는 자만이 진리이신 하나님께 예배를 드릴 수 있다(요 17:3). 예수 그리스도는 진리를 전하고 가르치기 위하여 오신 진리이시고(요 8:43-47; 17:17; 18:37; 14:6), "영생은 유일하신 참 하나님과 그의 보내신 자 예수 그리스도를 아는 것이니라"(요 17:3)라고 말씀하셨다.

하나님은 10계명으로 하나님을 섬기는 예법을 가르쳐 주셨다(출 20:1-17).

제 1계명에서 예배의 대상으로 오직 하나님 한 분만을 섬길 것을 말씀하셨고, 제 2계명에서 예배의 방도로 하나님을 형상화 하지 않는 심령적 예배를 드릴 것을 말씀하셨고(출 20:23; 신 4:15-24 참고), 제 3계명에서 예배의 태도로 망령된 예배 즉, 헛된 예배, 형식만 취하고 입술 뿐인 사랑과 헌신을 강력히 경계하셨다(사 1:11-13; 마 15:7-9; 전5:1-6; 삼상 2:30하; 갈 6:7; 삼상 15:22,23 참고). 그리고 제 4계명에서 예배의 시간으로 매주 첫 날 즉 "주의 날"을 정하여 주신 것이다. 이 예배일은 창조 법칙으로 정하여 이 날을 복 주어 거룩하게 하신 것이다(창 2:3). 그리고 제 5-10계명에서 예배자의 자격을 정하여 이웃 사랑을 실천하여 권위를 존중히 여기고(제 5계명), 생명을 존중히 여기고(제 6계명), 가정(정절)을 존중히 여기고(제 7계명), 소유를 존중히 여기고(제 8계명), 명예를 존중히 여길 것을 교훈하셨고(제 9계명) 그리고 자신의 인격을 사랑하여 청결한 마음을 지킬 것, 즉 탐심의 우상을 멀리할 것을 명하셨다. 모든 범죄의 문이 탐욕이기 때문이다(약 1:15). 마음이 청결한 자가 하나님을 뵈올 수 있다(마 5:8).

③ 그리고 MacArthur는 **신령과 진정으로 드리는 예배를 "한마음" 즉 집중된 마음, 나누이지 아니한 마음으로 드리는 예배이고, 하나님 앞에 열린 마음 즉 회개하는 심령으로 드리는 예배라고 설명하였다.**

오로지 하나님만을 향하는 심령으로, 하나님 앞에 그 마음을, 물을 쏟아 붓듯 부어 드리는 예배가 하나님께서 찾으시는 참된 예배이다(삼상 7:3-6).

요컨데, 오늘 우리에게 이러한 경배의 정신이 있는가 함이다. 찬송할 때에 하나님 앞에 그를 높여 찬송하는가? 기도할 때에 하나님을 두려워하며 그 앞에 향을 올리는 마음으로 기도하는가? 인도자나 설교자가 하나님 앞에 드리는 경배의 정신으로 나아가고 있는가? 설교를 들을 때에 하나님의 말씀(음성)을 듣는 심령으로 받들어 경청하는가? 가시떨기 불꽃을 보러가던 모세가 하나님의 말씀을 듣고 그 곳이 여호와 하나님의 임재하신 곳, 거룩한 곳임을 알고 발에서 신을 벗은 것처럼, 신을 벗고 무릎을 꿇어 하나님의 음성을 듣고 있는가? 이것이 예배이다. 예배 보려고 나아오는 자인가? 예배드리려고 엎드리는 자인가의 문제이다.

2) 몸을 산제물로 드리는 예배(섬김)(롬 12:1)

사도 바울은 예수 그리스도를 믿음으로 구원받은 신자들에게 첫 번째로 할일을 권하여 "너희 몸을 하나님이 기뻐하시는 거룩한 산제사로 드리라 이는 너희의 드릴 영적 예배니라" 라고 하였다. 하나님의 전적인 은혜로 구원 받은 신자가 자신의 몸을 하나님 앞에 살아있는 희생 제물로 바쳐 섬기는 것이 하나님 앞에 합당한 예배라고 말씀한 것이다. 구약 제사 때에 양을 잡아 하나님 앞에 희생 제물로 바쳐 섬겼듯이 예수 그리스도의 십자가 희생으로(엡 5:2) 말미암아 새 생명을 얻은 신자는 하나님 앞에 거룩한 자로 다시 산(롬 6:11) 자신의 몸을 온전히 하나님께 바쳐(온전한 헌신) 하나님을 기쁘시게 섬기라는 말씀이다. 몸을 바쳐 섬김은 먼저 마음을 바치고 생각을 바치고 뜻을 바치고 정성을 바치고 시간과 소유를 바쳐 하나님을 섬기는 것, 즉 전인적인 헌신을 의미한다. 예수 그리스도는 신명기 6장 4-5절을 인용하여 말씀하시기를 "첫 번째는 이것이니 이스라엘아 들으라 주 곧 우리 하나님은 유일한 주시라 네 마음을 다하고 목숨을 다하고 뜻을 다하고 힘을 다하여 주 너희 하나님을 사랑하라 하신 것이요, 둘째는 이것이니 네 이웃을 네 몸과 같이 사랑하라 하신 것이라 이에서 더 큰 계명이 없느니라"(막 12:29-31) 라고 하셨다.

하나님을 섬기는 자는 이렇게 하나님을 사랑하여 자신을 다드려 섬겨야 하는 것이다. 옥합을 깨뜨려 나드 향유를 다 쏟아 부어드린 마리아처럼(막 14:3-9), 자신의 소유 전부를 다 드린 과부의 헌금 같이(막 12:41-44), 바나바의 봉사처럼(행 4:34-37), 그렇게 하나님을 섬기는 것이다.

예수 그리스도 안에 있는 신자는 예수 그리스도의 이름으로 살아 있는 자신의 몸을 하나님께 완전히 바쳐 예배를 드리는 자이다. 생각하는 머리, 일하는 손, 걸어 다니는 발, 말하는 입, 듣는 귀와 보는 눈 등 온 몸과 마음을 하나님께 온전히 바쳐 섬기는 예배자이다.

그러므로 "…부끄러울 것이 없는 일군으로 인정된 자로 자신을 하나님 앞에 드리기를 힘써야 하고(딤후 2:15), 자신의 지체를 의의 병기로 하나님께 드리기를 힘써야 하고(롬6:13), 사도 바울의 고백처럼 "담대하여 살든지 죽든지 내 몸에서 그리스도가 존귀히 되게 하려는" 목적으로 헌신하여야 한다(빌 1:20). 예수 그리스도의 피 값으로 사신바 되어 성령의 전이되고 그리스도의 지체가 된 신자 자신의 몸으로 하나님께 영광을 돌려야 한다(고전 6:15-20). 구원받은 신자의 생명은 더 이상 자신의 것이 아니다. 예수 그리스도의 것이다. 그래서 살아도 주를 위하여 살고 죽어도 주를 위하여 죽는 자, 사나 죽으나 주의 것으로 사는 자이다(롬 14:8). 이같이 하나님을 섬기는 자이기 때문에 그리스도 신자는 생명 바쳐 하나님께 충성하는 자가 되고(계 2:10; 행 20:24), 그리스도의 남은 고난을 그리스도의 몸된 교회를 위하여 자기 육체에 채우는 삶을 살고(골 1:24; 고후 1:5,8;

4:10,11), 그래서 자신의 몸에 그리스도의 흔적을 가진 자가 된다(갈 6:17).

교회사는 이것을 증거하고 있다. 많은 성도가 예수 그리스도의 이름을 위하여, 하나님을 섬기는 예배를 위하여, 주일을 거룩하게 지키기 위하여 순교한 것을 기록하고 있다. 하나님을 섬기기 위하여 성별된 자신의 몸을 우상 숭배로부터, 죄악으로부터 지키기 위하여 생명을 바친 것이다(계 13:8-10; 14:12).

3) 거룩하게 구별하여 드리는 예배(롬 12:1)

하나님의 것을 하나님의 것으로 성별하여 섬기는 제사이다. 우리의 헌신이 거룩하신 하나님께 드리는 성별된 헌신이 될 때에 하나님께서 기쁘시게 받으시는 향내가 되는 것이다. 예수 그리스도께서 성육신 하신 임마누엘 이실지라도 그는 거룩하신 하나님이시고, 그가 거룩한 자신을 십자가에 내어줌으로 우리를 죄의 속박에서 구원하신 것은 우리를 하나님께 속한 자, 즉 거룩한 사람이 되게 하기 위함이다(히 13:12; 행 26:18). 그러므로 성별된 자의 헌신 또한 하나님께 합당한 성물이어야 한다. 그래서 "너희 몸을 하나님이 기뻐하시는 거룩한 산 제물로 드리라" 고 말씀하신 것이다. **예배는 거룩한 예배이다.** 하나님을 섬기고 하나님 앞에 꿇어 경배 드리는 거룩한 시간이다. 그러므로 예배 시간이 구별되어야 하고, 드리는 예물이 성별되어야 한다. 그래서 하나님께서는 벌써 하나님께 바칠 시간을 구별하여 주일을 정하여 주셨고, 하나님께 드릴 예물을 구별하여 십일조와 헌물을 정하여 주셨다(출 16:23; 신 5:12-15; 말 3:8-12).

그러므로 오늘날 우리가 주의해야 할 것은 전도집회와 예배회를 구별해야 하는 것이고, 예배와 성도 교제를 구별해야 한다는 것이다. 혼합하지 않도록 주의해야 한다. **예배는 하나님의 것이다. 하나님의 것과 사람의 것을 구별하여야 한다.** 거룩하신 하나님께 합당한 것(깨끗한 것)으로 드려야 한다. 예배의 성별을 위하여 교회는 주일 예배회나 공동 예배회의 시작과 끝을 분명히 하여, 목사로 하여금 인도하게 하고 있다. 헌신 예배의 경우도 당회원이 사회하도록 하였다. 묵도로 엄숙히 시작하여 회중들로 하여금 하나님께 경배의 시간임을 구별하게 하였고, 축도로 마칠 때까지 긴장하여 경건과 두려움으로 하나님을 섬겨 예배 순서에 동참하게 한 것이다. 그리고 예배 후에 성도 교제와 자유로운 섬김의 일을 하게 한 것이다.

예배는 오직 하나님이 기뻐하시는 제사로 드리는 경배 시간이다. 하나님을 기쁘시게 하는 하나님 중심의 예배이다. 그러므로 이 예배를 구도자 중심의 예배로 바꿈은 사람을 기쁘게 하려는 의도가 담겨 있는 것이니 참 예배가 될 수 없다. 하나님을 회개하지도 않은 인간 수준으로 끌어 내리려는 행위가 될 뿐이다. 이스라엘이 하나님의 진노를 받아 바벨론의 포로가 된 이유를 지적하실 때에 그 백성들의 도덕적 윤리적 죄를 열거할 뿐 아니라 거룩한 것과 속된 것을 구별하지 아니한 제사장들의 죄를 지적하였다. 즉 "그 제사장들은 내 율법을 범하였으며 나의 성물을 더럽혔으며 거룩함과 속된 것을 분별치 아니하였으며 부정함과 정한 것을 사람으로 분별하게 하지 아니하였으며 그 눈을 가리워 나의 안식일을 보지 아니 하였으므로 내가 그 가운데서 더럽힘을 받았느니라"(겔 22:26) 라고 하셨다. 오늘의 제사장된 성도들, 특히 예배의 집례자로 세움 받은 목사들과 교회의 신령한 일 즉 예배에 관한 일에 섬기는 자로 세움 받은 장로들은 주의해야 한다. 자신들로 인하여 하나님의 이름이 교회 가운데서 더럽힘을 받을까 두려워해야 한다. 설교자는 하나님의 거룩한 말씀을 받들어 전함으로 하나님을 높이고 하나님의 거룩하심을 나타내어야 하고 회중들은 그 말씀을 하나님의 말씀으로 받아 아멘 함으로 하나님께 영광을 돌려야 한다(살전 2:13; 느 8:5-9; 레 10:3). 어찌 하나님의 말씀을 전하는 자리가 농담하는 자리가 되며, 인간의 요구와 감정을 만족시키는 자리가 되겠는가? 헛된 웃음으로 하나님의 거룩을 훼방할까 두려워해야 한다(전 7:6 참고). 하나님의 말씀을 인간의 웃음거리로 만들지 말 것이다. 또한 기도는 하나님 앞에 올려드리는 향인데(계 5:8; 8:3), 이 기도의 자리를 자신의 의를 자랑하며 이웃을 성토하는 자리로 삼겠는가?(눅 18:11,12) 십자가에 죽으신 예수 그리스도의 희생으로 구원 받은 것을 인하여 기뻐하고 즐거워하지만 어찌 철부지한 어린아이 같이 인간 자신에게 주어진 것만 생각하여 춤추겠는가? 오히려 나 위하여 고난당하신 주님의 희생을 묵상하며 눈물로 감사하여 경건히 그 앞에 나아가야 할 것이 아닌가?

다윗은 그의 시편에 이르기를 "주의 권능의 날에 주의 백성이 거룩한 옷을 입고 즐거이 헌신하니 새벽 이슬같은 주의 청년들이 주께 나아오는도다"(시 110:3) 라고 하였다.

예배를 예배되게 하여야 한다. 주일을 하나님 섬기는 거룩한 날로 성별하여 지킬 것이다(제 4계명; 창 2:3). 자신의 마음과 생각을 하나님께 바쳐 거룩하게 할 것이다. 입을 성별하여 하나님께 바쳐 감사할 것이다. 우리의 보는 눈과 듣는 귀를 성별하고, 우리의 소유를 성별하여 하나님께 바칠 것이다. "거룩한 산 제물로" 하나님께 드릴 것이다. 하나님께서 기쁘시게 받으실 향기로운 냄새로 드릴 것이다. 시 99편에 선포하기를 "그룹 사이에 좌정하사 만물을 통치하시는 하나님", "시온에서 광대 하시고 모든 민족위에 높으신 하나님의 크고 두려운 이름을 찬송할 지어다 그는 거룩하시도다" "너희는 여호와 우리 하나님을 높여 그 발등상 앞에서 경배할찌어다 그는 거룩하시도다" "너희는 여호와 우리 하나님을 높이고 그 성산에서 경배할찌어다 대저 여호와 우리 하나님은 거룩하시도다" 라고 하여 거룩하신 하나님께 경배하여 영광 돌릴 것을 말씀한다.

"너희 권능 있는 자들아 영광과 능력을 여호와께 돌리고 돌릴지어다. 여호와의 이름에 합당한 영광을 돌리며 거룩한 옷을 입고 여호와께 경배할찌어다"(시29:1-2).

4) 경건함과 두려움으로 드리는 예배(히 12:28, 29)

히브리서 기자는 하나님의 은혜(구원의 은혜)를 받은 자들에게 그 은혜로 말미암아 하나님을 섬기되 경건함과 두려움으로 섬기라고 경계하고 있다.

"그러므로 우리가 진동치 못할 나라를 받았은즉 은혜를 받자 이로 말미암아 경건함과 두려움으로 하나님을 기쁘시게 섬길찌니 우리 하나님은 소멸하는 불이심이니라"

우리가 섬길 하나님은 불로 응답하시고, 불로 심판하시는 하나님이신 것을 알고, 그 앞에 경건함과 두려움으로 나아가 하나님이 기쁘게 받으실 예배를 드리라는 말씀이다(신 4:24; 살후 1:7-9). 갈멜산 엘리야의 제단에 불로 응답하신(왕상 18:37-39) 하나님은 하나님의 명령 따라 제사를 드리고, 아론 대제사장의 축복으로 마친 번제 단에 불로 응답하셨다(레 9:21-24). 그러나 아론의 아들 나답과 아비후가 "여호와께서 명하시지 아니한 다른 불을 담아 여호와 앞에 분향한" 것은 하나님께서 받지 아니하시고 오히려 심판의 불로 그들 두 사람에게 내리셨다(레 10:1-2). 그 이유를 말씀하시기를 하나님은 하나님을 가까이 하는 자 중에서 하나님의 거룩하심을 나타내시고 온 백성 앞에서 하나님의 영광을 나타내신다(레 10:3)라고 하셨다. 하나님께 가까이 하는 자가 누군가? 그는 하나님을 섬기는 예배자(제사장)이다(시 65:4). 예배자를 통하여 하나님께서는 하나님의 거룩하심을 나타내시고 그래서 온 백성 앞에 하나님의 영광을 나타내신다. 그러므로 그리스도의 피로 속죄 구원 받은 성도는 신령한 제사를 드릴 거룩한 제사장으로서(벧전 2:5) 하나님의 거룩한 영광을 나타내어야 하고 또한 세상의 빛이 되어 하나님의 거룩하심과 영광을 나타내어야 한다(마 5:16). 그러므로 신자는 그 삶이 거룩하여야 하고, 그 그릇이 거룩하여야 하고(벧전 1:15-19), 더욱 하나님께 엎드려 경배드리는 신령한 제사를 거룩히 수행하여야 한다. 그래서 신자는 거룩하신 하나님 면전 의식을 가지고 더욱 근신하며 경건과 두려움으로 하나님을 섬겨야 한다. 하나님 곁에서 밤낮 쉬지 않고 하나님을 찬양하여 섬기는 천사들도 두 날개로 얼굴을 가리우고 두 날개로 발을 가리우고 두 날개로 날면서 하나님의 거룩하심을 선포하고 외쳐 불렀다(사 6:2,3). 천상 교회의 광경중에 네 생물의 찬양도 하나님의 거룩하심의 선포이었다. 즉 그들이 밤낮 쉬지 않고 외쳐 부르는 찬송은 "거룩하다 거룩하다 거룩하다 주 하나님 곧 전능하신이여 전에도 계셨고 이제도 계시고 장차 오실자라"고 한 것이다. 이렇게 네 생물이 하나님께 영광과 존귀와 감사를 드릴 때에 24장로들도 보좌에 앉으신 이 앞에 엎드려 영생하신 하나님께 경배하고 자기들에게 씌워진 면류관을 보좌 앞에 던지며 고백하기를 "우리 하나님이여 영광과 존귀와 능력을 받으시는 것이 합당하오니 주께서 만물을 지으신지라 만물이 뜻대로 있었고 또 지으심을 받았느니라" 라고 한 것이다(계 4:8-11). 이것이 거룩하신 하나님, 영생하신 하나님, 창조의 근원이 되신 하나님께 드리는 예배이다.

"하나님을 알되 하나님으로 영화롭게도 아니하며 감사치도 아니하는 것"(롬 1:21)이 인간 죄악의 뿌리이다. 이것으로 부터 인간의 지성은 암매하여져 하나님의 영광을 우상으로 바꾸고 피조물을 창조주보다 더 경배하게 되는 것이다. 그리고 인간의 감성은 더러워져서 소돔성 사람들처럼 다른 색을 좇게 되고, 인간의 의지는 사악하여져서 마음의 생각과 행동이 악하게 되는 것이다(롬 1:21-32).

그러므로 하나님은 하나님의 이름을 망령되이 부르는 자를 죄 없다 하지 아니하리라고 경계하셨다(제 3계명). 하나님 외에 다른 신을 섬기는 자도 죄가 있고, 우상을 섬기는 자도 죄가 있다. 그와 같이 하나님을 섬기되 하나님을 헛되이 부르는 자도 죄가 있다는 말씀이다. 하나님은 업신여김을 받지 아니하신다(갈 6:7). 하나님을 멸시하면 하나님께서 그 사람을 경멸히 여기신다(삼상 2:30). 말라기서 1장 6절에 하나님 제사(예배)를 가볍게 여겼던 제사장들을 책망하시기를 "내 이름을 멸시하는 제사장들아 나 만군의 여호와가 너희에게 이르기를 아들은 그 아비를, 종은 그 주인을 공경하나니 내가 아비일찐대 나를 공경함이 어디 있느냐 내가 주인일찐대 나를 두려워함이 어디 있느냐 하나 너희는 이르기를 우리가 어떻게 주의 이름을 멸시하였나이까 하는도다" 라고 말씀하셨다. 아비에 대한 자녀의 공경은 먼저 아비의 이름을 존중히 하는 것이다. 아무리 부모의 사랑이 극진할지라도 자녀는 부모를 놀이감으로 만들어서는 안 될 것이다. 부모를 부모로 섬기는 자가 효행자이고 주인을 주인으로 섬기는 자가 충성스러운 종이다. 그와 같이 하나님을 하나님으로 경외하여 섬기는 자가 참 예배자이다. 하나님의 이름을 인간의 유희거리로 만들지 않도록 주의해야 한다. 하나님께서 받으시기에 합당한 영광과 존귀와 감사와 찬송을 드려 섬겨야 한다. 천지를 창조하신 하나님이 예배자 자신의 하나님 되심을 고백하여 섬겨야 한다(히 11:6). 예수 그리스도께서 제자들을 향하여 "너희는 나의 친구"라고 말씀하셨다고 하여 "예수 내 친구" 라고 함부로 떠들 수는 없는 것이다. 그러므로 장로교 헌법에 주일 예배회 때의 경건을 위하여 경계하기를 "종용히 묵도로 예배를 시작하며 단정하고 경건한 태도로 엄숙히 예배하여야 한다"(헌법적 규칙 제4조) 라고 하였고, 예배 시간에 "단정하고 엄숙하며 경건한 모양을 지키며" "엄숙한 태도와 공경하는 마음으로 예배하고" "인사나 곁눈질이나 졸음이나 웃거나 그 밖에 모든 합당치 못한 행동을 일체하지 말것이"라고 하였고(예배모범 제2장), "공식예배의 가장 중요한 것은 가장 높으신 하나님께 향하여 단체적 경의를 표하는 것"이라고 하였다(예배모범 제6장 4조).

"여호와를 경외함으로 섬기고 떨며 즐거워 할지어다"(시 2:11)

우리 그리스도 신자는 밤낮 찬미의 제사로 하나님을 섬길 뿐 아니라 특별히 공예배 시간을 거룩히 구별하여 하나님 존전에 근신, 경외함으로 나아가 그 발 앞에 엎드려 감사 찬송으로 영광 돌려야 한다.

3. 예배를 드려야 할 이유가 무엇인가?(이유와 중요성)

1) 하나님은 마땅히 예배를 받으실 유일한 분이기 때문이다.

사도 요한이 본 천상 교회의 광경은 거룩하신 하나님의 영광과 그를 향한 찬송과 경배이었다. 네 생물들은 밤낮 쉬지 않고 "보좌에 앉으사 세세토록 사시는 이에게" "영광과 존귀와 감사를" 돌렸고, 24 장로들은 "보좌에 앉으신 이 앞에 엎드려 세세토록 사시는 이에게 경배하고 자기의 면류관을 보좌 앞에 던지며 말하기를 우리 주 하나님이여 영광과 존귀와 능력을 받으시는 것이 합당하오니 주께서 만물을 지으신지라 만물이 주의 뜻대로 있었고 또 지음을 받았나이다"라고 하였다(계 4:8-11). 또 수많은 천사들은 말하기를 "죽임을 당하신 어린양이 능력과 부와 지혜와 힘과 존귀와 영광과 찬송을 받으시기에 합당하도다"라고 하였다. 높이 들린 보좌에 앉으신 하나님은 과거, 현재, 미래에 세세토록 살아계신 영생하신 하나님이시며 거룩하신 하나님이시며 전능하사 천지 만물을 창조하신 하나님이시며, 그래서 천지만물이 하나님의 뜻대로 지음을 받아 존재하게 된 것이라고 선언하고 있다. 그리고 하나님의 독생자께서 인간의 죄를 담당하사 죽임 당하신 어린양이 되셨으니 이 큰 구원의 은혜를 베푸신 하나님이시라고 고백한다. 그러므로 보좌에 앉으신 하나님과 어린양께서 영광과 존귀와 감사와 찬송을 받으시기에 합당하시고(be worthy), 네 생물과 24장로와 천사들의 경배를 받으시는 하나님께서 홀로 경배를 받으심이 당연하다고 외치는 것이다. 그래서 천상, 지상, 지하, 수중 만물이 말하기를 "보좌에 앉으신 이와 어린양에게 찬송과 존귀와 영광과 능력을 세세토록 돌릴찌어다"라고 하였고(계 5:11-13), 또 천사가 "보좌 앞에 엎드려 얼굴을 대고 하나님께 경배하여" 말하기를 "아멘 찬송과 영광과 지혜와 감사와 존귀와 능력과 힘이 우리 하나님께 세세토록 있을지로다 아멘"(계 7:11,12)이라 하였다.

예배는 하나님께서 하나님으로서의 영광과 존귀와 감사와 찬송과 경배를 받으시도록 경배 드리는 것이다. 이스라엘의 하나님 여호와께서 홀로 예배를 받으시기에 합당한 유일하신 하나님이시다. 그 이유는 첫째 그 존재에 있어서 하나님께서만 홀로 영원히 살아계신 참 하나님이시기 때문이고 둘째 그의 행사에 있어서 천지 만물을 홀로 창조하시고 다스리시며 생명과 복을 주시고, 인간을 구원하시고 심판하시는 하나님이시기 때문이고, 셋째 그의 성질(본성)에 있어서 거룩하사 높이 계시고, 사랑하사 인생과 함께 계시며(사 57:15) 넷째 주권도 주께 속하였으니 인간 역사를 주관하시고 인생의 생사화복을 주장하시는 하나님이시기 때문이다.

그래서 선지자는 전하기를 "열방의 왕이시여 주를 경외하지 아니할 자가 누구리이까 이는 주께 당연한 일이라…" "오직 여호와는 참 하나님이시요 살아계신 하나님이시요 영원한 왕이시라 그 진노하심에 땅이 진동하며 그 분노하심을 열방이 능히 당하지 못하느니라. 너희는 이같이 그들에게 이르기를 천지를 짓지 아니한 신들은 땅위에서, 이 하늘 아래서 망하리라 하라 여호와께서 그 권능으로 땅을 지으셨고 그 지혜로 세계를 세우셨고 그 명철로 하늘들을 펴셨으며…" 라고 하였고(렘 10:7,10-12), "지존 무상하며 영원히 거하며 거룩하다 이름 하는 자가 이같이 말씀하시되 내가 높고 거룩한 곳에 거하며 또한 통회하고 마음이 겸손한자와 함께 거하나니 이는 겸손한자의 영을 소성케 하며 통회하는 자의 마음을 소성케 하려 함이라"(사 57:15) 라고 하였다. 다윗은 고백하기를 "…우리 조상 이스라엘의 하나님 여호와여 주는 영원히 송축을 받으시옵소서 여호와여 광대하심과 권능과 영광과 이김과 위엄이 다 주께 속하였사오니 천지에 있는 것이 다 주의 것이로소이다 여호와여 주권도 주께 속하였사오니 주는 높으사 만유의 머리심이니이다 부와 귀가 주께로 말미암고 또 주는 만유의 주재가 되사 손에 권세와 능력이 있사오니 모든 자를 크게 하심과 강하게 하심이 주의 손에 있나이다. 우리 하나님이여 이제 우리가 주께 감사하오며 주의 영화로운 이름을 찬양하나이다"(대상 29:10-13)라고 하였다. 시인은 격려하기를 "여호와는 광대하시니 극진히 찬양할 것이요 모든 신보다 경외할 것임이여 만방의 모든 신은 헛것이요 여호와께서는 하늘을 지으셨음이로다 존귀와 위엄이 그 앞에 있으며 능력과 아름다움이 그 성소에 있도다 만방의 족속들아 영광과 권능을 여호와께 돌릴찌어다 여호와께 돌릴찌어다 여호와의 이름에 합당한 영광을 그에게 돌릴찌어다 예물을 가지고 그 궁정에 들어갈찌어다 아름답고 거룩한 것으로 여호와께 경배할찌어다 온 땅이여 그 앞에서 떨찌어다"(시 96:4-9)라고 하였다.

예배는 영원히 하나님의 것이다. 하나님께서만 마땅히 받으실 것이다. 그러므로 하나님께 예배함이 선하고 아름답고 마땅하다(시 147:1). 이 세상에 예배 받을 자격이 있는 자가 그 누구인가? 아무도 없다. 우상은 인간의 수공물일 뿐이고 인간 생명은 풀과 같고 그 영광이 풀의 꽃과 같을 뿐이니 인간이 무엇을 가지고 영광과 찬송을 받을 수 있겠는가? 천지를 짓지 아니한 신들은 땅위에서 이 하늘 아래서 망할 뿐이다. 영원하신 분은 하나님뿐이시고 하나님께서만 영원히 살아계셔서 만사 만물을 그의 뜻대로 다스리시고 심판하신다. 그러므로 우상에게 절하는 자는 우성처럼 암매한 자일 뿐이고, 인간 자신이 하나님의 영광을 차지하면 헤롯왕처럼 하나님의 치심을 받을 것뿐이다(행 12:23). 누가 하나님과 같으며 그 무엇이 하나님의 보좌를 대신할 수 있는가?! 인간의 의는 다 헤어진 옷 같을 뿐이고 인간은 자기를 지으신 하나님을 저버린 배은 망덕자일 뿐이다. 인간이 깨끗하다한들 한갖 티끌일 뿐이고 하나님의 손에 지음 받은 피조물일 뿐인 것을, 그런데 하나님께서 인간을 특별히 지으시고 사랑하시고 하나님 곁에 두신 것이다.

예배는 하나님께 속한 것이고 하나님의 권리이다. 그리고 예배는 하나님께 합당한 것을 바치는 것이다. 거룩과 영광과 찬송과 존귀, 감사와 경배는 오직 하나님의 것이다(레 11:44, 45; 21:6-23; 벧전 1:16; 고전 6:20; 10:31).

"나는 여호와니 이는 내 이름이라 나는 내 영광을 다른 자에게, 내 찬송을 우상에게 주지 아니하리라"(사 42:8)

"만세의 왕 곧 썩지 아니하고 보이지 아니하고 홀로 하나이신 하나님께 존귀와 영광이 세세토록 있어지이다 아멘"(딤전 1:17)

"곧 구주 홀로 하나이신 하나님께 우리 주 예수 그리스도로 말미암아 영광과 위엄과 권력과 권세가 만고 전부터 이제와 세세에 있을지어다 아멘"(유 25)

2) 예배는 인생의 궁극적 목적이기 때문이다

"그것들이 여호와의 이름을 찬양할 것은 저가 명하시매 지음을 받았음이로다" "다 여호와의 이름을 찬양할찌어다 그 이름이 홀로 높으시며 그 영광이 천지에 뛰어나심이로다"(시 148:5,13)

하늘의 모든 천체들과 천군 천사들과 천지 만물들과 인간 세상의 만민들과 용들과 바다도 다 여호와를 찬양할 이유는 그것들이 하나님께 지음을 받았기 때문이고, 하나님의 이름이 홀로 높으시며 그 영광이 천지에 뛰어나시기 때문이라고 말한다(시 148편). 하나님께 지음 받은 자는 자기를 지으시고 다스리시는 하나님께 감사와 찬송을 올리는 것이 당연한 것이다(계 4:8-11; 렘 10:7-12). 만물의 존재 목적이 하나님의 영광 선포라면(시 19:1), 하나님의 형상대로 지음 받은 인간 존재는 더욱 하나님의 영광을 위한 것이다.

"그런즉 너희가 먹든지 마시든지 무엇을 하든지 다 하나님의 영광을 위하여 하라"(고전 10:31)

인간 생활의 모든 것을 하나님의 영광을 위하여 하라는 말씀이다. 인생의 시급한 의식주와 그것을 위한 모든 활동이 하나님의 영광을 위한 것이 되게 하라는 말씀이다. 인간의 생명을 위한 활동도 하나님의 영광을 위하여 하라는 말씀이다. 소요리문답 제 1문에 인생의 제일 되는 목적은 하나님을 영화롭게 하는 것과 그를 영원히 즐거워하는 것이라고 하였다. 인생의 궁극적인 목적이 예배라는 말씀이다.

"호흡이 있는 자마다 여호와를 찬양하라 할렐루야"(시 150:6)

전 시편의 결론이다. 호흡이 있어 살아있는 모든 사람은 하나님을 찬양하라는 말씀이다. 호흡이 끊어진 자 외에는 다 하나님을 찬양하라는 말씀이다. 생명의 노래가 하나님을 찬양함이라는 말씀이다(사 38:18,19). 그러므로 하나님께 감사하며 찬송함이 선하고 아름답고 마땅한 일이다(시 147:1).

하나님께서 인간을 창조하실 때에 두 가지 사명을 주셨다. 첫째는 종교적 사명으로 하나님께 영광 돌리게 하셨고 둘째는 문화적 사명으로 하나님께 영광 돌리게 하신 것이다. 종교적 사명은 곧 예배로 하나님을 섬기는 것이고 문화적 사명은 피조 세계를 개발함으로 하나님을 섬기게 하신 것이다. 이를 위하여 하나님은 인간 존재를 특별한 피조물로 만드셨다. 그것은 곧 하나님의 형상 따라 영적 존재, 즉 인격적 존재로 지으신 것이고, 만물을 다스리는 권세를 주신 것이고, 안식일을 정하여 주신 것이다. 이 세 가지는 피조물 중에 오직 인간에게만 주신 것이다. 영성을 가진 인격적 존재로 지으셨다는 것은 인간이 자기를 지으신 하나님과 교통할 수 있는 자격과 또한 자기의 의지를 따라 행동할 수 있는 자유를 가진 존귀한 존재로 지음 받았다는 것, 그래서 자기 행위에 대한 권리뿐 아니라 책임을 지고 하나님 앞에서 하나님을 섬기는 자로 세움 받았다는 것을 의미한다. 그래서 하나님은 인간에게 하나님의 언약 안에서 복되게 영생할 수 있는 표(선악과)를 주신 것이다. 그리고 안식일을 주심으로 인생의 첫 출발부터 먼저 하나님을 섬겨 거룩하게 함으로 복 받아 만물을 복되게 다스리게 하신 것이다. 그래서 안식일을 "복 주어 거룩하게" 하신 것이다. 그리고 만물 통치권을 주셔서 주신 땅을 경작하여 하나님이 주신 복을 더 풍성하게 하고 아름답게 함으로 하나님의 창조의 영광을 드러내게 하신 것이다(창 1:26-28, 2:3, 5, 15; 출 20:8-11; 사 58:13,14).

그러므로 인간의 타락은 예배로부터의 타락이다. 즉 하나님을 섬기는 예배의 자리 —그 자리는 하나님과 교통하며 하나님의 얼굴을 뵈옵는 존귀한 자리, 하나님께로부터 복을 받는 자리인데 그 복되고 영광된 자리로부터 떨어진 것이다. 예배의 타락이다. 그리고 이 예배의 타락이 뿌리가 되어 인간의 문화적 윤리적인 타락을 가져오게 된 것이다(창 4장-6장). 로마서 1장 18절-32절에 이것을 지적한다. "하나님을 알되 하나님으로 영화롭게도 감사치도 아니한" 인간은 그 심성이 어두워지고 황폐해져서 하나님의 영광을 우상으로 바꾸고, 피조물을 조물주보다 더 경배하고 섬기게 되었고, 그래서 소돔성 사람들처럼 그들의 더러워진 욕망을 따라 행하고, 그 생각과 의지가 사악하여져서 서로 죄악을 격려하다가 마침내 하나님의 진노와 심판에 나아가게 된다고 말씀하신 것이다.

"여호와는 광대하시니 극진히 찬양할 것이요 모든 신보다 경외할 것임이여 만방의 모든 신은 헛것이요 여호와께서는 하늘을 지으셨음이로다 존귀와 위엄이 그 앞에 있으며 능력과 아름다움이 그 성소에 있도다. **만방의 족속들아 영광과 권능을 여호와께 돌릴지어다 여호와께 돌릴지어다**"(시 96:4-7)

3) 그러므로 예배는 구원받은 신자의 첫째 사명이고 특권이다.

예수 그리스도의 십자가로 말미암은 구원은 인간의 종교적 사명 즉 예배의 사명을 회복케 하기 위한 것이다. 즉 하나님께서 찾으시는 일, 참 예배자를 부르시는 일이다. 이 부르심을 받은 자가 예수 그리스도를 믿어 죄로부터 돌이켜 하나님에게 돌아온 자요 하나님을 섬겨 그 앞에 경배하는 자가 되는 것이다. 회개와 감사로 돌아온 자가 그리스도 신자이고 부단히 감사하여 하나님께로 돌아오고 돌아오는 경배 자가 되는 것이다.

그러므로 사도 바울은 하나님의 전적 은혜로 구원 받은 신자의 첫 번째 사명을 제시하여 말하기를 "그러므로 형제들아 내가 하나님의 자비하심으로 권하노니 너희 몸을 하나님이 기뻐하시는 거룩한 산제사로 드리라 이는 너희의 드릴 영적 예배니라"(롬 12:1)라고 하였고, 베드로 사도는 그리스도 신앙을 가진 자에게 권하기를 "…예수 그리스도로 말미암아 하나님이 기쁘게 받으실 신령한 제사를 드릴 거룩한 제사장이 될지니라", "오직 너희는 택하신 족속이요 왕 같은 제사장들이요 거룩한 나라요 그의 소유된 백성이니…"(벧전 2:5,9) 라고 하였다. 사도 바울은 그의 서신들에서 예수 그리스도로 말미암은 구원은 하나님께로부터 나온 전적 은혜인데, 그 목적이 하나님의 영광찬송(예배)이라고 가르친다. 즉 에베소 교회에 보내는 편지에서 가르치기를 성부 하나님의 선택과 성자 예수 그리스도의 속죄와 성령의 인치심으로 말미암은 구원은 하나님의 은혜의 영광을 찬미하게 하려는 구원임을 말씀한다(엡 1:3-14). 그래서 범죄함으로 하나님의 영광에 이르지 못하였던 타락죄인이 하나님 앞에 담대히 나아가 하나님을 섬기는 자로 회복되게 하신 것이라고 하였다(롬 3:23-25; 골 1:21-23). 하나님과 원수가 되어 본질상 진노의 자녀였던 자가 예수 그리스도 안에서 하나님께 가까이 나아가 하나님을 뵈올 수 있는 새사람이 되게 하신 것이다(엡 2:1-8, 4:18-24, 골 3:4-10; 고후 5:17). 그리고 성령으로 말미암아 하나님을 찬송하고 하나님 앞에 감사하며 성도의 교제가 아름답게 이루어지는 교회가 되게 하신 것이다(엡 5:18-21; 골 3:15-17). 그래서 구원받은 신자의 몸이 그리스도의 지체이고 성령의 전이 된 것과 같이(고전 6:15-20) 또한 신자들의 모임이 거룩한 제사장 단체가 되게 하셨고(벧전 2:5,9), 제사장 나라가 되게 하셨고(계 1:6, 5:10; 출 19:6) 하나님의 성전이 되게 하셨다(고전 3:16,17; 엡 2:18-22). 그리스도의 십자가 희생으로 말미암아 인간이 하나님과 원수 되었던 담을 헐어 화목하게 하셨고, 그리고 유대인과 이방인의 담을 헐어 하나 되게 하심으로 한 성령 안에서 아버지 하나님께 나아감을 얻게 하셨다(엡2:11-18). **그러므로 구원받은 신자는 자신의 몸으로 하나님께 영광을 돌리고(고전 6:20), 교회의 공동체적인 예배로 하나님께 영광을 돌려야 하는 것이다.** 신자 개개인이 거룩한 자이고(벧전 2:5), 교회가 거룩한 하나님의 집으로서 예배 공동체가 된 것이다(딤전 3:15; 마18:15-20).

그러므로 신자는 하나님께 예배하는 것을 전무하는 제사장이고, 교회가 또한 하나님 섬기는 예배를 전무하는 제사장 단체로서의 정체성을 갖게 된다(행 2:41-47). 그래서 전도와 선교의 목표도 하나님을 영화롭게 하기 위한 것이라야 하고, 자선의 일(사회봉사)도 하나님의 영광을 목표로 하여야 된다. 자기 자신의 구원을 위한 기도도 하나님의 영광이 목표가 되어야 한다(시 106:47). 바울은 자신의 전도가 하나님을 섬기는 제물이 되기를 목표하였다. 즉 "이 은혜는 곧 나로 이방인을 위하여 예수 그리스도의 일군이 되어 하나님의 복음의 제사장 직무를 하게 하사 이방인을 제물로 드리는 것이 성령 안에서 거룩하게 되어 받으심직하게 하려 하심이라"(롬 15:16) 라고 한 것이다. 피전도자를 자기보다 배나 더 지옥 자식이 되게 하는 외식자(바리새인)들의 전도가 아니라(마 23:15), 하나님께서 받으심직한 거룩한 제물로 바치는 전도가 되게 하여야 하는 것이다. 시인은 세계선교의 꿈을 위하여 기도할 때에 "하나님이여 민족들로 주를 찬송케 하시며 모든 민족으로 주를 찬송케 하소서" 라고 반복 간구하였다(시 67:3,5). 그리고 성도들을 격려하기를 "너희 의인들아 여호와를 즐거워하라 찬송은 정직한 자의 마땅히 할바로다 수금으로 여호와께 감사하고 열 줄 비파로 찬송할지어다 새 노래로 그를 노래하며 즐거운 소리로 공교히 연주할지어다"(시 33:1-3)라고 하였다.

이스라엘을 구원하시는 하나님께서 말씀하시기를 "무릇 내 이름으로 일컫는자 곧 내가 내 영광을 위하여 창조한 자를 오게 하라 그들을 내가 지었고 만들었느니라" "이 백성은 내가 나를 위하여 지었나니 나의 찬송을 부르게 하려 함이니라"(사 43:7,21). "…이제부터 내가 새 일 곧 네가 알지 못하던 은밀한 일을 네게 보이노니 이 일들은 이제 창조된 것이요 옛적 것이 아니라… 내 이름을 위하여 내가 노하기를 더디 할 것이며 내 영예를 위하여 내가 참고 너를 멸절하지 아니하리라 보라 내가 너를 연단하였으나 은처럼 하지 아니하고 너를 고난의 풀무에서 택하였노라 내가 나를 위하며 내가 나를 위하여 이를 이룰 것이라 어찌 내 이름을 욕되게 하리요 내 영광을 다른 자에게 주지 아니하리라 야곱아 나의 부른 이스라엘아 나를 들으라 나는 그니 나는 처음이요 또 마지막이라"(사 48:6-12) 라고 하셨다. 또 무너진 제사를 예수 그리스도로 말미암아 회복하실 것을 말씀하시기를 "그가 은을 연단하여 깨끗케 하는 자 같이 앉아서 레위 자손을 깨끗케 하되 금, 은 같이 그들을 연단하리니 그들이 의로운 제물을 나 여호와께 드릴 것이라 그 때에 유다와 예루살렘의 헌물이 옛날과 고대와 같이 나 여호와께 기쁨이 되려니와"(말3:3,4) 라고 하셨다.

하나님께서 친히 참 예배자를 찾으시고 세우신다. 예수 그리스도 안에서 깨끗함을 받은 의인은 마땅히 하나님께 예배할 것이다. 예배치 아니하는 신자나 교회는 하나님 앞에 인정받지 못할 것이다(마 7:22,23; 시 1:6).

"너희 몸은 너희가 하나님께로부터 받은바 너희 가운데 계신 성령의 전인 줄을 알지 못하느냐 너희는 너희의 것이 아니라 값으로 산 것이 되었으니 그런즉 너희 몸으로 하나님께 영광을 돌리라"(고전 6:19,20)

"여호와 우리 하나님이여 우리를 구원하사 열방 중에서 모으시고 우리로 주의 성호를 감사하며 주의 영예를 찬양하게 하소서"(시 106:47) "주의 성도들아 여호와를 찬송하며 그 거룩한 이름에 감사

할찌어다"(시 30:4)

다윗은 고백하기를 "주께서 나의 슬픔을 변하여 춤이 되게 하시며 나의 베옷을 벗기고 기쁨으로 띠 띠우셨나이다 이는 잠잠치 아니하고 내 영광으로 주를 찬송케 하심이니 여호와 나의 하나님이여 내가 주께 영영히 감사하리이다"(시 30:11,12)라고 하였다. **예수 그리스도 안에 있는 구원은 참 예배자들을 찾으시는 구원이고, 그 믿음은 하나님께로 돌아와 하나님을 섬기는 자가 되게 하는 믿음이다**(행 26:17-23). 그러므로 예배는 구원적 믿음의 열매이고, 구원받은 자의 변화된 생활이고 특권이다(살전 5:18; 히 13:15; 시 135:1-5).

4) 예배는 하나님과의 교통의 시간이다.

죄로 말미암아 하나님의 영광에 이르지 못하였던 인간이 예수 그리스도로 말미암아 하나님 앞에 나아갈 담력을 얻게 된 것이다. 이것이 구원이고 하나님과의 화목, 즉 관계의 회복이다(롬 3:23-25; 히 10:19; 요일 2:2). **그러므로 예배는 신자가 하나님과 화목된 자로서 그 하나님과의 화평을 누리는 것이다(롬 5:1; 욥 22:21).** 이것이 예배의 자리이고, 하나님을 가까이 하는 자리이고, 하나님과 더 가까워지는 자리이다(약 4:8; 대상 28:9; 삼상 7:3-11; 시 50:14,15).

예배를 통하여 하나님과 교통하되 ①기도와 성경 말씀으로 말미암은 말씀의 교제를 이루고 ②감사 찬송과 회개 자복, 그리고 사죄와 용납으로 말미암은 은혜의 교제를 이루고 ③헌신 봉사와 축복으로 말미암은 섬김의 교제를 이룬다. 이 교통은 독생자를 화목제물로 보내신 하나님 앞에 구속받은 신자 자신의 몸(인격)을 산 제물로 드리는 생명적, 인격적 교제이고, 하나님의 성령과 성경 말씀에 의한 신령한 교제이다(신령한 제사). 결코 사색적이거나 묵상적인 탐구도 아니고 또한 형식적이거나 거래적(정치적, 상업적인)교제도 아니다. 신령과 진정으로 드리는 경배와 섬김이고, 믿음과 사랑의 교통이며, 은혜와 감사의 교제이고 회개와 사죄 용서의 교통이다. 유일하신 중보자 예수 그리스도로 말미암아 이루어지는 죄인과 하나님과의 거룩한 교제이다.

하나님께서 인간을 하나님과 교통할 수 있는 존재로 지으셨고, 반역한 죄인을 위하여 그의 독생자를 희생하신 하나님의 사랑으로 말미암아 죄인된 인간에게 하나님 앞에 나아가 하나님을 뵈올 수 있는 특권을 주신 것이다. 이 은혜를 인하여 더욱 하나님을 기뻐하고 그 영광을 높이 찬양하여야 할 것이다.

5) 예배는 은혜와 축복의 자리이다.

예배는 구원 받은 신자가 받은 은혜를 감사하여 하나님께 영광 돌리고, 하나님은 예배자에게 은혜와 복을 내리시는 축복의 시은소(施恩所)이다(시 20:2-4; 시 134:1-3). 하나님의 백성된 자가 하나님 앞에 가까이 나아가 하나님과 복된 교제를 갖는 자리이고, 하나님께서 그를 가까이 하사 그의 소원을 이루어 주시는 은혜의 자리이다(시 145:18,19; 약 4:8). 하나님께서 안식일을 "복 주어 거룩하게 하신" 날로 정하심으로 이 날을 거룩한 날, 존귀한 날이라 하여 하나님을 섬기는 자들에게 평안과 안식과 존귀와 복을 내리시리라 약속하셨다(창 2:3; 사 58:13,14). 또한 하나님의 이름을 기념하는 곳 즉 하나님 앞에 제단을 쌓아 섬기는 그곳에 하나님께서 강림하셔서 복을 주시고, 그들과 함께 하시고, 그들과 만나 말씀하시리라고 하셨다

(출 20:24; 29:42,46; 마 18:20). 그리고 제사장에게 축복권을 주셔서 백성들을 축복함으로 제사를 마치게 하셨다. 즉 백성들이 대제사장의 축복을 받는 곳이 제사의 자리가 되게 정하신 것이다(레 9:22-24; 민 6:22-27; 신 10:8; 고후 13:13).

"그들은 이같이 내 이름으로 이스라엘 자손에게 축복할지니 내가 그들에게 복을 주리라"(민 6:27)

예수 그리스도로 말미암아 흔들리지 아니하는 나라, 즉 영생의 나라를 받은 신자는 그 은혜를 붙잡아 그 은혜로 하나님을 섬겨 기쁘시게 하고, 그렇게 은혜로 하나님을 섬기는 예배 시간에 은혜를 더욱 굳게, 풍성하게 하시는 것이다(히 12:28). 믿음의 은혜를 더하여 하나님을 알게 하고, 더 가까이 하게 하시며, 하나님께로 부터 오는 새 생명의 힘과 위로와 소망을 얻게 하시고, 죄를 이기고 회개케 하시며, 평안과 기쁨과 건강을 얻게 하신다. 그래서 심령이 부흥되며 교회가 부흥되고 가정과 이웃 사회에 그리스도의 빛을 전하게 하시는 것이다. 하나님은 하나님을 가까이 하는 자에게 가까이 하셔서 그의 소원을 들어주시고 하나님을 존중히 여기는 자를 존중히 여기신다(시 145:18,19; 약 4:8; 삼상 2:30). **이렇게 하나님을 섬기는 교회에 구원 얻는 자를 날마다 더하게 하시며 백성들의 칭송과 두려움의 대상이 되게 하신다**(행 2:46,47). 교인들을 보내시는 이가 하나님이시다. 하나님을 하나님으로 예배하는 곳에 하나님의 백성을 보내신다. 또한 처음 참석한 사람도 교회(기성 신자들)의 예배의 모습을 보고서 하나님 앞에 꿇어 엎드리게 된다(고전 14:25, 시 67:3,5). 우리가 가인이나 바리새인 같은 예배를 드리면서 교회가 부흥되기를 바란다면 이는 하나님을 무시하고 스스로 속이는 어리석음을 범하게 되는 것이다. 예배시간에 복을 받도록 정하셨는데(창 2:3), 오히려 화가되는 예배가 되어서는 불행하다(마 23:13-23). 그러므로 그 마음에 시온의 대로가 있는 자가 복이 있어 눈물 골짜기가 샘이 되게 하시고, 이른 비도 은택을 입히고, 힘을 얻고 더 얻어 나아가 시온에서 하나님 앞에 나타나게 된다고 시인은 고백하고 있다(시 84:5-7). 그래서 "주의 집에 거하는 자가 복이 있나이다 저희가 항상 주를 찬송하리이다"(시 84:4) 라고 하였다.

믿음이 없이는 하나님을 기쁘시게 할 수 없고(히 11:6) 성령으로 하지 아니하고는 하나님을 기쁘시게 할 수 없으니(롬 8:8) 하나님을 기쁘시게 섬기는 예배는 오직 하나님의 전적 은혜이다. 이 은혜를 받은 자들은 이 은혜를 헛되이 하지 않아야 한다(고후 6:1). 이 은혜를 인하여 더욱 은혜의 보좌 앞에 나아가야 할 것이다. 감사로 받은 은혜를 보답하고 그 은혜를 찬양할 것이다(시 116:12; 118:17; 엡 1:6). 히브리서 기자는 권하기를 "그러므로 우리가 긍휼하심을 받고 때를 따라 돕는 은혜를 얻기 위하여 은혜의 보좌 앞에 담대히 나아갈 것이니라"(히 4:16) "서로 돌아보아 사랑과 선행을 격려하며 모이기를 폐하는 어떤 사람들의 습관과 같이 하지 말고 오직 권하여 그 날이 가까움을 볼수록 더욱 그리하자"(히 10:24,25) 라고 하였다. 그리스도 안에서 하나님의 자녀가 된 자는 하나님을 가까이 하여 그를 사랑하고 높여 찬양하며 은혜를 감사하여 영광돌리는 일을 힘써야 할 것이다.

"하나님을 가까이 하라 그리하면 너희를 가까이 하시리라 죄인들아 손을 깨끗이 하라 두 마음을 품은 자들아 마음을 성결케 하라"(약 4:8)

"네 하나님 여호와를 경외하여 그를 섬기며 그에게 친근히 하고 그 이름으로 맹세하라 그는 네 찬송이시요 네 하나님이시라 네가 목도한 바 이같이 크고 두려운 일을 너를 위하여 행하셨느니라"(신 10:20,21)

6) 예배는 인간의 전 생활을 지배하는 빛이다

예배자는 그의 일생을 오직 하나님의 영광만을 위하여 살게 될 것이다(고전 10:31). 먹고 마시는 것보다 하나님의 나라와 의를 먼저 구하게 될 것이다(마 6:33). 그는 살아도 주를 위하여 살고 죽어도 주를 위하여 죽고자 하는 일념으로 살게 될 것이다(롬14:8). 날을 중히 여기거나, 먹고 마시는 것이나 먹지 아니하는 금식도, 잠을 자는 것이나 잠자지 않고 깨어 있는 것이나 모두를 주를 위하여 하고, 자기 몸에서 그리스도만 존귀히 되게 하려는 목표로 살아 범사에 감사하는 삶을 살게 될 것이다(롬 14:6; 빌 1:20; 살전 5:18). 그의 학문도 문예도 그리고 정치, 경제 활동도 모두 하나님의 영광을 위하여 하게 될 것이다. **그러나 예배하지 아니하는 자는** 그의 행동이 비록 사랑이나 자선이나 인권이나 자유 등 성경적 가치관을 따른 정의의 활동과 행동일지라도 인간 중심(인본적 인도주의)이 되기 쉽고 그리하면 하나님을 반역하게 되고 하나님의 것을 인간을 위한 수단으로 이용하게 될 것이다. 그리하면 그것이 우상이 되어 하나님보다 그것(다른 신)을 더 섬기게 된다.

교회가 전도의 대 사명을(행 1:8) 수행하는 것도 하나님의 영광을 위한 것이어야 하고, 이웃 사랑의 계명을(막 12:29-31; 요 13:34,35) 수행하는 것도 하나님의 영광을 위한 것이라야 하나님을 섬기는 예배가 된다. 인간 구원이 목적이 아니고 하나님 영광이 목적이다. 자선이 목적이 아니고 예배가 목적이다. 인류의 평화와 번영이 목적이 아니고 하나님의 나라와 의가 목적이다. 그래서 전도나 자선이 하나님께 바쳐지는 제물이 되어야 하고, 그리고 피전도자나 도움을 받는 사람이 하나님께 감사와 영광 돌리는 예배자로 바쳐지도록 하여야 한다(마 5:14-16; 롬 15:6,16; 고전 14:25). 그러므로 아무리 선하고 의로운 일일지라도 그것이 목적이 되면 예배를 수단으로 만드는 잘못을 범하게 된다.

그 뿐 아니라 예배의 시간이 하나님께 열납되지 못하면 생활 속에서 하나님의 영광을 위한 삶을 살 수 있는 지혜와 능력도 얻지 못하게 된다. 그러므로 한주간이 시작되는 첫날에 먼저 하나님 앞에 나아가 예배를 드리고 하나님의 은혜로 새 힘을 얻은 후 그 은혜와 축복으로 나머지 6일간을 하나님의 영광을 위하여 살게 되는 것이다. **예배로 하나님께 영광 돌리는 학자가 하나님의 영광을 위한 학문을 펼 수 있고, 예배로 하나님께 영광 돌리는 자가 참된 인권 운동가가 될 수 있다.** 신본적 인도주의자가 된다. 모든 사람을 살리는 생명 운동가가 될 수 있다. 교회 부흥이 목적이 아니라 하나님의 영광을 위한 예배가 목적인 교회가 교회로서 빛이 되고 하나님이 기뻐하시는 성전이 될 것이다.

7) 예배는 성경 교훈의 주제이다

성경은 하나님의 책이고, 하나님과 인간과의 관계의 책이며, 하나님을 떠난 인간을 부르시는 하나님의 음성이다. 예배의 존귀한 자리로부터 타락한 인간을 다시 하나님과 교통하는 영광의 자리로 부르시는 하나님의 음성이다(사 1:18-20). 잃은 양을 찾는 목자의 음성이다(눅 15:4-7). 그러므로 성경은 구원의 책이고 예배의 책이다. 하나님을 떠나 우상을 섬기는 자리로 타락한 것이 인간의 죄악이고, 그 우상숭배의 자리에서 떠나 하나님께로 돌아와 하나님을 섬기고 하나님께 경배하게 되는 것이 인간의 구원임을 가르치는 것이 성경의 주제이다. 인간 구원의 목표인 예배의 관점, 즉 참 예배자를 찾으시는 하나님의 찾으심의 관점에서 성경 각 권의 교훈을 개략적인 면에서 살펴보면 다음과 같다.

첫째 모세오경은 예배의 기초를 설명한다.

① 창세기는 시작의 책으로서, 예배자인 인간의 시작과 범죄, 즉 예배의 타락, 그리고 타락 후 인간의 예배는 피 흘림의 제사(믿음의 제사)로 시작된 것을 가르치고(창 4:3,4), 하나님을 멀리 떠난 첫 인류에 대한 하나님의 심판과, 예배자 노아를 통한 새 인류의 시작과, 예배자로 선택받은 하나님의 백성의 시작과, 족장들의 예배자로서의 여정을 설명한다.

② 출애굽기는 구원의 책으로서, 선민의 출애굽은 예배를 위한 불러내심이고(출 3:18; 5:1; 7:16; 8:1,20; 9:1,13; 19:6) 훈련(신앙훈련)이며, 그래서 제사법을 주시고 하나님과 만날 회막 즉 하나님 앞에 제사할 장소(성막)을 주시고, 제사로 하나님을 섬길 직분을 세우시고(제사장), 제사할 시간을 특히 강조하여 지킬 것을 명하셨다. 즉 안식일 법은 창조규례일 뿐 아니라(창 2:3) 만나규례로, 윤리적 예배 법칙의 중심된 계명으로, 하나님과의 언약의 백성된 표징으로 주신 것이다(출 16:23-30; 20:8-11; 31:13-17; 겔 20:12-20). 전 성경을 통

하여 하나님을 섬기는 거룩한 날(주의 날)을 지킬 것을 명하시고 강조하신다(출 23:12; 34:21; 35:2,3; 레 19:3,30; 26:2; 민 15:32-35; 사 56:2-7; 58:13,14; 겔 20:13,21,24; 겔 22:8,26; 렘 17:21-27; 눅 4:16; 행 17:2; 마 24:20; 고전 16:2; 계 1:10; 행 20:7).

③ 레위기서는 제사의 책으로서, 하나님을 섬기는 5대 제사법과 제사장의 성별, 그리고 제사로 하나님께 나아오는 선민의 성결을 가르친다.

④ 민수기는 생활의 책으로서, 가나안 복지를 향하여 행군하는 선민의 생활의 중심이 하나님이심을 가르친다. 즉 성막을 중심하여 유진하고 행군하게 하셨고, 하나님의 명령을 따라, 제사장들의 은나팔 소리 따라 제사와 행진과 전쟁과 회집이 이루어지게 하셨다.

⑤ 신명기는 법율의 책으로서, 전심전력을 다하여 하나님을 사랑하고 친근히 하여 섬기고 순종할 것과 이웃을 사랑하여 긍휼을 베풀 것을 가르치고, 자신을 지켜 이방 우상과 그 풍습을 멀리하고 오직 하나님만 섬길 것을 명하신다. 결코 이방신상을 섬기지 말고 오직 하나님만 섬겨 그에게 경배하라는 것이다.

둘째 역사서는 모세오경에 기초한 선민의 예배 생활의 역사적 기록이다.

① 여호수아서는 우상 숭배의 죄를 심판하시는 하나님의 도구로서 이스라엘 백성이 그 땅을 성결케 하여 오직 하나님만 섬기는 백성의 복지로 만들기 위하여 가나안 7족속을 멸하고 그 땅을 분배하는 과정을 기록하였고

② 사사기는 가나안땅에 거주하는 이스라엘 백성의 예배에의 충성

에 따라 승리와 실패가 교차되는 역사의 기록이고

③ 사무엘상—역대하서는 이스라엘의 지도자들(열왕 중심)과 백성들의 예배에의 충성에 따라 축복과 징계가 교차되는 역사의 기록이고, 그들이 예배의 실패자가 되어 마침내 이방 나라에 패망하고 포로가 되는 역사의 기록이다(왕하 17:7-41).

④ 에스라서-에스더서는 유다의 바벨론 포로에서의 회복과 신앙회복, 즉 예배회복의 역사기록이다(스룹바벨 성전건축).

셋째 시가서는 개인 예배 생활의 모본을 기록하고 있다.

① 욥기는 욥의 예배 생활에 대한 기록으로, 귀로 듣기만 하였던 때의 예배로서 율법적 의를 지켜 감사의 제사를 드린 때의 그의 모습을 (1)철저한 자기 성결과 하나님 제사와 가정의 경건엄수 (2)극한 고통 속에서도 원망치 아니하고 오히려 하나님께 경배와 찬송을 드리는 신앙 (3)그러므로 자기 의를 신뢰하는 자긍심을 가진 것으로 기록하고, 눈으로 하나님을 뵈온 후의 예배는 그의 자랑을 다 잃어버린 후, 하나님의 절대 주권의 말씀 앞에서 하나님의 창조의 권능과 영광을 목도함으로 말미암아 (1)자신의 연약과 어리석음을 고백하고 (2)무지한 말로 이치를 가리운자였음을 고백하고 (3)스스로 한하고 티끌과 재 가운데서 회개하고 (4)그리고 하나님의 말씀 따라 그의 벗들을 위하여 하나님께 간구하는 예배를 드렸다. 즉 욥은 철저히 자아를 버린 복음적 겸비(가난한 심령)로 상한 심령의 제사를 하나님께 드린 것이다.

② 시편은 개인적인 예배의 고백과 노래로서 예배의 시와 찬송과 기도와 예배에로의 초청과 선포와 예배자의 복을 기록하였다.

③ 잠언과 전도서는 예배자의 지혜를 기록하였다. "여호와를 경외함이 지식의 근본" 이라고 선언하고 가르친다.

④ 아가서는 예배자의 하나님과의 깊은 사랑의 교제를 노래하고 있다.

넷째 선지서는 선민의 예배의 실패를 지적하여 책망하고 하나님께서 보내실 메시야로 말미암은 예배의 회복을 예언하고 있다.

신약은 예배의 중심이며 중보자이신 예수 그리스도로 말미암은 예배의 회복과 파수와 예배를 위한 노력과 마귀와의 전쟁과 최후 승리를 교훈한다.

즉 경건의 비밀이신 예수 그리스도에 대한 기록이다(딤전3:16)

예수 그리스도께서 자신의 몸이 성전임과, 그 몸으로서의 교회를 세우심과, 교회를 해치는 마귀의 권세를 파하시고 천상의 완전한 교회로 이끄시는 교회의 머리되심을 계시하신다.

구약 예언의 성취자로 오신 메시야로서 선지자, 제사장, 왕의 직분을 가지고 오신 예수 그리스도는 그 몸이 성전이시고(요 2:19,21), 그 자신이 제물이 되시고(히 9:12-14), 또한 대제사장이 되심으로(히 6:20) 구약 제사의 삼요소를 한 몸에 다 지시고 하나님 앞에 단번에 영원한 제사를 드리신 구세주이심을 가르친다(히 10:10-12). 그리고 그 예수그리스도안에서 믿는 신자가 예수 그리스도의 몸된 교회를 이루어 하나님의 성전이 되고(엡 2:21,22), 그 안에서 신자 자신의 몸을 하나님 앞에 바쳐 신령한 제사를 드릴 거룩한 제사장이 되게 하신 것이 인간구원임을 가르친다(롬 12:1; 벧전 2:5; 계 1:6).

예수 그리스도께서 인자로 오셔서 행하시고 가르치신 행적을 기록한 것이 사복음서이고, 예수 그리스도의 행적 특히 십자가에 죽으심과 부활을 전파하여 예수 그리스도 안에 교회 즉 성전을 세우게 되는 사도들의 행적을 기록한 것이 사도행전이고, 예수 그리스도를 설명하여 그 의미를 가르친 것이 사도서신들이다. 그리고 시험 자 마귀는 교회의 머리되신 예수 그리스도를 시험하여 예배를 방해하였거니와 또한 주님의 몸된 교회를 시험하여 예배를 실패하게 하고자 하지만 마침내 머리되신 예수 그리스도에 의하여 마귀는 결박되고, 인내하는 예배자는 영원한 천상교회로 올리워가게 되는 대승리, 즉 예배를 위한 마귀와의 전쟁에서 승리한 교회의 영광을 기록한 것이 요한계시록이다.

"…또 짐승과 그의 우상에게 경배하지도 아니하고 이마와 손에 그의 표를 받지도 아니한 자들이 살아서 그리스도로 더불어 천년동안 왕 노릇하니… 둘째 사망이 그들을 다스리는 권세가 없고 도리어 그들이 하나님과 그리스도의 제사장이 되어 천년동안 그리스도로 더불어 왕 노릇 하리라"(계 20:4,6)

"…하나님의 종들 곧 그를 경외하는 너희들아 무론 대소하고 다 우리 하나님께 찬송하라 하더라"(계 19:5)

목회에 대하여

— 성경적 목회론 —

"그는 목자같이 양떼를 먹이시며 어린 양을 그 팔로 모아 품에 안으시며 젖 먹이는 암컷들을 온순이 인도하시리로다"(사 40:11)

목사직을 수행하는 모든 일을 목회라고 하고, 그 목회 활동을 연구하여 목회에 더 효과적으로 적용하고자 하는 학문을 목회학 또는 목사학 이라고 한다. 학문적으로는 실천신학에 속하고, 실천신학의 모든 과목들을 총괄하는 학문이라고 할 수 있다.

※ 신학의 분류

(1) 주경신학(성경신학), 성경 해석학

(2) 조직신학

(3) 역사신학

(4) 실천신학 : ① 목회학 ② 예배학 ③ 설교학 ④ 전도학 ⑤ 기독교 교육학 ⑥ 목회행정학 ⑦ 선교학 ⑧ 교회 성장학 등

성경에서 가르치는 목사직과 그 목회활동은 어떠한 것인가?

1. 목사직의 중요성

1) 목사의 직은

① 예수 그리스도께서 택하여 세우신 성직이다.(세우신 자) (엡 4:11)

② 예수 그리스도의 일(사업)을 수행하기 위한 직이다.(목적) (엡 4:12)

③ 예수 그리스도의 일은 사람을 구원하는 신령한 사업이다. (요 14:12)

2) 그러므로 목사 된 자는

① 기뻐 감사함으로 책임과 사명을 다하되(벧전 5:2)

② 사사로운 이익이나 정에 매이지 말고(살전 2:3, 5)

③ 다른 사람을 위하여 그리스도께 헌신하여야 한다(엡 5:2).

그리스도께서 우리 죄인들을 위하여 자신을 향기로운 제물로 하나님께 드리심과 같이 목사 된 자도 그 뒤 자취를 따라 하나님께 헌신하여야 한다(요 12:26).

2. 목사직이 무엇인가?(정체성)

1) 하나님의 일을 전무하는 직이다 (성직(聖職)).

① 하나님을 섬기는 일(하나님 봉사)에 전무하는 '거룩한 제사장'이다(벧전 2:5,9).

즉 하나님께 경배하고(worship) 그를 섬기는 일(service)에 헌신된 자이다(마 4:10; 요 4:23,24; 롬 12:1)

② 하나님의 집 일을 맡은 청지기이다(딤전 3:15; 눅 12:42-48)

자기 집을 위하여 일하는 고용인이 아니고 하나님의 집 일을 위하여 온전히 헌신된 종이다.

주인이 아니고 종(청지기)이다(벧전 4:10,11).

③ 하나님 나라와 의(義)를 세우는 일에 전념하는 자이다(마 6:33; 벧전 2:9; 계 1:6)

인간의 나라와 의가 아니고 하나님의 나라와 의를 구하며 찾고 세우기 위하여 선택받은 하나님의 백성들이고 하나님의 나라이다.

④ 하나님의 뜻을 수행하는 자이다(마 6:9-10; 요 4:34).

인간 자신의 이상이나 사상을 이루기 위한 일군이 아니고 오직 하나님의 뜻과 목적을 성취하기 위하여 부름 받은 사명자이다(요 6:38-40).

⑤ 오직 하나님의 영광 위하여 일하는 사명자이다(고전 10:31, 6:20; 벧전 4:11; 딤전 1:15-17; 유 24-25).

인간 자신의 이익이나 명예가 아니고 오직 하나님의 영광을 위하여 헌신하는 자이다.

2) 목사는 하나님의 말씀을 전파하는 일을 전무하는 직이다(말씀을 맡은 자).

목사는 하나님의 말씀의 대언자이고 선포자이며 파수자이다. 이점에서 목사는 선지자이다.

선지자는 선민의 죄와 불의를 지적하여 회개를 촉구하였고 장래의 소망과 긍휼과 위로를 전하였다. 목사는 죄를 죄라고 지적하고 사람이 그 죄에서 돌이켜 살길을 찾도록 인도하는 자이다. 그리고 하나님의 말씀에 의하여 생명의 길이신 예수 그리스도를 전하여야 한다.

이점에서 목사는 모세와 같은 전도자이다. 모세가 하나님께로부터 생명의 도를 받아 백성에게 전하였던 것과 같이 목사는 구원의 진리를 전달하는 자이다(행 7:38; 요 18:37; 딤전 2:7; 딤후 1:11; 딤후 4:1-5).

① 예수 그리스도의 증인의 사명자이다(대사명을 받은 자 : 행 1:8; 요 5:39; 마 28:19,20; 막 16:15,16).

② 말씀을 전파하고, 교육하고 그래서 백성의 심령을 치유하는 사명자이다.

예수께서 행하신 일이 이 세 가지였다(마 4:23).

목사는 예수 그리스도의 일을 수행하는 종들(제자들)이다(요 12:26).

사도들의 일이 말씀증거였다(행 17:2,3,11; 딤후 3:15-17).

3) 목사는 예수 그리스도의 일을 전무하는 직이다.(구령자(救靈者)) (요 14:12)

① 구령(인간을 살리는)의 일이다.

예수 그리스도의 일은 곧 인간을 죄와 영원한 죽음에서 건져내어 살리는 일이다. 돌에 맞아 죽을 죄인도 새사람으로 살게 하신 것이 예수 그리스도의 일이다. 그러므로 예수 그리스도를 증거하고 전파하는 일은 곧 인간을 살리는 운동이다. 이 일을 전무하는 자가 목사이다(요 3:16, 6:27, 40, 8:12, 51).

이점에서 목사는 인간의 영원한 생명을 맡은 자이다. 의사는 잘

못하면 한 사람의 육신생명을 파멸하게 하지만 목사는 잘못하면 인간의 영원한 생명(영혼)을 파멸케 한다(겔 33:1-7, 3:17-21).

② 결과적으로 구세(救世)의 일이다.

한 개인의 구원에서 시작하여 그 가정이 구원을 받고 그 동네가 구원을 받고 온 세계가 구원을 받게 되는 것이다(요 12:46,47; 행 16:31).

③ 사랑의 일(봉사의 일)이다.

사람을 살리는 일은 사랑의 일이다. 증오와 이기심과 탐욕으로 병든 세상에 나아가 사랑으로 복음을 전하며 하나님의 사랑을 전하는 자가 목사이다(마 20:28; 요 15:12-14; 요일 3:15,16, 4:9-12; 요 21:15).

4) 목사는 목양의 일에 전무하는 직이다. (목양자) (요 21:15-17)

목사는 하나님의 말씀을 맡은 자일 뿐 아니라 하나님의 양 무리를 맡은 청지기이다.

(벧전 5:2-4) “너희 중에 있는 **하나님의 양 무리를 치되** 부득이함으로 하지 말고 오직 하나님의 뜻을 좇아 **자원함**으로 하며 **더러운 이를 위하여** 하지 말고 오직 **즐거운 뜻으로 하며** 맡기운 자들에게 **주장하는 자세**를 하지 말고 오직 **양 무리의 본이 되라** 그리하면 목자장이 나타나실 때에 시들지 아니하는 영광의 면류관을 얻으리라”

요한복음 21장15-17절은 부활하신 주께서 베드로(사도들의 대표)에게 목양의 사명을 분부하신 말씀이다.

그것은 “내 어린 양을 먹이라”, “내 양을 치라”, “내 양을 먹이라”

는 세 마디 말씀으로 요약된다. 그리고 그 자격은 주님을 사랑하는 사랑이다. 그러므로 "네가 나를 사랑하느냐"라는 질문을 세 번 반복하신 것이다.

목사는

① 그리스도의 양무리를 먹이고

② 그리스도의 양무리를 돌보고(보호, 치유)

③ 그리스도의 양무리를 앞에서 인도하는 자이다(모범)(요 10:4; 벧전 5:3).

④ 그래서 자신과 양떼를 위하여 삼가고(행 20:28)

⑤ 양을 위하여 목숨을 버린다(요 10:11)

(사 40:11) "그는 목자 같이 양무리를 먹이시며 어린 양을 그 팔로 모아 품에 안으시며 젖먹이는 암컷들을 온순히 인도하시리로다"

예수 그리스도는 우리의 선한 목자이심을 예언한 것이다. 그래서 주께서 말씀하시기를 "나는 선한 목자라… 나는 양을 위하여 목숨을 버리노라"(요 10:14,15)라고 하셨다. 목회자는 목자장 예수 그리스도께서 앞서가신 그 길을 따라 목양의 일에 전무하는 자이다.

(고전 11:1) "내가 그리스도를 본받는 자 된 것 같이 너희는 나를 본받는 자 되라"

그러므로 목사(목회자)는

(1) 군림하는 자가 아니고 섬기는 자(종)이다(눅 22:25-27;벧전 5:2)

① 말씀으로 섬기고

② 사랑으로

③ 성령의 권능으로

④ 예수 그리스도의 이름으로

⑤ 하나님의 영광 위하여 섬기는 자이다.

(2) 경영자가 아니고 목양자이다(요 21:15-).

① 양을 먹이고(말씀)

② 인도하고(생명의 길, 옳은 길)

③ 돌보고

④ 보호한다.

(3) 명하는 자가 아니고 가르치는 자이다(딤전 4:13; 딤후 4:2; 마 28:20).

(4) 큰 목자가 아니고 작은 목자이다(히 13:20; 벧전 5:2-4).

① 큰 목자의 뜻을 받들고

② 큰 목자께 보고하고

③ 큰 목자의 이름으로 한다.

5) 목사는 교회를 세우고 지도하는 일에 전무하는 교회의 지도자이다.

① 목사는 영적 생명적 지도자이다(엡 4:11-12; 고전 3:10-11; 요 6:63, 68, 26-27).

복음 진리를 전하며 하나님의 집(교회)을 세우며 성도를 양육하고 봉사하고 세우는 일을 하는 자이다. 세상 나라의 일이 아닌 그리스도의 나라 위한 일을 하는 자이다(요 18:36-37; 행 1:6-8). 그래서 사람을 죄와 파멸에서 구원하는 일을 전무하는 자이다(요 14:12).

② 교회의 머리되신 그리스도의 대표자(사신)이다(고후 5:20; 살

전 2:6).

③ 목사는 교회의 파숫군으로 세움 받은 자이다(겔 3:17).

㉠ 때를 알리는 자(사 21:11, 12)

㉡ 도적을 지키는 자 (사 56:10-12)

㉢ 백성을 깨우치는 자(겔 3:17)

죄를 깨우치는 자

예) 나단 선지자와 다윗(삼하 12:1-)

겔 3:17 "인자야 내가 너를 이스라엘 족속의 파숫군으로 세웠으니 너는 내 입의 말을 듣고 나를 대신하여 **그들을 깨우치라**"

④ 그러므로 목사는 하나님의 지도자이다(딤전 6:11; 딤후 3:17).

목사는 하나님의 추종자일 뿐 아니라 하나님의 지도자이다. 구약의 선지자들과 모세를 '하나님의 사람'이라고 불렀다. 하나님께서 세우신 지도자이고 하나님과 함께 하는 지도자이고 오직 하나님의 뜻을 전하며 가르치며 하나님의 권세를 세우는 지도자이다. 백성들로 하나님을 알게 하고 순종하게 하기 위하여 보냄 받은 하나님의 사자, 하나님의 종, 하나님의 사람, 하나님의 지도자인 것이다. 목사는 그리스도의 대표자로서 교회의 지도자이다. 그리스도의 양무리를 먹이는 목양자로서 인도자이고 그리스도의 삼직 즉 제사장과 선지자와 왕의 직을 위임받아 수행하는 신령한 일의 지도자이다.

그러나 목사가 받은 직이 영광되지만 목사 된 인간 자신은 허물 많고 부족한 인간일 뿐임을 기억해야 한다. 목사가 주의 사자이지만 주님 자신이 아니라는 것이다. 그러므로 참되고 영원한 지도자는 주님 한 분 뿐이시고(마 23:1-12) 인간 지도자로 세움 받은 자들은 모두 주님의 수종자임을 알고 그 지위를 지켜야 한다. 바리새인들이나 타락한 천사처럼 높은 마음을 갖지 않도록 주의해야 한다(유 6; 딤전 3:6, 6:4, 5).

6) 그러므로 목사는 사랑으로 섬기는 지도자이다(막 10:43-45, 눅 22:27; 요 13:14-17; 엡 5:1-2; 살전 2:6-11).

목자장 예수께서 우리 죄인들을 위하여 자신을 향기로운 생축(제물)으로 하나님께 드림같이 목사는 그리스도의 양인 교인들을 위하여 자신을 하나님께 헌신하는 지도자이다. 그래서 서서 섬기는 종된 지도자, 제자들의 발을 씻기신 주님의 뒤를 따르는 겸비한 봉사자로 섬기는 것이다. 사도 바울은 유모가 아기를 기름 같이 그렇게 성도들을 사랑으로 목양하였고 자신의 생명까지 바치라고 말하였다.

7) 따라서 목사는 순종하는 지도자이다.

즉 목자장 이신 예수 그리스도를 따르는 목양자이고 하나님께 절대 순종하여 하나님의 교회를 세우고 인도하는 지도자인 것이다. 그러므로 목사는 인간 자신의 목회가 아니고 하나님의 목회를 수종하는 지도자이다. 그는 하나님의 말씀의 대언자 즉 하나님의 입이 되고 나팔이 되고(민 10:1-10), 모세의 손에 들려진 지팡이 같이 하나님의 지팡이가 되고 인간의 사랑이 아닌 하나님의 사랑으로 돌보며, 악인과 의인에게 동일하게 햇빛을 주시는 하나님의 마음을 따라 모든 사람을 포용하고 오래 참으며 온유와 겸손으로 지도하는 자이다. (골 3:12-14)

목자장 예수 그리스도께서 성부 하나님께 절대 순종하심 같이 하나님께 완전 순종하는 지도자이다. 그래서 교회의 부흥도 신자의 변화와 개혁도 모두 하나님의 뜻을 순종함으로 행한다. 그래서 더욱 기도하고 더욱 인내하며 근신하여 행한다. 자신이 정한 뜻과 목표의 달성이 아니고 하나님의 뜻과 의지의 성취를 목표한다. 그러므로 교회 성장과 부흥을 소망하지만 그것이 절대적 목표는 아니고 개인의 변화와 치유를 바라지만 조급하지 않고 참아 기다리는 것이다. 하나님께서 오래 참으심 같이 오래참고 기다리는 것이다(롬 2:4; 벧후 3:9). 오직 하나님께서 영광 나타내시고 받으시기를 목표할 뿐이다.

8) 목사는 가르치는 지도자이다(엡 4:11).

즉 진리의 교사이다.

"…목사와 교사로 주셨으니"(엡 4:11) : 이 구절의 원어적 표현은 문법적으로 "목사 곧 교사로 주셨으니"라고도 번역할 수 있는 말이다. 목사와 교사를 동일직으로 설명한 것이다. 어찌하였든지 목사는 하나님의 말씀 진리를 선포할 뿐 아니라 가르치는 일을 하는 자이다. 목사는 여러 분야에서 교회를 지도하고 교인들을 인도하지만 그 지도의 주된 일은 설교와 교육이다. 그리고 설교는 진리의 선포 일 뿐 아니고 가르치는 일이기도 하다.

예수 그리스도께서 행하신 일이 주로 설교(전도)와 가르침과 치유였다(preaching, teaching, healing). 목사도 예수 그리스도의 이름으로 설교와 교육과 치유하는 일을 행한다. 그런데 치유도 말씀과 기도로 말미암은 인간 치유이다. 그러므로 목사의 지도력의 주된 일은 말씀의 선포와 가르침이고 주님의 도움을 구하는 기도이다.

성경에 예수 그리스도를 부르는 호칭(90회) 중에 60회가 '선생'으로 불리어졌다고 한다. 예수께서 진리이시고 진리의 교사이시다. 목사는 유일한 교사이신 예수그리스도에게 배우고 그 예수 그리스도의 입이 되어 진리이신 예수 그리스도를 전하고 가르치는 자이다.

A) 지도력의 유형들

① 자유 방임형 : 계획과 조직만 세우고 실행은 조직원 재량에 맡기는 형.
기둥 같은 지도자이다.

② 관료주희 형 : 계획 조직 뿐 아니라 실행의 구체적 사항까지 지도하는 명령 형.
독재주의 형이며 보스 같은 지도자이고 군지휘관 같은 지도형이다.

③ 민주주의 형 : 계획부터 실행에 까지 모두를 전체 회의를 통하여 결정하는 형.
회의에 사회자와 같은 지도형이다.

B) 지도자 예수 그리스도(마 23:10)

① 지도력의 본질은 섬김이다(막 10:45; 눅 22:27; 요 13:15)

② 가르치는 사역이다.
가르침을 통하여 인류 구원의 일을 행하셨다. 진리의 교사이시다(마 7:28, 29).

③ 순종을 통하여 이루신 지도력이다(빌 2:5-10).
성부 하나님께 절대 복종하심으로 그의 지도권을 행하시었다.
하나님께 순종이 없는 지도는 참된 지도자가 아니다.

④ 영적이며 생명적이다.

예수 그리스도의 지도는 영적인 것이며 인간에게 생명을 주시는 일이었다(요 6:63, 68; 요 8:1-11; 눅 19:1-9).

3. 성경의 모본(목회자들)

1) 모세(행 7:20-38)

① 광야 교회의 인도자로 보냄 받은 자(행 7:34-38)

② 하나님의 보내신 선지자

③ 생명의 도를 하나님께 받아 백성에게 전하여 준 자

④ 하나님의 온 집에 충성한 자(민 12:7; 히 3:2,5; 출 32:15-29)

⑤ 온유한 지도자(민 12:3) : 순종을 배운 지도자

⑥ 기도로 지도한 자(출 14:15, 17:4, 32:11-14, 30-32)

⑦ 백성의 짐을 짊어진 지도자(출 32:30-32; 민 11:11-17).

⑧ 애굽의 학문과 광야의 훈련을 거친 지도자(행 7:20-33)

2) 왕 다윗(행 13:22; 삼상 16장-삼하; 왕상 2:11)

(행 13:22) "폐하시고 다윗을 왕으로 세우시고 증거하여 가라사대 내가 이새의 아들 다윗을 만나니 내 마음에 합한 사람이라 내 뜻을 다 이루게 하리라 하시더니"

① 믿음의 지도자

② 기도의 지도자(범사를 하나님께 물어 행한 자)

③ 하나님의 이름을 위한 지도자

④ 백성을 사랑한 지도자

⑤ 회개하는 지도자
⑥ 공의를 세우는 지도자
⑦ 용기와 결단력이 있는 지도자
⑧ 맡은 일에 충성을 다하는 지도자
⑨ 인내할 줄 아는 지도자
⑩ 하나님께서 세우신 지도자

3) 선지자

선지자는

① 하나님의 말씀을 받아 백성에게 전하는 자
② 백성의 파숫군으로 세움 받은 자(겔 33:1,7)
③ 백성의 잘못된 길을 말씀으로 고쳐 바르게 하는 자이다.

나단 선지자는 다윗이 범죄 하였을 때에 찾아가 하나님의 말씀으로 책망하여 회개하게 하였다(삼하 12:1-14; 시 51편)

그러므로 이 사명을 저버린 선지자들과 지도자들을 향하여 "짖지 못하는 벙어리 개", "몰각한 목자들", "자기 몸만 기르는 목자", "자기만 먹이는 목자"라고 책망하셨다(사 56:10-12; 유 12; 겔 34:2,7)

미 3:11 "그 두령은 뇌물을 위하여 재판하며 그 제사장은 삯을 위하여 교훈하며 그 선지자는 돈을 위하여 점 치면서 오히려 여호와를 의뢰하여 이르기를 여호와께서 우리 중에 계시지 아니하냐 재앙이 우리에게 임하지 아니하리라 하는도다"

4) 제사장

제사장은

① 하나님을 섬기는 제사의 일을 전무하는 자
② 율법을 맡아 백성을 가르치는 자
③ 백성에게 축복하는 자이다(민 6:23-27; 레 9:22-24; 히 7:7).

그러므로 이 사명을 저버리고 하나님께 드리는 제사를 멸시하고 하나님의 이름을 경멸히 여기며 백성을 바르게 지도하지 않는 제사장들을 향하여 "레위의 언약을 파한" 사자(使者)라고 책망하신다. 그래서 그들로 백성에게 멸시와 천대를 당하게 하셨다고 말씀한다(말 1:6-2:9).

5) 예수 그리스도(큰목자, 목자장 : 히 13:20; 벧전 5:4)

예수 그리스도는 선지자, 제사장, 왕으로서 하나님의 백성의 영원한 목자이시다. 큰 목자이시고 목자장이시다. 목회의 근본은 목자장 예수 그리스도의 목회이다.

6) 사도들

① 주께서 택하여 세우신 자들(요 15:16; 마 10:1-8; 행 9:15).
② 주의 일을 하게 하도록 보냄 받은 자들(요 14:12; 마 10:16-33, 28:16-20; 행 1:8).
③ 주의 교회를 세우고 지도하기 위한 지도자들이다(엡 4:11, 12).

※ **바울의 목양(살전 2:3-12)**

1) 그리스도께 받은 사명으로(살전 2:3-5)
2) 그리스도의 심장으로(빌 1:8; 3:18)
3) 그리스도 형상을 이루기 위하여(갈 4:19)
4) 하나님께 합당히 행하는 자 되도록(살전 2:12; 고전 10:31; 벧

전 4:11)

5) 그리스도 안에서 완전한 자로 세우기 위하여(골 1:28; 마 5:48; 엡 4:13-15)

6) 말씀과 기도로 목양(행 20:19-21, 31, 32, 36; 빌 1:3, 4)

7) 눈물과 희생과 본으로(살전 2:7-11; 행 20:19, 31-35; 갈 4:19; 골 1:24, 29)

8) 생명 바친 충성으로 목양(행 20:24, 21:13; 빌 1:20, 21)

그리고 오늘날 교회지도자로 세움 받은 목회자는 이 사도들이 위임받은 직무를 계속하여 수행하는 자들인 것이다. 그래서 그리스도의 사신이 되어 복음을 전파하고 평안을 빌며 축복하는 것이다(마 10:11-15, 40; 고후 13:13).

4. 목회의 실제(교회의 지도자로서 목사의 목회 활동들)

1) 예배를 통한 목회 활동

목사는 공, 사예배를 통하여

① 먼저 자신을 하나님께 헌신하여 섬기며

② 교인들로 하나님을 섬기게 인도, 교육하고

③ 교인들을 축복하고 성도 교제를 장려한다.

하나님 예배를 위하여 목사가 유의해야 할 것은

① 주일을 거룩히 지키라(창 2:3; 출 20:8-11, 31:13-17; 사 58:13, 14; 행 20:7; 계 1:10)

② 십일조와 주일헌금을 장려하라(말 3:8, 10; 마 23:23)

③ 예배시간을 지키라

④ 질서와 예의 있게 진행하라(시 2:11; 고전 14:33)

⑤ 모든 순서를 적당하게 조정하라(고전 14:40)

⑥ 모든 순서가 그날의 설교와 일치하게 하라

⑦ 오직 하나님께 감사와 영광을 돌려라(고전 10:31)

⑧ 모이기를 힘쓰라(행 2:46; 히 10:24,25)는 것 등이다.

A) 公예배로는

① 주일오전예배 : (주일 대(大)예배)

② 주일밤예배 : (주일밤 찬양예배)

③ 수요밤예배 : (수요밤 기도회) 등이 있고

B) 공예배시 기도로

① **개회 기도는**

㉠ 간단히

㉡ 하나님께 영광과 감사

㉢ 인간의 죄인 됨을 고백

㉣ 성령의 도우심과 예수 그리스도의 공로로 말미암은 하나님의 은혜와 열납을 간구

② **설교 후 기도는**

설교 내용의 확인과 실행(순종과 헌신) 위한 결단의 기도

③ **대표 기도는**

㉠ 먼저 하나님께 영광과 감사를 돌리고

㉡ 인간 자신의 죄와 허물을 자복하고
㉢ 필요를 위한 간구와 간구할 근거에 대한 신앙고백을 하고
㉣ 다른 사람과 교회와 나라위한 기도와 감사로 기도함이 중요 내용이 되어야 한다.

C) 각종 기도회로는
① 새벽기도회 : (막 1:35; 시 5:3, 57:8)
② 금요밤기도회 : (시 119:145-148)
③ 특별기도회 : (시 88:1; 눅 18:7)

D) 개인 감사예배
① 생일 감사예배 : (회갑, 결혼, 출산 등)
② 개업 감사예배 : (취직, 입학 등)
③ 이사 감사예배 등이 있다.

E) 성례식

① 신약 성례는 세례와 성찬 이렇게 두 개 성례만 인정한다.

② 그리고 성례식은 둘 다 모두 교회의 머리 되신 예수 그리스도께서 제정하시고 명하신 의식 규례로써 예배의 중요한 부분을 차지한다.

③ 세례식은 예수 그리스도에 대한 신앙 고백 행위로써 죄사함과 중생과 신앙과 구원을 인치고 표하는 표식과 인으로써, 그리고 성찬식은 예수 그리스도의 구속의 희생(십자가의 죽으심)을 기념 고백 감사 증거 하는 신앙 행위로써 모두 다 그리스도 예수께 대한 신앙 고백적 예배 행위이다.

④ 세례가 구원을 주는 것은 아니지만, 구원 받은 신앙을 고백하고 인치는 일로써 중요하며 성찬식은 신앙 성장과 교통과 은혜의 풍성을 위하여 매우 중요하다.

⑤ 세례와 성찬식은 오직 목사만이 집례할 수 있고, 장로는 그 수종자가 된다.

⑥ 교회에서 성례식을 거행하고자 할 때에 1주일 전에 광고하여 준비케 하여야 한다.

가) 세례식 : (별지참조)

나) 성찬식 :

F) 혼, 상례식

① 결혼식

㉠ 결혼은 하나님께서 창조규례로 정하신 것인 만큼 귀중히 여길 것이다.

㉡ 반드시 한 남자와 한 여자의 결합이라야 한다.

㉢ 결혼 적령기가 되면 두 사람의 의합과 양가의 부모의 승낙으로 성립되어야 한다.

기독신자는 반드시 동일한 기독신자와 결혼하여야 한다. 불신 혼인을 금하며 이단과의 혼인은 절대 금한다.

㉣ 배우자는 첫째 주안에서, 둘째 동일한 사명 안에서, 셋째 사랑의 원리를 따라 선택하여야 할 것이다. 그 외에 학력이나 신분, 가문이나 성격, 기호 등이 비슷한 배우자이면 더욱 좋을 것이다.

㉤ 결혼일과 장소, 주례, 순서 등은 먼저 담임목사와 의논

하여 한다. 결혼 당사자는 먼저 세례증과 주민등록등본을 지참하고 목사에게 주례를 청함이 옳다.

ⓑ 신자가 불신 주례자를 세우는 것은 옳지 않으며 담임목사의 주례로 축복을 받음이 가장 좋은 길이다.

ⓢ 결혼일은 주일성수(主日聖守)에 지장이 없는 날을 정함이 좋고 예식은 교회당에서 행함이 가장 좋다.

ⓞ 예물이나 결혼예식 등을 검소하게 하고 장래를 위한 신앙적 설계를 세움이 좋다.

ⓩ 결혼 당사자는(비록 약혼을 하였다고 할지라도) 결혼때까지 피차 순결을 지키고 심신을 더욱 아름답고 깨끗하게 가꾸도록 기도로 준비하여야 한다.

※ 결혼의 서약을 하고 부부로 출발하는 첫날은 두 사람에게 있어서 가장 소중한 날이다. 이제까지 고이 가꾸고 간수하여 온 자신의 사랑과 아름다움과 순결을 일생의 반려자에게 숨김없이 내어줌으로 두 사람이 한 몸을 이룩하는 날이다. 결혼 첫날의 아름다움에 조그만한 상처나 후회라도 내어서는 안 될 것이다.

② 장례식 : 기독교에 있어서 장례식은 슬픔을 당한 성도와 그 가정에 위로와 신앙적 지도를 주기 위한 예식이며, 또한 고인에 대한 적절한 추모이기도 하다. 따라서 장례식을 통하여 교회는 슬픔을 당한 유족을 도와서 하나님의 뜻에 순응할 수 있도록 위로하여 주며, 삶의 의미를 깨닫게 하고, 그리고 성도의 교제에 서로 협력할 수 있도록 하여야 한다.

즉 기독신자는 주안에서 규모 있고 엄숙하게 장례식을 진행하되 우상 숭배(조상신 숭배)나 미신적인 일을 경계하여 성경에 위배되는 일은 하지 않도록 각별히 주의하고, 허례허식 등 번폐스러운 일을 피하여 하나님 앞에 경건하게 거행하도록 하여야 한다. 기독교의 장례식은 간결하며 요긴한 것이니 임종(혹은 별세)예배, 입관예배, 발인예배, 하관예배 그리고 귀가(위로) 예배로 끝나게 된다.

1. 예배 모범 제 13장 장례식

1) 장례 때에 마땅히 행할 예식은 적당한 시나 찬송을 부르고 합당한 성경을 낭독하고 목사의 생각한 대로 합당한 설명을 하고 특별히 비참한 일을 당한 자로 하나님의 은혜를 받게 하며, 저희의 슬픔이 변하여 영원한 유익이 되게 하며 저희가 보호하심을 받아 비참한 가운데서 위로함을 받게 기도한다.

2) 이 장례식은 주례 목사의 의견대로 하는 것이 좋으나 그 중요한 뜻을 잃지 말찌니 경계함과 훈계함과 생존자 위로함을 주의하고 하나님의 말씀을 오용(誤用)하여 신앙 없이 생활하다가 별세한 자도 복음의 소망이 있다고 하는 일이 없도록 주의하여야 한다.

2. 헌법적 규칙 11조 혼상례

1) 혼상 예식에 번다한 허례는 폐하고 정숙하고 간단히 행하며 비용은 절약하여야 한다.

2) 부모상에 상복은 소복을 입고 양복인 경우에 흰 상장을 가슴이나 왼편 팔위에 붙인다. 장례식에 상주는 베 감투를 쓰고 여자는 베수건을 쓴다.

3) 복기는 부모상에는 1개년이고, 부부상에는 6개월간으로 한다.

4) 시신을 입관할 때에 관 안에 고인의 성경과 찬송가를 넣거나 또는 불에 태우는 일은 옳지 않고 잘 보관하여 고인을 추념함이 정당하다.

5) 별세자의 무덤이나 관 앞에 촛불을 켜거나 향을 사르거나 배례하는 일은 금한다.

6) 부부간 일방이 별세한 후에 재혼하려면 별세한 후 6개월이 지나야 결혼한다.

7) 제사는 우상숭배이므로 금하고 추모예배로 고인의 가신 날을 기억한다.

8) 추모식 때에 음식을 차려 놓거나 고인을 위한 기도는 하지 않는다.

③ 장례식 때 집례 목사의 주의 사항

㉠ 죽은 자의 구원 문제에 대하여 논하지 아니하여야 한다.

불신으로 죽은 자를 천당에 갔다고 말하지 아니할 뿐 아니라 지옥 갔다고도 말하지 말 것이다(예배모범 13장 2항).

㉡ 다만 유족들을 위로하고 믿음의 격려를 주는 일에 전념할 것이다(예배모범 13장).

㉢ 상례를 우상숭배식과 혼합하여 행하지 아니하도록 주의해야 한다.

㉣ 설교는 간단하게, 위로하는 말로 할 것이되 성경진리를 위배하는 말을 하지 않도록 주의할 것이다(예배모범 13장).

㉤ 불신자들에게 전도의 기회를 삼도록 할지라도 전도설교를 하려고 하여서는 안 된다. 다만 인간의 태어나고 죽음에 대한 진리와 기독교의 장래 소망의 영광에 대하여 설명함으로 유족을 진심으로 위로하면 그것이 전도가 된다.

㉥ 비록 부활의 소망과 천국의 영광을 바라볼지라도 목사나 교우들은 슬픔당한 유족들의 마음을 헤아려 근신 경건하여 예배에 참여하여야 한다.

㉦ 별세자를 위하여는 살아있는 자가 더 이상 아무것도 할 수 없음을 알아야 한다.

즉 고인의 명복을 빌거나 구원 문제를 기도하는 것은 기독교 진리에 위배되는 것이니 삼가야 한다.

2) 심방을 통한 목회 활동

① 일반(수시) 심방(결석자 위주)을 통한 위로와 격려

② 정기 대심방(년 1회 이상)을 통한 성도 가정 신앙상태 파악 및 축복

③ 특별심방(환자 등)을 통한 위로와 격려와 축복

④ 심방시 주의 사항

1) 여신도 심방시 : ① 목사 혼자 가지 말 것 ② 부득이한 경우 방문을 열어 놓을 것

2) 피심방 집안 물건에 대한 지나친 관심 삼갈 것

3) 한 집만 자주 심방치 말 것(설교 시에도 한 곳만 집중 주시치 말 것)

3) 설교를 통한 목회 활동

목사는 설교를 통하여

① 먼저 하나님을 섬기고 그리고 성도(청중)를 섬긴다.

② 그리고 복음을 전파하며 성도를 양육한다.

③ 특히 주일 대예배 설교는 교회의 전진과 봉사의 방향을 제시한다.

설교의 종류는

① 목회설교(세우는 설교)

② 전도설교(부르는 설교)

③ 부흥설교(파괴하는 설교) (렘 23:29)

④ 본문설교(성경 본문에 의거하는 설교)

⑤ 제목설교(설교 제목에 집중하는 설교)

⑥ 주해(강해)설교(성경 해석에 의한 설교) :

ⓐ 교리적 의미 ⓑ 윤리적 교훈 ⓒ 한 목표(설교제목) 지향)

⑦ 교리설교(믿어야 할 진리 : 롬 1-11장)

⑧ 윤리설교(행해야 할 진리 : 롬 12-16장)

※ **십자가는 믿어야 할 진리와 행해야 할 진리가 함께 있다.**

그리스도의 십자가 희생이 인간의 죄를 위한 속죄 구원의 희생임을 믿는 자는 자신의 죄를 회개하게 되며, 그 십자가가 성부 하나님께의 순종의 십자가임을 아는 자는 또한 자신도 하나님께의 순종의 십자가를 지고 주를 따를 것이며, 또한 인간의 죄와 형벌을 대신 지신 사랑과 용서의 십자가임을 아는 자는 그의 용서를 믿을 뿐 아니라 자기도 사랑과 용서의 십자가를 지고 주를 따르고자 하는 것이다 (마 16:24; 요 12:26; 갈 2:20, 4:19)

4) 교육을 통한 목회 활동

목사는 성경과 교리 교육을 장려하며 특히 자녀들의 신앙 교육을 힘씀으로 교회를 부흥 성장케 해야 한다.

① 주일학교

② 계절학교

③ 기타 성경공부 반

5) 행정을 통한 목회 활동

① 인사행정(조직) (당회, 제직회, 구역, 주일학교, 찬양대, 면려회, 전도회)

② 재정행정(각종헌금 수납지출 관리)

6) 전도와 선교를 통한 목회 활동

① 교회 내 전도회(선교회) 조직 활동
② 국, 내외 선교활동
③ 학원, 군, 경찰 등 특수 선교활동 지원

7) 자선과 사회봉사를 통한 목회 활동

8) 총, 노회 활동을 통한 목회 활동

9) 초교파 연합 사업을 통한 목회 활동

10) 기도를 통한 목회 활동

목사의 모든 목회 계획과 추진은 기도의 자리에서 이루어진다.

① 먼저 자신의 경건과 말씀 준비를 위하여 쉬지 말고 기도하여야 한다.

② 교회와 교인들의 부흥과 평안을 위하여 기도하고

③ 문제가 있을 때 마다 기도로 해결하여야 한다.

④ 나라와 민족과 선교를 위하여 기도를 쉬지 말아야 한다.

⑤ 그리고 각종 기도회를 통하여 교인들과 함께 기도하고 교인들로 하여금 기도하도록 격려하여야 한다.

5. 목회자의 자격(영적 지도자로서 필요한 덕성)

1) 중생한 신자(예수 그리스도의 구속을 받은 자)

(요 3:3-7; 딛 3:4- ; 딤전 1:12-16)

신앙이 있어야 한다. 목사는 신앙지도자이다.

(고전 16:13,14; 히 11:6; 행 6:5, 3)

2) 그리스도의 부르심을 받은 자(딤후 1:11)

① 사명감이 있는 자(롬 1:1)

② 그리스도의 세움 받은 자(엡 4:11)

3) 성령과 지혜가 충만한 자(행 6:3-5)

4) 지도자로서의 자질을 갖춘 자(지식적, 신앙적, 은사적, 도덕적, 신체적)

① 설교로 지도할 수 있는 자

② 교육으로 지도 할 수 있는 자

③ 심방 및 상담으로 지도할 수 있는 자

④ 전도와 선교에 지도 할 수 있는 자

⑤ 복음 사업 및 사회봉사 활동에 지도할 수 있는 자

⑥ 교회 제기관을 지도할 수 있는 자

⑦ 당회, 제직회 및 상회에서 지도자의 일을 할 수 있는 자

5) 자기 경건과 성장에 힘쓰는 자(딤전 4:5-8, 12-16)

6) 성경에 능한 자(행 18:24-28; 딤후 2:15-22; 스 7:6, 12; 느 8:5-9)

① 성경본문 독해 ② 교리적 이해 ③ 윤리적 성결

7) 언어표현에 결함이 없는 자(고전 14:8-19)

① 분명한 뜻 ② 분명한 소리(발음)

8) 그리스도를 사랑하는 자(요 21:15-17; 고후 5:14)

① 하나님사랑
② 진리사랑(살후 2:17; 롬 12:9)
③ 교회사랑(갈 4:19; 골 1:24, 3:12-14; 살전 2:7-11)
※ 비판하고 반대하는 사람까지 수용하는 사랑

9) 사명에 충성하는 자(고전 4:2; 계 2:10; 마 25:21; 눅 12:35-48)

① 선지자적 사명(진리증거)(겔 3:1-11, 17-21)
② 제사장적 사명(예배의 성별)(겔 22:26)
③ 목회적 사명(전도, 양육, 돌봄, 인도)(딤후 2:1-12, 4:1-5)
④ 청지기 사명(벧전 4:10,11: 눅 12:42-48)
⑤ 파숫군의 사명(겔 33:2-7: 행 20:26,27)

10) 인내하는 자(딤전 6:11; 딤후 2:22-25, 4:2-5; 히 12:2; 약 5:7-11)

① 자기 극복(절제)

② 목회에 인내(위기의 때를 잘 극복해야 한다)

6. 목사의 책임

1) 선지자로서의 책임(렘 5:31, 6:13-14, 23:13-32; 겔 22:25, 28, 13:1-10)

2) 제사장으로서의 책임(렘 5:31; 겔 22:26; 말 1:6-2:9)

3) 목양자로서의 책임(렘 23:1-2, 겔 34:1-16)

4) 교사로서의 책임(마 23:13-22)

5) 청지기로서의 책임(눅 12:42-48)

6) 교회 지도자로서의 책임(고전 3:10-15)

7) 전도자로서의 책임(고전 9:16-18; 딤후 4:1-5)

8) 파숫군으로서의 책임(겔 33:1-9, 3:17-20; 행 20:26-27, 20)

7. 목사의 자존감(긍지)

1) 목사직의 정체성에서 오는 자존감이다(딤전 6:11).

① 신자로서 세상의 빛과 소금된 자존감

② 선지자의 자존감 즉 하나님의 말씀 대언자로서 자존감

③ 제사장의 자존감 즉 하나님을 섬기는 성직자로서 자존감, 거룩한 옷을 입은 자로서의 자존감.

④ 하나님의 사람의 자존감 즉 인간의 종이 아니고 삯군(피고용인)도 아닌 하나님의 종으로서의 자존감

※ 경계해야 할 미혹

① 인기 연예인 화(겔 33:30-33; 딤후 4:3-4)

② 봉급 받는 피고용인(삿 17:7-13, 18:4-6, 19-20, 27-31)

③ 자기 자신의 자존심(교만과 세속적 육신적 영광)

2) 인간 자신의 자존심이 아니고 목사직의 자존심이다.

인간 자신이 죽을 때에 목사(예수 그리스도)가 살아나고 죽을 각오하고 하나님의 것 지키면 목사의 권위가 세워진다.

8. 목회에 시험

1) 나태와 무책임

① 믿음을 핑계로

② 인간 감독이 없기 때문에

③ 부패한 인간성

롬 12:11 "부지런하여 게으르지 말고 열심을 품고 주를 섬기라"

2) 자긍과 교만(딤전 3:6)

① 자신감과 우월감으로

② 칭찬과 성과로

③ 인격적 미성숙으로

벧전 5:3 "맡기운 자들에게 주장하는 자세를 하지 말고 오직 양 무리의 본이 되라"

딤전 3:6 "새로 입교하 자도 말찌니 교만하여져서 마귀를 정죄하는 그 정죄에 빠질까 함이요"

3) 낙심과 좌절(눅 22:45, 46, 24:13-33; 왕상 19:1-10)

① 난관과 무력함에서

② 실패와 실수에서

③ 침체와 시험으로

4) 원망과 분노(시 37:1-11)

① 비난과 비판

② 참소와 분파

③ 거역과 훼방에서

5) 분망함과 과중한 일

① 공명심과 과욕에서

② 무모한 믿음으로

③ 일을 분담시키지 아니함으로(행 6:1-7; 출 18:17-18)

6) 도덕적 실수(삼하 12:14, 13:1-)

7) 혈기와 경박함

① 신중치 못한 결정과 언행

② 혈기를 나타냄(모세의 실수)

8) 가정생활에 실패

① 가정생활을 소홀히 함으로

② 자녀교육의 실패로(엘리제사장 : 삼상 2:12, 29)

③ 건강과 시간관리 소홀로

9. 충성된 목회(칭찬 듣는 목회)

1) 그리스도의 종 된 목회(그리스도의 목회를 수종드는 자)

목사는 '주의 종'이고 그는 오직 하나님을 기쁘시게 하는 '그리스도의 종'이다(딤후 2:24; 갈 1:10).

2) 기도로 하는 목회

주께서 "이르시되 기도 외에 다른 것으로는 이런 유가 나갈 수 없느니라 하시니라"(막 9:29)라고 하셨고, 주님의 하시는 일을 행하는 자는 주님께 기도함으로 그 일을 하게 됨을 말씀하셨다(요 14:12-14).

그리고 사도들의 복음증거 사명을 위하여 먼저 필요하였던 것이 기도였다. 그리고 문제가 있을 때마다 기도함으로 성령의 권능을 받아 담대히 복음을 전하였다(행 4:31).

사도 바울은 젊은 목사 디모데에게 첫째로 권하기를 "…모든 사람을 위하여 간구와 기도와 도고와 감사를 하"라고 하였다(딤전 2:1).

3) 말씀에 착념하는 목회

하나님의 말씀이 인간의 심령 골수를 해부하여 들추어내는 좌우에 날선 검 곧 성령의 검이다(히 4:12; 엡 6:17-18). 하나님의 말씀은 하나님을 대적하는 사단의 '견고한 진을 파하는' 하나님의 능력이고 인간을 구원하는 지혜이다(고후 10:4-5, 딤후 3:15-17).

베드로의 설교(말씀증거)에 3,000명이 마음에 찔려 회개하였다(행 2:37-41). 사도행전의 역사는 말씀의 역사였다. "하나님의 말씀이 점점 왕성하"였고 "힘이 있어 흥왕하여 세력을 얻"었다. 그래서 제사장 무리도 복종하였고 마술사도 자신의 모든 마술책을 불사르는 회개의 역사가 이루어진 것이다(행 6:7, 19; 19-20). 에스겔 골자기의 생명

운동은 에스겔 선지자가 대언하는 말씀의 역사였다(겔 37:7-10).

그러므로 사도 바울은 젊은 목사 디모데에게 권하기를 "네가 진리의 말씀을 옳게 분변하며 부끄러울 것이 없는 일군으로 인정된 자로 자신을 하나님 앞에 드리기를 힘쓰라"(딤후 2:15)라고 하였고 "내가 이를 때까지 읽는 것과 권하는 것과 가르치는 것에 착념하라"(딤전 4:13)라고 하였다.

그리고 경계하기를 "누구든지 다른 교훈을 하며 바른 말 곧 우리 주 예수 그리스도의 말씀과 경건에 관한 교훈에 착념치 아니하면 저는 교만하여 아무 것도 알지 못하고 변론과 언쟁을 좋아하는 자니 이로써 투기와 분쟁과 훼방과 악한 생각이 나며 마음이 부패하여지고 진리를 잃어버려 경건을 이익의 재료로 생각하는 자들의 다툼이 일어나느니라"(딤전 6:3-5)라고 하였다.

4) 진실한 목회

목회자는 진리의 일군이다.

진리의 신앙을 전파하고 진리의 사랑을 전하며 진리의 성령으로 말미암아 역사하는 자이다.

그러므로 신자는 물론이거니와 목사는 더욱 청결한 마음과 착한 양심과 거짓없는 믿음으로 행하여야 한다.(딤전 1:5,19) 신자의 신앙을 헤치는 치명적인 죄가 있다. 그것은 착한 양심을 버린 외식이고 그리고 하나님의 성전인 몸을 더럽히는 음행이다.(딤전 1:19: 고전 6:17-19) 목사는 더욱 신앙지도자로서 이것들을 경계해야 한다. 그리고 언행이 일치가 되어야 한다. 말의 실수가 없도록 주의해야 한다(약 3:1-2). 성경은 언행(言行) 일치의 신앙을 강조한다(약 2:14 -26). 행함이 없는 믿음은 그 자체가 죽은 것이고 헛것이며 귀신적인 것이라고 하였다.

주 예수께서 친히 경계하신 말씀을 항상 유의해야 한다.

"나더러 주여 주여 하는 자마다 천국에 다 들어갈 것이 아니요 다만 하늘에 계신 내 아버지의 뜻대로 행하는 자라야 들어가리라 그 날에 많은 사람이 나더러 이르되 주여 주여 우리가 주의 이름으로 선지자 노릇하며 주의 이름으로 귀신을 쫓아 내며 주의 이름으로 많은 권능을 행치 아니하였나이까 하리니 그때에 내가 저희에게 밝히 말하되 내가 너희를 도무지 알지 못하니 불법을 행하는 자들아 내게서 떠나가라 하리라"(마 7: 21-23)

"화 있을찐저 외식하는 서기관들과 바리새인들이여 너희는 천국 문을 사람들 앞에서 닫고 너희도 들어가지 않고 들어가려 하는 자도 들어가지 못하게 하는도다 화 있을찐저 외식하는 서기관들과 바리새인들이여 너희는 교인 하나를 얻기 위하여 바다와 육지를 두루 다니다가 생기면 너희보다 배나 더 지옥 자식이 되게 하는도다."(마 23:13-15)

5) 겸손한 목회

그리스도의 종 된 목사는 그리스도의 뒤를 따라, 서서 섬기는 종으로, 형제의 발을 씻기고 제자의 발을 씻기는 종으로, 섬기는 종 된 지도자이다. 결코 이방 집권자들 같이 군림하고 지배하는 지도자가 아님을 항상 기억해야 한다(눅 22:24-27; 요 13:14-17).

6) 생명 바친 목회

목사는 주님을 따라 땅에 떨어져 죽는 한 알의 밀알이 되어야 하고 자신의 몸(생명)을 '거룩한 산제사로' 하나님께 드린 자이고 날마다 그렇게 헌신하여야 한다(요 12:24, 26; 롬 12:1). 바울은 그가 다메섹도상에서 주님께 붙잡힌 이후 그 자신의 생명을 주 위하여 사명완수를 위하여 아낌없이 바쳤다(행 21:13). 그래서 "살든지 죽든지 내 몸에서 그리스도가 존귀히 되게 하려한"다고 고백하고 있다(빌 1:20-21; 롬 14:7-9).

7) 깨끗한 목회

목회자는 더욱 하나님의 집에서 귀하게(선한 일) 쓰임 받는 깨끗한 그릇이 되어야 하고 그의 복음 증거가 결코 세속적 개인적 사욕을 위한 것이 아니어야 함을 강조한다(딤후 2:19-23; 살전 2:3-5; 벧전 5:2-3).

8) 자기 성장을 계속하는 목회

딤전 4:15-16 "이 모든 일에 전심전력하여 너의 진보를 모든 사람에게 나타나게 하라 네가 네 자신과 가르침을 삼가 이 일을 계속하라 이것을 행함으로 네 자신과 네게 듣는 자를 구원하리라"

9) 지혜의 목회

주께서 그의 제자들을 전도자로 파송하실 때에 격려하신 말씀은 "너희는 뱀 같이 지혜롭고 비둘기 같이 순결하라"(마 10:16)는 것이었다.

바울은 그의 전도가 사람의 지혜로 하지 아니하고 하나님의 지혜로 한 것이라고 설명한다(고전 2:4-8). 그리고 신자에게 권하기를 "형제들아 지혜에는 아이가 되지 말고 악에는 어린 아이가 되라 지혜에 장성한 사람이 되라"(고전 14:20)고 하였다.

10) 사랑의 목회(십자가 지는 목회)
(마 16:23-25; 요 21:15-17; 고후 5:13-14; 살전 2:6-12; 골 3:12-14)

※ 목양자로서의 사랑은

(1) 첫째 : **잘 먹이어야 한다.**

설교를 잘 해야 하고 가르치기를 잘 해야 한다.

「잘한다」는 것은 말씀을 정직하게 그리고 이해하기 쉽게 전하는 것을 의미한다(마 5:19; 계 22:18,19; 신 4:2, 12:32).

(2) 둘째 : **잘 돌보아야 한다.**

잠 27:23 "네 양떼의 형편을 부지런히 살피며 네 소떼에 마음을 두라"

약한 자와 병든 자를 살피며 상한 자와 시험 중에 있는 자를 위로해야 한다(마 25:35-).

(3) 셋째 : **잘 품어야 한다.**

가슴이 넓어야 한다. 하나님의 마음을 가져야 한다.

악인과 선인에게 동일하게 햇빛과 단비를 주시는 하나님의 마음이다.

오랫동안 참으시고 모두가 회개하기를 기다리는 하나님의 마음이다.

〈별지〉

1. 세례식

■ 학습

학습은 세례받기 위한 준비과정이다. 그러므로 신앙고백이 분명하고 세례받기를 사모하는 자를 학습교인으로 세우는 것이다.

(1) 자격(총회 헌법, 헌법적 규칙 제5조 1항)

① 교회 출석한 지 만 6개월 이상 된 자

② 만 14세 이상 자

③ 당회문답에 합격한 자

(2) 절차와 순서(총회 표준 예식서 참고)

① 공예배 시간 중

② 호명하여 기립케 한 후

③ 간단한 예식사와 서약문답

④ 기도 후 공포

■ 아기세례

아기세례는 믿는 집 아기를 언약의 자손으로, 그리스도 안에 있는 구속에 참여하는 자로, 죄사함을 받고 하나님의 자녀 됨을 인치는 것과, 그 부모로 하여금 신앙으로 양육할 책임을 가지게 하는 일이다. 그러므로 부모에게 서약하고 아기는 장성할 때까지 교인으로서 권리의무는 행치 못한다.

(1) 자격(헌법적 규칙 제6조 2항)

① 양친 중 일친이라도 세례교인의 자녀

② 본 교회의 교우의 자녀

③ 만 2세 미만의 아기

(2) 절차와 순서(총회 표준 예식서 참고)

① 당회 문답과 결의(문답은 대개 부모에게 아기세례에 대한 뜻을 밝히 주지시키는 것으로 함)

② 공예배 시간 중(예배모범 제9장 2항, 6항)

③ 호명하여 기립케 하고

④ 예식사와 부모에게 서약문답한 후(예배모범 제9장 4항, 5항)

⑤ 기도하고, 아기에게 세례를 베풂(예배모범 제9장 6항)

⑥ 그리고 공포한다.(시세 시 물그릇을 들고 수종하는 일은 장로가 맡아 하게 한다.)

■ 입교

입교예식은 교인으로 가입하는 절차이다. 아기 세례 받은 자가 장성하여 자신의 신앙고백으로 입교하게 되면 교인으로서 권리의무를 행하게 되어 성찬에 참예할 수 있게 된다.

(1) 자격(헌법적 규칙 제6조 3항)

① 아기 세례 받은 자로서

② 만 14세 이상 되었을 때에

③ 당회문답에 합격한 자(예배모범 제10장 4항)

(2) 절차와 순서(총회 표준 예식서 참고)

① 공예배 시간 중

② 호명하여 기립케 한 후

③ 입교예식사와 서약 문답하고

④ 기도 후 공포한다.(세례는 아기 때에 받았음으로 이때에는 서약 후 기도만 한다.)

■ 어른세례

어른세례는 입교를 겸하게 됨으로 세례교인이 됨과 동시에 그 교회의 교인으로서 권리의무를 행하게 된다.

(1) 자격(헌법적 규칙 제6조 1항)

① 학습 선후 만 6개월 이상 교회생활을 근실히 행한 자

② 만 14세 이상 된 자

③ 당회문답에 합격된 자

※ 세례입교문답에 합격기준은 최저한 헌법에서 규정한 교인의 권리의무를 수행할 수 있는 자라야 한다.

특히 성찬에 참여할 자로서 분명한 신앙지식과 진실함이 있어야 하고, 그 행위와 생활이 우상숭배와 부도덕이나 술 취함이나 죄에서 떠나 깨끗하고 성결하여야 한다.

(2) 절차와 순서(총회 표준 예식서 참고)

① 공예배 시간 중에(예배모범 제10장 3항)

② 호명하여 기립케 한 후

③ 예식사와 서약문답하고(예배모범 제 10장 5항(3))

④ 세례를 베풀고(예배모범 제 10장 5항(3))

〈헌법책 규칙 제2조 교인의 의무〉

① 교인은 교회의 정한 예배회와 기도회와 모든 교회 집회에 출석하여야 한다.

② 교인은 노력과 협력과 거룩한 교제로 교회 발전에 진력하며 사랑과 선행(善行)으로 하나님을 영화롭게 하여야 한다.

③ 교인은 교회의 경비와 사업비에 대하여 성심 협조하며 자선과 전도 사업과 모든 선한 일에 노력과 금전을 아끼지 않아야 한다.

④ 성경 도리를 힘써 배우고 전하고 성경 말씀대로 실행하기를 힘쓰며 예수 그리스도의 정신을 우리 생활에서 나타내어야 한다.

⑤ 교회의 직원으로 성일(聖日)을 범하거나 미신(迷信) 행위나 음주 흡연(飮酒吸煙) 구타하는 등의 행동이나 고의(故意)로 교회의 의미(義務)금을 드리지 않는 자는 직임(職任)을 면(免)함이 당연하고 교인으로는 의무를 이행하지 않는 자로 간주한다.

⑥ 교인은 진리(眞理)를 보수(保守)하고 교회 법규(法規)를 잘 지키며 교회 헌법에 의지하여 치리(治理)함을 순히 복종하여야 한다.

〈헌법책 규칙 제3조 교인의 권리〉

교회의 주권과 모든 권리는 교인에게 있다.

① 교인은 교회 헌법대로 순서를 따라 청원(請願) 소원(訴願) 상소(上訴)할 권리가 있다.

② 교인은 지교회에서 법규대로 선거 및 피선거권이 잇다. 그러나 무고히 6개월 이상 본교회 예배회에 계속 출석치 아니한 교인은 위의 권리가 중지된다.

③ 무흠 입교인은 성찬에 참례하는 권한이 있다.

④ 교인은 그리스도의 몸된 교회를 위하여 분량(分量)에 따라 일할(奉仕) 특권이 있다.

⑤ 공포한다(예배모범 제10장 5항(3)).

※ 세례 식사는 반드시「예수 믿는 사람」이라는 의미가 분명한 말과「성부, 성자, 성령」삼위일체 하나님의 이름으로 세례를 베푼다는 내용이 들어가야 한다.

예문 : (아기 세례인 경우)

「예수 믿는 사람의 집 아이 ○○○(에게) 내가 성부와 성자와 성령의 이름으로 세례를 주노라. 아멘.」

(어른 세례일 경우)

「예수 믿는 사람 ○○○(에게) 내가 성부와 성자와 성령의 이름으로 세례를 주노라. 아멘.」

「예수 그리스도 안에서 한 형제된 ○○○(에게) 내가 성부와 성자와 성령의 이름으로 세례를 주노라. 아멘.」

2. 성찬식

(1) 자격(성찬식에 참여할 수 있는 자)

① 무흠한 세례교인(입교인) – 세례교인으로서 치리를 받지 않은 자와 스스로의 양심에 거리낌이 없는 자

② 타교회(혹은 교파)의 교인이라도 예수 교회의 무흠한 세례교인

③ 성찬의 의미를 바르게 이해하는 자.

④ 회중에 동석하고 있는 자 – 성찬은 교통의 (주고 받는)

의미가 중요함으로 성찬의 요품들을 우편으로 송달할 수 없으며, 또 신자 개인이 사적으로 거행할 수 없다.(박형용 교의신학 6권 제5장 13절 3항)

(2) 절차와 순서(총회 표준 예식서 참고)

① 1주일 전에 광고하여 준비케 함(예배모범 제11장 3항) (세례식도 동일함)

② 성찬 요품(떡과 포도즙)들을 준비하고 그리고 마친 후 정리하는 일은 장로들이 행할 것이고, 장로가 없는 교회는 목사가 직접 행할 것이다.

※ 요품들을 준비하고 남은 것은 목사가 사용하되, 성별된 것은(성찬 예식 후 남은 것) 땅에 묻거나 태워야 한다.(헌법적 규칙 제6조 5항)

③ 기도로 시작

④ 찬송(229, 143, 144, 149, 311장 등 십자가 고난과 성찬에 관계된 찬송)

⑤ 성경(고전 11:23-29)

⑥ 권면(설명) – 설교는 예배시간에 하였으므로 이 시간에는 성찬 참여자에 대한 권면을 하되 고전 11:23-29절의 말씀을 따라 성찬의 의미와 참여자에 대한 주의 사항을 간단히 설명하는 것이 좋다.

※ 권면 후에 통성기도나 묵상기도로 성찬에 참여할 마음의 준비를 하게 함도 유익하다.

⑦ 신앙고백 – 예수 그리스도에 대한 신앙을 재확인하는 것

이 좋다.

⑧ 분병과 분잔

※ 위원(장로)들로 성찬상 앞에 서게 하고, 장로 두 사람이 성찬보의 귀를 맞춰 단정히 한 곳에 놓게 한다.

■ 분병

① 떡을 떼어들고

※ 집례자가 떡 그릇을 위원들에게 나누어 주어 두 손으로 받쳐 들게 하고, 그 중에 하나를 집례자가 든다.

② 예식사와 기도로 성별

※ 식사는 대개 아래와 같다.

「주 예수 그리스도께서 잡히시던 날 밤 떡을 가지사 축사하시고 제자들에게 떼어 주면서 "받아 먹으라 이것이 내 몸이니라"라고 말씀하셨습니다. 주님의 분부하심 따라 나도 주님의 이름으로 이 떡을 나누어 드리고자 하오니 나를 위하여 십자가에서 살 찢어주신 주님의 희생을 기억하며 이 성찬에 참여하시기 바랍니다.」(기도합시다.)

※ 이때의 목사의 감사기도는

(1) 아들을 주어 우리 대신 죽게 하신 하나님께 감사하며

(2) 수찬자들의 마음이 신엄(神嚴)한 예배에 참예 할 수 있도록 준비케 하고

(3) 성찬의 요품(떡과 포도주)들을 성별하는 기도이어야 한다.

(박형용, 교의신학 제6권 5장 13절 3항)

③ 목사가 먼저 분병

④ 다음 교우들이 분병

⑤ 목사가 장로들에게

■ 분잔

① 잔을 들고

※ 분병 때와 동일하게 집례자가 잔 그릇을 위원들에게 나누어 주고, 그 중 하나를 두 손으로 받쳐든다.

② 예식사와 기도로 성별

※ 식사는 대개 아래와 같다.

「주님께서 식후에 잔을 가지사 축사하신 후에 제자들에게 주시며 "너희가 다 이것을 마시라 이것은 죄사함을 얻게 하려고 흘리는 바 나의 피 곧 언약의 피니라", "이것을 행하여 마실 때마다 나를 기념하라" 하셨습니다. 우리도 이 잔을 마실 때마다 나의 죄 위하여 십자가에 죽으신 주님을 기억하며 그 은혜가 더욱 새로워지기를 바랍니다.」(기도합시다.)

③ 목사, 교우, 장로 순서로 분잔

④ 성찬상을 덮고 기도하고

※ 이때의 목사의 기도는

㉠ 성찬을 인하여 감사

㉡ 성찬 거행 중 나타난 결점에 대한 용서를 간구함.

㉢ 성찬에 참여한 자들의 인격과 행사를 받아 주시기를 원함.

㉣ 받은 은혜를 복음에 합당하게 행하도록 성령의 도우심을 구함.

㉤ 예수님의 죽으심과 그 생명을 그들의 삶에 나타내게 하여 주시기를 구함.

ⓑ 생활이 불신 세계에 빛이 되어 하나님을 영화롭게 하는 역사가 일어나기를 구함이 되어야 한다.(예배모범 제11장 7항, 박윤선 「헌법 주석」 중 예배모범)

⑤ 찬송 후 축도로 폐회

※ 최초의 성만찬 후에 주께서 찬미하며 감람산으로 나아가심 같이 온 교회가 찬미함으로 그리스도의 십자가의 길로 나아가야 할 것이다(막 14:26).

※ 주의 사항

① 분병 분잔을 반드시 구별하여 할 것(마 26:26-28)

떡을 잔에 찍어서 함께 주는 일은 주께서 처음 세우실 때의 뜻하심에 위배된다.

(박형용 교의신학 제6권 제5장 13절 3항)

② 분병 분잔 시 목사는 성경이나 찬송 가사를 조용히 봉독함으로 교우들로 주님의 은혜에 직접 대면하도록 도울 것임.

(성찬식은 주님의 죽으심을 기억하는 일임을 알아야 함)

(눅 22:19-20)

③ 주고받는 일은 반드시 교우들이 스스로 자기 손으로 받아먹도록 할 것임(마 26:26-27).

(목사가 교우들의 입에 넣어 주는 것은 주님의 본 의도에 위배된다) – (박형용 교의신학 제6권 제5장 3절 3항)

④ 분잔은 분병한 자들에게만 할 것.

⑤ 세례를 받지 아니하였거나 주님의 십자가의 희생의 의미를 알지 못하는 자나 혹은 세례 교인일지라도 범죄 중에 있는 자가 떡과 잔을 받지 않도록 주의 경계할 것(고전 11:27-29).

⑥ 분병 분잔 시 세례교인으로서 떡과 잔을 받지 못한 자가 있는지를 확인하여 빠짐없이 할 것임.

⑦ 목사(집례자)도 반드시 분병 분잔에 참여할 것임.

목사도 주님의 살과 피를 먹어야 사는 죄인일 뿐임을 기억하고 겸손히 동참하어야 할 것이다.

"주 예수께서는 그의 교역자들에게 이 규례에서, 성례 제정의 말씀을 회중에게 선언하고, 기도하고, 떡과 포도즙의 요품들을 축복하여 그것들을 보통 사용에서 거룩한 사용으로 성별할 것, 떡을 취하여 떼고, 잔을 취하여(그들 자신들도 참여하면서) 수찬자들에게 두 요품을 줄 것, 그러나 그때에 회중에 출석하여 있지 않는 자에게는 아무에게도 주지 않을 것을 명하셨다." (웨스트민스트 신도개요 29장 3절)

⑧ 시종을 엄숙하고 경건한 중에 거행되도록 할 것임(예배모범 제11장 6항).

(목사가 조심하고 교우들은 "종용히 묵상하며 감사하며 간구하며 기도"하는 중에 참여하도록 한다.)

⑨ 성찬의 요품들을 목사의 기도로 성별하여야 한다.

⑩ 성찬식은 전 순서를 오직 그리스도의 십자가 희생에 집중하도록 인도하여야 할 것이다.

성찬식은

㉠ 그리스도의 죽으심을 기념하는 예식이다(눅 22:19-20; 고전 11:23-26).

㉡ 우리의 허물과 죄로 인하여 그리스도께서 십자가 고난 당하신 것을 기억하는 예식이다.

※「기념」은「기억」을 의미한다(박윤선,「헌법 주석」기타주석)

ⓒ 그리스도 안에서 주신 새 언약을 기억하는 예식이다.

ⓡ 그러므로 이 예식은 구약의 유월절과 같이 축제가 아니고, 무교병의 절기인 것이다.

ⓜ 감사와 회개와 새 결심으로 말미암은 눈물의 절기인 것이다.

구약 율법은 이스라엘의 남자가 지킬 3대 절기를 명하셨는데(신 16:1-17), 맥추절(초실절, 칠칠절)과 수장절(초막절)은 즐거워하는 축제로 지키라고 명하셨으나, 유월절은 즐거워하라는 말이 없다. 대신에 「고난의 떡을 먹으며, 집안 밖에 누룩이 보이지 않게 하며, 이 절기를 지킴으로 평생에 출애굽한 날을 기억하라고 명하셨다.

우리의 성찬식은 곧 구약교회의 유월절에 해당한다.

그리스도의 십자가의 희생을 기념하여 떡과 포도즙을 먹고 마심으로 거행하는데 그것은 나를 구원하신 그리스도의 십자가의 희생을 지구 종말의 날까지 전하여 기억하고자 하는 것이다. 주님의 고난을 기념하는 날은 그 고난을 기억하는 날임을 알아야 한다.

어찌 그리스도의 죽으심을 인하여 춤추겠는가? 오히려 나의 죄로 인하여 죽으신 주님을 눈물로 기억해야 할 것이다.

설교에 대하여

— 성경적 설교론 —

●●●

"우리에게 말씀하시고 우리에게 성경을 풀어주실때에 우리속에서
마음이 뜨겁지 아니하더냐 하고"(눅 24:32)

목사는 설교자이다. 일생을 하나님께 바쳐 하나님의 말씀을 사람들에게 전하여야 하는 설교의 사명을 받은 자이다. 목사의 목회 사역 중 설교보다 더 중요한 것은 없다. 하나님의 말씀 전달과 선포, 그로 말미암은 인간 구원과 목양의 일을 수행하기 때문이다. 그래서 목사 된 자는 누구나 다 설교를 잘 하고자 한다. 여러 가지 방법들을 탐구한다. 그러나 설교를 잘하고 못하는 것의 판단은 하나님께서 하시는 것이고(고전 4:3-5), 그러므로 설교자는 설교가 무엇인가를 바르게 알 때에 설교에 대한 바른 자세와 열심을 가지게 된다. 아무리 언변 좋은 설교를 하였어도 하나님께서 인정치 아니하시면 그 설교는 죽은 설교 즉 인간의 연설에 불과 한 것이기 때문이다. 성경이 가르치는 설교는 어떠한 것인가?

1. 설교가 무엇인가?

1) 설교는 전도(생명의 도를 전하여 주는 것)이다 (딛 1:3; 딤후 4:5; 요 5:39).

생명의 도를 하나님께로부터 받아 백성에게 전하여 주는 것이 설교다(행 7:38). 모세가 하나님께로부터 생명의 도(살아 있는 말씀 : living words (oracles))를 받아 백성들에게 전한 것 같이 설교자는 하나님의 생명의 도를 받아 전하는 자이다. 성경 말씀이 하나님의 살아 있는 말씀이고(히 4:12), 성경이 증거하는 예수 그리스도가 성육하신 말씀이시다(요 5:39; 1:14). 즉 예수 그리스도께서 살아 있는 말씀이시고 인간에게 생명을 주시는 말씀이시다(요 5:25; 6:35, 51-57). 그러므로 **설교는 말씀 전달이고, 예수 그리스도 전달이며 예수 그리스도의 생명을 전달하는 것이다.** 십자가에 죽으시고 다시 사신 부활 생명을 전하는 것이다(요 11:25, 26).

예수 그리스도를 전하는 것으로서 설교는 십자가의 도를 전하는 것 즉 복음의 전파이고(고전 1:21-24; 사 52:7; 고전 2:1-2), 하나님의 말씀을 전하는 것으로서 설교는 **성경말씀의 객관적 전달(하나님 말씀의 전언)이다.** 하나님의 말씀을 전하는 것은 성경에 기록된 하나님의 명령과 언약을 가감 없이 전달하는 것이다. 구원의 진리를 전하고 깨닫도록 가르치는 것이다. 그리고 성경의 언약과 명령은 예수 그리스도에 집중된다. 그리고 성경 말씀을 전하기 위하여 그 뜻을 풀어서 설명하여야 한다. 이점에서 설교는 **말씀의 해석적 전달과 적용(느 8:7-9; 행 17:2-3; 눅 24:27-32)이다.** 즉 설교는 청중으로 하여금 예수 그리스도를 믿게 하고, 그 믿음을 강화하게 하고, 죄를 회개케 하고, 예수 그리스도를 따르게 하기 위하여 **성경의 뜻을 풀어**

강론하고 증거 하는 것이다. 그래서 예수 그리스도를 배우게 하고(마 11:29) 그리스도의 순종과 희생을 본받게 하고(요 12:24-26) 사랑과 경건을 배우게 하고(딤전 3:16) 십자가 인내와 부활 승리를 바라보게 하는 것이다(히 12:1-2). 엠마오로 내려가던 두 제자의 고백은 주님께서 "우리에게 성경을 풀어 주실 때에 우리 속에서 마음이 뜨겁지 아니하더냐"(눅 24:32)라는 것이었고, 사도바울은 "…성경을 가지고 강론하며 뜻을 풀어" 예수께서 그리스도이심을 증언 하였다(행 17:2,3). 수문 앞 광장에 모인 이스라엘 자손들은 학사 에스라가 하나님의 율법책을 낭독하고 "그 뜻을 해석하여… 깨닫게 하매 백성이 율법의 말씀을 듣고 다 울었다"(느 8:7-9)고 하였다.

성경말씀이 직접 (듣는 사람에게) 교훈하도록 객관적 진리로써 성경 말씀을 전달하되 해석과 적용을 필요로 하는 것이 설교이다. **설교는 성경진리의 설명과 적용이다**(느 8:7-9; 행 17:2,3; 눅 24:27-32). 계층 따른(연령, 신앙의 성숙정도, 지식의 유, 무 등) 이해를 위하여, **때를 따른**(결혼, 장례 등) 필요를 위하여 설명과 적용이 필요하다.

그러므로 설교자는 하나님의 말씀의 전언자로서 정직해야 하고, 말씀의 설명자로서 진리의 말씀을 옳게 분변하여야 한다(딤후 2:15). "**진리의 말씀을 옳게 분변한다**"는 말은 첫째 이단적 교훈에 대비하여 성경교리를 올바르게 알고 전하는 것을 의미하고 둘째 그래서 성경 해석을 바르게 하여 그 뜻을 정확하게 전하고 가르치는 것을 의미한다. 이점에서 설교자는 성경의 바른 해석법을 배워야 한다.

그리고 성경해석은 성경관에 따라 달라진다. 즉 성경을 무오한 하나님의 말씀으로 믿는 자와 유오한 인간 작품으로 믿는 자 간의 해석에는 큰 차이가 난다는 말이다. 그러므로 성경의 바른 해석을 위하여는 성경이 하나님의 완전한 무오의 말씀이라는 기초 위에서 해석하여야 하고 그리고 성경계시의 목적에 대한 바른 이해 위에 해석하여야 한다. 즉 성경은 하나님의 자기 계시의 책이고 인간 구원의 책이며 예수그리스도에 대한 증거의 책이라는 사실이다. 이상의 대전제하에 성경은 성경으로 해석함이 성경 해석의 대원리이고, 문법적(문자적) 역사적 해석이 첫째 원리임을 유의해야 한다. 그리고 풍유적 해석이나 정치적 해석 등 잘못된 성경 해석법을 경계해야 하고 (해방신학, 민중신학, 여성신학, 흑인신학 등), 비유나 모형에 대한 해석에 주의하고, 건전한 주석을 참고하고 성령의 조명에 의지하여야 한다. 이를 위하여 기도와 묵상이 필요하다.

2) 설교는 성경(말씀) 강론이다.

설교는 말씀에 근거한 강론이고 말씀을 따른 강론이다(계시의존사색).

말씀으로부터 출발하여 말씀 따라 진리를 증거하는 것이다. 말씀에 의거한 진리 해석이고 인간 행위와 사상에 대한 진단과 치유를 위한 강론이다. 즉 인간의 행위와 사상에 대한 성경의 적용이 아니고 성경으로부터 나오는 진리를 증거하는 것이고 그래서 그 진리의 잣대로 인간의 사상과 행위를 진단하고 확인하는 것이다. 그러므로 설교자는 어떤 사상이나 이론을 성경으로 합리화 하려고 하여서는 안 되고 그 반대로 그러한 이론이나 행위가 성경적 인가를 판단하여야 한다. 또한 같은 사상일지라도 성경에 근거하여 그것을 표출하고 증거 할 때에 성경의 권위를 전하여 주게 되고 그래서 그것이 하나님의 말씀이라는 확신과 그에 대한 순종 즉 하나님께의 순종을 이끌어 낼 수 있다. 그 이론이나 사상이나 행위가 합리적(도덕적, 사회정의적 선)이기 때문에 따르는 것과 그것이 하나님의 말씀이기 때문에 순종하는 것과는 신앙에 차이가 있는 것이다.

3) 설교는 증언이다(부활의 증인).

설교는 예수 그리스도에 대한 **신앙 고백적 증언**(주관적 고백)이고 **목숨을 바친 증언** 즉 자신이 보고 들은 사실에 근거한 확신을 전하고 증언 하는 것(행 4:20; 5:32; 41-42)이고, 그리고 그 예수 그리스도의 사건이 성경적임을 **성경으로 입증**(행 2:17-21, 25-28, 35) 하는 것이다. 베드로는 그의 설교에서 중요한 대목마다 성경으로 입증하였다.

설교는 예수 그리스도의 증인의 일이다. 보고 들은 확신과 진실됨이 없이는 할 수 없는 것이 증언이다.

사도들은 3년간 예수님을 따라 배웠고, 예수께서 십자가에 죽으실 뿐 아니라 다시 살아 일어나신 것(부활)을 보았다. 그리고 성령충만 후에 자신들을 예수 그리스도의 증인 즉 부활의 증인으로 헌신하였다. "우리는 이 일에 증인이라"고 담대히 외쳤던 설교는 성령과 말씀의 증거(중요한 대목마다 성경으로 입증한 말씀의 증거)로 듣는 유대인들의 심령에 회개의 역사를 일으켰다(행 2:14-36). **이점에서 설교는 성경진리(부활진리)의 객관적 전달뿐 아니라 전하는 자의 신앙고백적 증거이다.**

그러므로 설교자는 말씀에 능할 뿐 아니라 예수 그리스도를 보고 들은 자라야 한다. 사도 바울은 예수 그리스도에게 붙잡힌 이후(다메섹 도상의 체험) 그는 "말씀에 붙잡혀" 예수는 그리스도라 증거하여 많은 사람을 주께로 인도하였다(행 18:5). **"말씀에 붙잡혔다"**는 말은 바울이 말씀과 성령에 사로잡힌 자로써 예수 그리스도 안에 있었고 그 자신 안에 말씀과 성령으로 거하시는 예수 그리스도로 말미암아 전도에 전념하게 되었다는 의미이다. 예수 그리스도의 영에 붙들린 자, 하나님의 말씀에 붙잡힌 자의 증거가 설교이다.

4) 설교는 광야에서 외치는 자의 소리이다(요 1:23).

(1) 외쳐지는 소리만 있다.

설교자는 보이지 않고 그가 전하는 말씀 진리만 들리는 것, 그 말씀이 증거 하는 그 분(예수 그리스도)만이 보이는 것이다. 세례 요한은 자신을 가리켜 "광야에서 외치는 자의 소리"라고 하였다. 그리고 또 말하기를 "그는(예수 그리스도) 흥하여야 하겠고 나는 쇄하여야 하리라"고 하였다(요 3:30). 모든 선지자들의 사명이 이러하였다. **설교자는 선지자의 사역을 수행하는 하나님의 대언자이다.** 그러므로 설교는 광야의 외치는 자의 소리이다. 설교자는 보이지 아니하고 그 소리만 들리는 것이다. 그 소리가 전하는 그분만이 보이는 것이다. 선지자들은 그의 신분, 인품, 출신과 관계없이 하나님의 그릇으로 부름 받아 그 입에서 오직 하나님의 말씀만 전한 자들이었다. 사도들도 주의 이름 위하여 택함 받은 그릇으로 예수 그리스도의 증인으로서 복음만을 증거한 자들이었다. 베드로는 군중들에게 말하기를 "왜 우리를 주목하느냐"라고 하였다(행 3:12). 성령께서도 예수 그리스도의 것을 가지고 알리시며 예수 그리스도의 영광을 나타낸다고 말씀하셨다(요 16:13-15). 설교는 설교자 자신의 말은 없고 오직 그 입에서 나오는 하나님의 말씀과 하나님의 빛만이 나타나는 것이다. 인간 자신은 나타나지 않고(그가 누구든지) 오직 그의 입술을 통하여 하나님의 말씀만이 하나님의 음성으로 나타나는 것이 설교이다. 신자는 그 말씀 진리에 귀 기울이지 그 말씀을 전하는 사람에게 귀 기울이지 아니한다.

(2) 외치는 소리이다.

설교는 강의가 아니고 논증도 아니고 재미있는 이야기도 아니다. 심령 속에서 솟아나는 외침이다. 마른뼈들을 향한 외침이고 살아 일어나라고 하는 외침이다. "너는 피투성이라도 살라"라는 하나님의 외침이고(겔 16:6), 그 길은 죽는 길이고 이 길이 사는 길이라고 외치는 소리이다(렘 18:11; 겔 18:30-32; 33:11). 그러므로 설교는 냉정한 진리의 말씀의 전달이지만 전하는 자의 가슴으로 증거 하는 외침, 생명의 외침이다. 설교는 광야의 외침이다. 몰려온 청중이 누구든지 상관하지 아니하고 오직 하나님의 말씀만 선포하는 외침이다. 하나님의 말씀에 붙잡힌 자의 외침이고 죄 많은 인간들 앞에서 그들의 구원을 열망하고 그들로 하여금 하나님을 위하여 헌신하게 하고자 하는 열정으로 외치는 소리이다.

5) 그러므로 설교는 열정이다(행 4:19,20; 5:29-32,41,42; 20:22 - 24; 21:13; 26:24-29).

하나님의 나라와 영광 위한 열정이고 그리스도를 위한 충정이다.

(박윤선 박사는 시 67편 주석에서 선교의 동기에 대하여 말하기를 「선교의 동기는 민족들로 하여금 하나님을 찬송케 하려는데 있다. 우리 본문 3-5절은 그것을 밝혀 준다. "하나님이여 민족들로 주를 찬송케 하시며 모든 민족으로 주를 찬송케 하소서"라고 한 말씀은, 확실히 선교의 궁극적 목적이, 하나님을 위한 것이고 사람을 위한 것이 아님을 가르친다. 신자들은, 복음을 모르는 민족들을 볼 때에 그들로 말미암아서는 하나님이 영광을 받지 못하심을 생각하고 안타까와져야 된다. 복음주의자들이 복음 전도를 고조하는 것은 좋으나, 혹시 자기들도 모르게 인본주의에 속하여 무엇보다 영혼 구원에만

치중하게 된다면, 그것은 잘못이다. 선교를 고조하는 어떤 교회는, 괘종시계 위에 써 붙이기를, "1분 동안에 83명의 영혼이 멸망한다"라고 하여, 선교열을 일으키고 있다. 그것은 좋다. 그러나 그것이, 영혼이 귀하다는 것만 생각하고 하나님께서 그 83명에게 영광을 받지 못하시는 것을 원통히 여기는 의미가 아니라면, 그것은 잘못이다. 사람의 영혼이 망하는 것보다는, 하나님이 사람에게서 찬송을 받지 못하시는 것이 더욱 원통하다고 생각함이 선교의 동기여야 한다」라고 하였다.)

구령의 열심이고 진리 증거의 열정이다.

사도들은 위협과 채찍을 불사하고 "하나님 앞에서 너희 말 듣는 것이 하나님 말씀 듣는 것보다 옳은가 판단하라 우리는 보고 들은 것을 말하지 아니할 수 없다"(행 4:19,20; 5:29-32; 5:41,42)라고 하였고, 바울은 이 복음 증거의 사명을 위하여 생명을 바친다고 하였다(행 20:22-24; 21:13). 그리고 미친 사람으로 여겨졌고 염병이라는 욕도 먹었다(행 26:24-29). 예수님은 종교지도자들로 인하여 하나님의 집이 장사군의 소굴로 변질되는 것을 분히 여기셨다. 세례요한은 "회개하라!"고 외쳤고, 아모스서 3장 8절에, 하나님의 말씀을 대언하는 소리를 사자후와 같다고 하였다(계 10:1-3참고). 하나님께서 예레미야 선지자의 입에서 나오는 말씀을 불이 되게 하겠다고 하시었다. 아합왕 앞에 하나님의 말씀을 전한 「미가야」 선지자의 소리는 좌우에 날선 검과 같은 말씀이었으나, 왕 앞에 아첨하여 평화와 승리를 말한 시드기야 등 400명의 거짓 선지자들은 모두 백성을 속이는 바람일뿐이었다(왕상 22장; 렘 6:13; 5:13).

6) 설교는 파숫군의 나팔 소리이다.

설교는 선지자들이 전하는 **때와 위기(상황)를 알리는** 경고와 경계의 나팔소리이고(사 21:11-12; 62:6; 52:8; 렘 6:17; 욜 2:1), **양심을 깨우치고** 선민의 심령을 깨우치는 나팔 소리이다. 즉 죄를 깨달아 회개케 하는 소리이다(행 2:37; 히 10:22; 사 58:1; 겔 33:1-7; 3:17; 사 52:8; 56:10; 렘 6:17).

그뿐 아니라 설교는 하나님의 명령을 백성들에게 알리기 위하여 **제사장들이 부는 은나팔 소리**이다(민 10:1-10; 수 7:4-13). 이 나팔은 광야 교회의 회집과 전진을 위한 것이고 전쟁의 승리를 위한 것이었다. 그리고 하나님께 드리는 제사가 하나님께 열납되게 하기 위한 것이었다. 그러므로 설교자는 예수 그리스도의 손에 들리어진 은나팔이다(민 10:1-10). 설교자의 입은 은나팔 이어야 하고 그 입은 하나님의 입이어야 하고 하나님의 나팔이어야 한다. 그러므로 그 소리는 분명해야 하고 귀 기울이는 백성에게 하나님의 명령과 뜻을 정확히 전달하는 소리여야 한다(고전 14:8). 그래서 온 교회가 하나가 되어 모이고 전진하며 죄악과의 전쟁에 승리하며 하나님 앞에 열납되는 예배를 드리도록 하여야 한다(행 2:42-47 참고). 이렇게 설교자의 입은 은나팔이고 좌우에 날선 검이며 하나님의 백성을 위로 격려 하는 입이다(사 40:1-2). 그러나 거짓선지자의 입은 귀를 즐겁게 하는 노래 소리일 뿐이다(딤후 4:2-4; 겔 33:32 참고).

7) 설교는 목양의 일이다(목자의 음성이다).

설교는 **주님의 양을 먹이는 양식이고**(요 21:15-17), 주님의 사랑으로 주는 양식이다(고후 5:14; 살전 2:7,8; 엡 6:4; 마 7:9-11). 즉 설교는 주님을 사랑함으로 주님의 양된 백성을 먹이는 양식이고(요

21:15-17) 주님의 사랑에 의하여 전하여 주는 양식이다(고후 5:14; 빌 1:8). 교인들은 설교자의 양이 아니고 주님의 양이다 그러므로 주님의 양으로 양육하여야 한다. 그러므로 설교는 **그리스도의 말씀 (신령한) 양식**(벧전 2:2; 히 5:12-14)으로 먹이고 치료하여 그리스도의 목장을 윤택하게 하는 것이다. 말씀은 영의 양식이다. 하나님의 양된 성도들이 먹고 살찌우는 양식이다. 이 말씀을 잘 먹도록 요리하여 먹이는 것이 설교이다. 요한복음 21장 15절의 "내 어린양을 먹이라"는 말씀의 원어적 의미는 "내 새끼 양을 숟갈로 떠 먹이라"는 말씀이다. 바울은 데살로니가전서 2장 7절에 그의 목양적 자세에 대하여 말하기를 "오직 우리가 너희 가운데서 유순한 자 되어 유모가 자기 자녀를 기름과 같이 하였"다고 하였다. 부모는 자녀에게 좋은 양식으로 먹인다(마 7:9-11). "주의 교양과 훈계로 양육"(엡 6:4)하는 것이다. 부모의 자녀 양육도 주님의 말씀이라면 영적 부모된 목사의 양육은 더더욱 주의 말씀으로 하여야 한다. 설교는 어린양에게나 자란 양에게나 그들에게 적당한 양식으로 말씀을 떠먹이는 사랑의 행위이다. 주님의 사랑으로 주는 양식, 주님의 말씀으로 치료하는 양약이 설교이다.

8) 그러므로 설교는 사랑의 음성이다.

설교가 **주님의 생명**을 전하는 것일 뿐만 아니라 **주님의 마음을 전하는 것이고 주님의 사랑을 전하는 것이다.** 목자의 음성이고 어머니의 음성이다. 예수 그리스도의 십자가 희생의 사랑을 전하는 것이다. 인간 구원을 위하여 그의 독생자를 희생시키신 **하나님의 간곡한 마음을 전하는 것이다**(겔 18:30-32). 위로의 말씀이든지 책망의 말씀이든지 사랑으로 전하는 것이다. 하나님을 사랑하는 열정과 하나님의 백성을 사랑하는 마음에서 나오는 소리이다. 인간의 죄를 진노하시는 주님의 마음을 전하는 것이다(요 2:14-16). 그 죄에서 돌이켜 오기를 기다리시는 아버지의 마음을 전하는 것이다(눅 15:20-32).

사도 바울은 "내가 **예수 그리스도의 심장으로** 너희 무리를… 사모"한다고 하였고(빌 1:8), 또 "그리스도의 사랑이 우리를 강권하시는도다"(고후 5:14)라고 하였다. 그는 복음을 전할 때에 "간사나 부정에서 난 것도 아니고", "아첨의 말이나 탐심의 탈을 쓰지 아니하"였다고 말하였다(살전 2:3-5). 자신의 명예나 이익, 칭찬을 바라는 마음에서 나오는 설교는 진리를 왜곡하여 백성에게 아첨하는 말이 되기 쉽다(대중 영합적설교). 어떤 사람을 미워하고 정죄하거나 원한으로 하는 설교는 정죄와 비판과 저주의 소리가 되기 쉽다. 이러한 설교는 사람을 살리는 생명의 양식이 되지 못한다. 축복의 소리가 되지 못한다. 그러므로 설교자는 듣기 좋은 소리만 하고자 하여도 잘못이고 위협하고 협박하는 말을 하는 것은 더욱 잘못이다. 설교자의 마음에서부터 진정으로 하나님의 진리를 밝히고 하나님의 양들로 하여금 하나님 앞에 위로와 복을 받도록 하려는 열심에서 설교를 하여야 한다. 그리하면 「사랑합니다」, 「축복합니다」 라는 말을 하지 아니할지라도 사랑이 전달되고 축복의 말씀이 되는 것이다. 사랑도 예수 그리스도의 사랑이 전달되어야 하고 축복도 예수 그리스도의 축복이 되어야 하는 것이다. 설교자 자신의 권위가 아니고 설교자를 나팔로 사용하시는 예수 그리스도의 권위로 전해지는 말씀인 것이다. **그러므로 설교자는 먼저 하나님의 마음을 알아야 한다.** 그리스도의 마음을 품어야 한다. 자기를 십자가에 못 박는 자들을 위하여 용서를 구하셨던 주님의 마음을 가져야 한다(눅 23:34). 스데반 집사는 이러한 마음을 가졌고 그 열정으로 설교하다가 순교하였다(행

7:59, 60). 그리고 모든 사도들의 외침이 이 하나님의 마음과 열심을 전하는 것이었다(행 26:29; 롬 9:3).

9) 설교는 강력이다

설교는 **사단의 진을 파하는 강력이고**(고후 10:4-5; 엡 6:11-20), **복종케 하는 능력이다**(행 6:7; 9:22). 사도들이 전하는 복음은 하나님을 대적하여 높아진 모든 이론과 교만을 파하며 그 모든 생각을 사로 잡아 그리스도에게 복종하게 하는 하나님의 능력이라고 말씀하였다(고후 10:4-5). 그래서 "허다한 제사장의 무리도" 복음(십자가의 도)에 복종하였다고 하였다(행 6:7).

설교는 **회개케 하는 능력이고**(행 2:37; 19:17-20), **구원의 능력(살리는 능력)이다**(롬 1:15,16; 고전 1:18, 23, 24; 겔 37:1-10). 그러므로 마귀로 말미암은 문제아, 죄로 말미암아 병든 자, 희망 없는 자를 맡아 말씀으로 치료하고 고치고 살리는 일(예수 그리스도의 일)을 하는 자가 목사이고 그 행위가 말씀 증거 즉 설교이다. 베드로의 설교를 들은 군중들은 "마음에 찔려… 형제들아 우리가 어찌할꼬"라고 부르짖었다(행 2:37). 박윤선 목사는 그의 주석에서 말하기를 "마음에 찔림을 받았다"는 것은 양심이 살아났다는 증표이다. 양심이 죽으면 그 영혼이 멸망한다. 그러나 성령으로 말미암아 그것이 살아 허물과 죄를 깨닫고 회개하면 구원을 얻는다. 베드로의 한 번 설교에 3천명이 회개하였으니 그 설교의 능력이 어떠함을 알 수 있다. 뿐만 아니라 이 점에서 설교의 중요성을 알 수 있다. 하나님은 인간을 통한 증거(testimony)를 이용하시어 자기의 교회를 확장하신다. 그것은 초대교회에서부터 있어 오는 하나님의 전도 방법이다(고전 1:20)라고 하였다. **예수께서 사도를 비롯한 신앙인들에게 주신(교회**

에 맡기신) 대사명(요 14:12; 행 1:8)의 수행방도가 설교이다. 말씀은 성령의 검이며 좌우에 날선 검이다(엡 6:17; 히 4:12). 즉 성령께서 사용하시는 검이 말씀이니 말씀을 전하는 자가 성령의 도구가 될 때에 회개케 하며 복종케 하는 능력이 나타나게 된다.

이점에 있어서 설교는 영적 전쟁의 최강의 무기이다. 사단의 견고한 성을 파하고 사람들로 하여금 그리스도에게 복종하게 하기 위한 싸움이다. 목사는 영적 전쟁의 사령관이 되어 주일마다, 사람들 마음속에 일어난 모든 견고한 진들 즉 하나님을 대적하여 높아진 마음과 이론들을 말씀으로 파하고 거역하는 자, 의심하는 자, 미워하는 자, 원망하는 자들을 그리스도께 복종하도록 하여야 한다. 시험의 불이 일어나지만 말씀으로 파하고 평정하는 것이다. 그리하면 교회는 평안한 중에 든든히 서게 되고 성도들은 기쁨을 얻게 된다. **목사는 하나님의 강력의 무기를 받아 가지고 있는 하나님의 사자이다.** 그 무기는 말씀과 기도이다. 그것은 생명의 무기, 살리는 무기이다.

10) 그러므로 설교는 인위적 설득이 아니고 신적인 설복이다.

설득이 아닌 설복이다.

설법이나 강연과는 다르다. 지적인 논리에 의한 설득이 아니고 하나님의 마음의 전달이고 하나님의 사랑에 의한 설복이다. **설명이 아닌 선언(선포)이다.** 들으면 생명, 듣지 않으면 멸망의 선언이다. 이 점에서 **설교는 생명 전달이다. 그리스도에 대한 지식 전달이 아니고 그리스도의 생명 전달이다.** 이해를 구하는 설명이나 증명이 아니고 현재적 결단을 촉구하는 하나님의 창조적 명령이며, 구원과 심판의 선포이다. 롯의 사위들에게 전한 하나님의 말씀처럼(창 19:14) 하나님의 절대적이고 종말론적인 명령과 언약을 전하는 것이 설교이다.

그러므로 고린도후서 6장 2절에 말씀하시기를 "…내가 은혜 베풀 때에 너를 듣고 구원의 날에 너를 도왔다 하셨으니 보라 지금은 은혜 받을 만한 때요 보라 지금은 구원의 날이로다"라고 하셨다. 설교는 이렇게 뒤로 미룰 수 없는 현재적 결단을 요구하는 하나님의 구원의 선포이다. 왕명의 전달이고 희년의 대사면 선포이다.

그러므로 설교는 설교자의 작품이 아닌 하나님 말씀의 대언이다. 하나님의 말씀의 권세이고, 성령의 권능이고, 예수 그리스도의 권위로 말미암은 설복이다. 그러므로 설교자는 신적권위로 선포하는 것이다. 이 영적 전쟁의 승리는 인간의 이론이나 달변 등 인위적 방법으로는 불가능하고 오직 하나님의 말씀과 성령으로만 가능하다. 그러므로 바울은 고린도교회에 보내는 편지에서 복음을 전할 때에 말의 지혜로 하지 아니하고 오직 성령의 나타남과 능력으로 하였다고 말하였다(고전 2:1-5). 오직 예수 그리스도와 그 십자가만 증거하였다고 하였다.

11) 설교는 예배이다(행 4:19; 5:29; 갈 1:10; 고전 14:24-26).

목사는 설교를 통하여 하나님을 섬기고 교인을 섬긴다. 그러므로 설교자는 하나님 앞에서 먼저 자신이 산 제물이 되어 신령과 진정으로 예배하여야 한다(롬 12:1; 요 4:24). 하나님께서 설교를 통하여 말씀하시기 때문이다. **설교는 신령한 제사로서 하나님의 양식이며 또한 하나님의 백성들의 양식이다.** 그러므로 설교는 먼저 하나님께서 기쁘시게 받으시는 제사가 되어야 하고, 그래서 하나님의 백성들이 맛있게 받아먹는 양식이 되어야 한다. 그래서 설교자와 함께 청중들이 아멘 하여 하나님께 영광 돌리는 것이 되어야 한다(고후 1:20; 고전 14:16; 느 8:5,6; 계 19:4,5). 그러므로 설교는 그 내용이 하나님을 나타내며 하나님의 이름을 높이며 하나님의 구원을 선포하는 것이어야 할 뿐 아니라 설교자 자신이 하나님께 드리는 제물이 되어야 한다. 특히 설교자 자신의 입과 마음과 생각을 "하나님이 기뻐하시는 거룩한 산 제물로 하나님께 드려"(롬 12:1) "하나님의 말씀을 하는 것 같이 말하고 하나님의 공급하시는 힘으로 하는 것 같이 봉사"(벧전 4:11)하여야 한다. 설교자가 먼저 하나님의 은혜를 받아 그 은혜로서 "경건함과 두려움으로 하나님을 기쁘시게 섬기는 자"가 되어야 한다(히 12:28).

2. 설교자가 주의 할 점이 무엇인가?

1) 나태와 무책임(사 56:10-12; 말 2:1-9; 눅 12:45-48; 마 24:48- 51; 잠 24:30-34; 27:23; 겔 3:17-21; 행 20:26-27)

영혼(생명)에 대한 책임감을 잃어버리고 자신의 안일과 이익만을 추구하게 되는 것이다. 잠자기를 좋아하고 술에 취한 파숫군을 짖지 못하는 벙어리 개, 몰지각한 목자라고 하셨고 성실치 못한 제사장을 언약을 저버린 사자라고 책망하셨다. 목사는 항상 긴장을 풀지 않고 경성, 근신하여 하나님의 뜻을 "꺼리지 않고" 전하여 하나님의 백성들을 깨우쳐 살게 해야 한다.

2) 성경을 억지로 풀려는 미혹(벧후 3:16; 벧후 1:20, 21)

「억지로 푼다」는 말은「교묘하게 푼다」는 말이다. 헬라원어는「꼰다」(twist),「비튼다」(wrench),「외곡하다」(distort) 등의 의미를 갖는 단어이다. 설교자는 성경을 좀 더 깊이 있게 그 숨은 뜻을 캐내어 전하려는 열심에서 "사사로이" 성경을 풀다가 오히려 성경의 본뜻을 왜곡하게 된다. 설교자는 항상 배우는 자세를 잃지 말고 공교회가 인정하는 건전한 교리와 주석을 참고하여 그 범위와 지도에서 벗어나지 않도록 주의하여야 한다.

3) 자기의 지식이나 경건을 과시하려는 시험(세상 지식과 언변을 자랑)

설교는 광야의 외치는 자의 소리이다. 설교자도 인간인지라 인간 자신을 자랑하고 싶은 충동을 받게 된다. 그때마다 자신을 경계하여야 한다. 설교하는 강단은 인간을 드러내는 자리가 아니다. 오직 주님만 나타내고 주님의 말씀만 지배하는 자리가 되어야 한다.

4) 감정에 휘말리는 것(미움, 원망 등) (민 20:10-12)

설교자의 인간적 연약 때문에 오는 시험이다. 괴롭힘을 당하고 훼방과 욕을 당할 때에 일어나는 분노이다. 이것을 십자가 아래 내려놓지 못하면 설교 시간에 이 감정이 튀어나오게 된다. 모세의 실수처럼 하나님 앞에서 근신 겸손함과 순종을 잃게 된다. 인간의 모든 연약과 아픔을 이기고 그 곳에서도 하나님의 이름을 높이고 하나님의 뜻만 전하도록 하여야 한다. 하나님께 영광 돌리는 일을 잊지 말아야 한다.

5) 저주하는 설교가 되지 않도록(심판하는 설교, 위협하는 설교)

설교자를 대적하는 자에 대한 경고가 설교를 통하여 표출된다. 주님은 바리새인을 향하여 화 있다고 선언하셨지만 그러나 설교자는 자신의 권위로 그러한 선언을 할 수도 없거니와 해서도 안 된다. 축복하고 저주하지 말아야 한다(롬 12:14; 눅 6:27-38).

6) 명설교를 하려는 미혹

설교자로서의 성공과 명성을 얻고 싶은 미혹이다. 설교는 하나님의 말씀의 전언이다. 그러므로 설교자에 대한 판단과 상급은 하나님께로부터 오는 것이다(고전 4:1-5). 그리고 사람이 명설교를 하려고 하면 할수록 죽은 설교가 된다는 것을 알아야 한다. 설교는 말에 있는 것이 아니고 하나님의 능력에 있기 때문이다. 하나님 앞에 충성하여 말씀 앞에 정직하면 하나님께서 생명 있는 말씀을 전하게 하신다. 명설교를 하고서도 미치광이가 된 발람보다 한 번 설교 후에 감옥에 갇힌 미가야 선지자가 귀하다(왕상 22:5-35). 명설교가가 되려고 하지 말고 하나님의 손에 붙들린 설교자가 되도록 헌신하라. 홍해를 가른 지팡이처럼, 하나님의 명령대로 홍해를 향하여 지팡이를 내민 모세처럼 하라.

7) 사람을 두려워하는 시험(요 12:42,43; 잠 29:25; 28:1; 눅 12:4; 수 1:5-9)

「사람을 두려워하면 올무에 걸리게 된다 그러나 여호와를 의지하는 자는 안전하다」고 말씀하셨다. 하나님을 두려워하는 자는 사람을 두려워하지 않는다. 그러나 눈앞에 서 있는 사람을 두려워하게 되는 것이 인간이다. 설교자는 하나님의 말씀을 전하는 자임을 굳건히 하여야 한다. 사자 같이 담대히 전하여야 한다. 생명을 하나님께 맡기고 그 시간 전하는 말씀에 충성을 다해야 한다.

8) 교인을 자기 양으로 만들려는 유혹(미 3:5-11)

삯을 위하여 일하고 돈을 위하여 외치는 자가 옛부터 있었다. 설교자는 직업인이 아니고 사업가도 아니다. 오직 하나님의 말씀을 전하고 하나님의 양들을 먹이는 하나님의 일군들이고 사명자이다. 사도 바울은 그의 복음전함이 "간사함이나 부정이나 속임수로 한 것이 아니고 아첨하는 말이나 탐심의 탈을 쓰지 아니하였다"(살전 2:3, 5)고 말하였다.

9) 사람의 귀를 즐겁게 하려는 유혹(대중영합주의)(딤후 4:3-4; 갈 1:10; 렘 5:31; 겔 22:25-28)

부담 없는 설교, 듣기 좋은 소리를 하려는 유혹이 있다. 또 사람들이 그러한 것을 요구한다. 그래서 책임이나 의무보다는 권리나 자유를, 하나님의 진리 보다는 인간 생활의 지혜를 말하게 된다. 죄에 대한 경계와 책망보다 믿음의 형통을 전하고자 한다. 회개의 촉구와 개혁보다는 위로나 축복의 말을 하게 된다. 하나님 중심으로부터 인간 중심의 설교, 하나님을 섬기는 믿음보다 하나님께로부터 받는 믿음을 가르치게 된다. 죄를 죄라고 지적하여 그 길에서 돌이키게 하는 것이 설교이다. 회개 없는 신앙, 회개 없는 평안(축복)은 거짓선지자의 것이었다(렘 6:13, 14; 8:10, 11).

10) 하나님의 말씀을 농담화 시키지 않도록 주의해야 한다(창 19:14; 겔 33:30-33 참고).

재미있는 설교를 하고자 하고 현대인의 가벼운 성격을 따라 하려는 열심이 오히려 하나님의 거룩을 훼손하고 말씀의 권위를 훼손하게 된다. 설교는 예배의 중심이다. 하나님의 말씀을 대언하고 그 말씀을 경외하는 심정으로 받아 마음에 새기는 시간이다. 그런데 그 말씀을 인간의 말과 혼합되게 하고 인간의 연설로 전락시킨다면 누가 그 말씀을 듣고 하나님 앞에 무릎을 꿇겠는가? 사람들은 설교자를 연예인처럼 여길지라도 설교자 자신은 결코 연예인처럼 하여서는 안 된다.

11) 말씀의 가감 및 인간 사상과 생각을 말씀에 혼합하려는 미혹 (고후 2:17; 4: 2; 마 5:17-19; 계 22:18,19)

사람들의 요구와 필요에 따른 설교를 하려고 하거나 또는 설교자 자신의 생각을 나타내고자 할 때에 받는 시험이고 오류이다. 매우 조심하고 주의해야 한다. 곁길로 가게 되면 자신뿐 아니라 듣는 회중들이 다 쑥물을 먹게 된다.

12) 복음의 변질(이단화)을 경계(유4; 계 2:14,15,20; 갈 1:7,8; 골 2:8,23)

다른 복음을 전하면 저주를 받게 된다. 그 다른 복음을 따르는 자도 저주에 들어가게 된다.

※ 맛있는 설교

설교는 영의 양식으로서 맛있어야 하고 영양가가 높아야 한다. 맛만 있어도 안 되고, 영양가는 높아도 먹기가 힘들 때엔 맛있는 양식이 되지 못한다. 대개 맛있는 설교가 되기 위하여 재미있는 설교를 하고자 한다. 그런데 설교자가 재미있는 설교를 만들고자 하다보면 오히려 건강에 해를 끼치는 양식을 만들 수 있다. 설교를 재미있게 하기 위하여 웃기는 이야기나 유머 한 마디씩 설교에 넣는다. 그래서 회중들로 하여금 한바탕 웃게 하고자 한다. 그러나 그래서 열린 마음문은 하나님을 바라보는 것이 아니라 설교자인 인간을 바라보게 된다. 그의 입에서 나오는 설교를 하나님의 말씀으로 아멘 하는 것보다는 인간의 지혜로 받아들이게 된다. "우매한 자들의 웃음 소리는 솥 밑에서 가시나무가 타는 소리 같으니 이것도 헛되니라"(전 7:6)라고 말씀하였다. 음식점에서 만드는 음식은 맛이 있다. 그러나 그 맛있음이 인공조미료를 넣어서 만든 것이라면 맛은 있어도 건강에는 유해하기 쉽다. 말씀 진리의 양식에 세상적, 인간적인 사상이나 방법을 가미한다면 말씀을 혼잡하게 만들게 된다(고후 2:17). 맛은 있어도 건강에 유해한 설교가 된다. 하늘에서 떨어진 큰 별이 물샘 근원에 떨어지니 그 물이 쑥물이 되어 써서 마시는 자가 죽게 된다고 성경은 경계한다(계 8:10-12). 큰 별 같은 지도자가 생명 샘이신 예수 그리스도의 진리를(복음의 생수) 오염시키어 생명의 생수를 오히려 죽게 하는 쓴물로 바꾸게 되면 그의 설교와 가르침을 받는 자는 모두 쓴물을 마시게 되는 것이다. 왕을 죽이기 위하여 왕이 먹는 약에 독을 조금씩 섞어서 알지 못하게 마시게 함으로 마침내 그 독에 중독되어 죽게 한 예가 있다. 사단은 간교한 원수이다. 예수 그리스도의 양들이 먹는 음식에 독을 섞는다. 인본주의의 독을 넣는다. 그래서 서서히 그 독에 중독되게 하는 것이다.

맛있는 설교는 하나님께서 만드신다. 설교자가 말씀을 깊이 연구하고 기도하고 묵상하면(시 119:97-100) 마치 가마솥에 푹 고은 곰탕처럼 깊은 맛이 나오는 설교가 나오게 된다. 말씀의 샘에서 진리의 보물을 길어 올리면 그 양식을 먹는 양들은 귀를 기울여 맛있게 먹고 기뻐하게 된다. 하나님의 말씀은 송이꿀보다 더 달고 뼈에 양약이 된다고 말씀하셨다(시 19:10; 119:103; 잠 16:24). 생명의 양식이시요 생수의 샘이신 예수 그리스도를 깊이 생각하라!(히 3:1) 예수 그리스도 안에 모든 지혜와 지식의 보화가 감춰어 있다(골 2:3).

3. 생명 있는 설교는 어떤 것인가?

1) 하나님의 말씀에 붙잡힌 설교(행 18:5)
2) 성경으로 증거하는 설교(행 2:14-36)
3) 자신을 산 제물로 바친 설교(롬 12:1; 6:5-13; 딤후 2:15; 요 12:24-26)
4) 확신 있게 담대히 전하는 설교(행 4:13, 31)
5) 진리를 옳게 분변하는 설교(딤후 2:15)
6) 선한 청지기의 설교(눅 12:42-44; 마 13:52; 24:45-47)
7) 사랑으로 먹이는 설교(요 21:15-17; 마 7:10)
8) 깨끗한 그릇으로 준비된 설교(딤후 2:20, 21)
9) 분명한 나팔(고전 14:8)
10) 기도로 준비한 설교(행 2:1-4; 4:33)
11) 사명감으로 하는 설교(살전 2:3-5)
12) 겸손한 자세로 하는 설교(살전 2:6-8)

4. 무엇을 설교할 것인가?

1) 성경말씀(TEXT)
   ① 선지자적 설교(선포) : 말씀의 선포(책망과 구원으로의 부름)(사 40:3-11)
   ② 제사장적 설교(교훈) : 율법의 교훈(말 2:7-9; 신 17:11; 겔 22:26)
   ③ 사도적 설교(증거) : 복음증거(행 1:8)

2) 성경 교훈(중심 진리)

① 하나님의 세계(일) : 사람의 일이 아님(마 16:23)

② 하늘의 세계(일) : 땅의 일이 아님(빌 3:18-21)

③ 영의 세계(일) : 육신의 일이 아님(요 6:27, 63)

④ 생명(영생)의 일 : 생활의 일이 아님(행 1:6-8; 마 6:31-33)

5. 설교의 분류

1) 구성에 의한 분류

① 본문 설교

② 제목 설교

③ 강해 설교

2) 주제에 따른 분류

① 교리 설교

② 윤리 설교

* 교리 설교와 윤리설교의 구별

교리 설교는 하나님에 관한 일		윤리 설교는 사람의 할 일
	구원의 일	예배(섬김)의 일(감사의 일)
	진리의 내용(주신 은혜)	축복된 삶, 상 받는 삶(보답하는 일)
	신앙의 나무를 세움	신앙의 열매를 맺도록(신앙의 열매)
	믿음의 내용과 대상을	회개의 일(내용)을
	하나님은 누구, 어떠한 분, 무엇을 하셨는가?	인간이 하나님을 어떻게 섬길 것인가?
	인간의 구원은 무엇인가? 어떻게	인간의 행위가 어떠해야 하는가?

	받는가?	
	인간은 무엇인가? 어떠한가?	인간의 삶이 어떠해야 하는가?
	믿음에 속한 진리 즉 신앙을 가르치는 것이다.	사랑에 속한 진리 즉 인간의 행위를 가르치는 것이다.
	믿음을 세우는 것	생활의 성결을 세우는 것
	빛을 믿음	빛을 발함
	믿을 진리	실천할 진리(선행)
	하나님을 어떻게 믿을 것인가? 즉 무조건적 언약에 속한 진리(예수 그리스도)	인간의 본분 즉 조건적 언약에 속한 진리(제 5계명 등)

※ 예수 그리스도 십자가는 교리와 윤리가 함께 포함된 복음이다.

① 속죄(구속)의 도리(벧전 2:24, 25) — 대속의 십자가 : 믿어야 할 진리

② 본으로 앞서가신 희생(벧전 2:21-23) — 용서의 십자가, 순종의 십자가 : 따라야 할 진리

3) 청중에 따른 분류

① 전도설교(선포) : 복음 선포, 부르는 설교

② 교훈 설교(양육) : 먹이는 설교, 양육설교

③ 어린이 설교

④ 장년 설교

⑤ 청년 설교

6. 설교 준비

1) 일상 준비

(1) 성경 읽기와 묵상

(2) 성경교리 이해

(3) 성경 해석법(올바른 해석)

(4) 독서와 정보

(5) 기도와 헌신

(6) 생활의 경건(깨끗한 그릇)

(7) 청중 이해

사회학, 심리학, 심방 등을 통하여

2) 특별 준비

(1) 본문 선택과 이해

본문의 의미 파악

① 본문에 대한 주석적 의미 파악

② 본문 중 필요 따라 원어적 의미파악

③ 본문 묵상(계시 의존 사색)

(2) 설교의 주제(목표)를 정함

(3) 주제 따른 제목 설정

(4) 서론

주제를 위한 주의력 환기

※ 웃기기 위한 이야기로 말미암아 말씀의 권위를 손상하지 않도록 주의 할 것이다.

(5) 주제 따른 대지와 본론(제목에 따른 본문 적용)

① 다른 성경의 지원, 보충, 설명

② 적절한 예화, 비유

(6) 결론

주제의 확인, 회심과 헌신 결단케

(7) 기도(성령의 도우심, 하나님의 계시)

① 설교 작성에 성령의 역사 인도

② 설교할 때에(강론 때에) 성령의 역사 인도 – 지혜, 목소리, 태도 등

③ 하나님의 손에 붙들린 나팔

(8) 정확한 문장 구성과 표현

① 쉼표

② 전후 문장의 연결

③ 앞 뒤 단락의 구분

④ 간결한 문장(복합문장 사용 피할 것)

⑤ 확신 있게 전하는 말("옳다"(이다), "아니다"는 동사 사용 : 마 5:37)

베드로의 설교

— 사도행전 2장 14절-36절 강론 —

●●●

"그들이 이 말을 듣고 마음에 찔려… 형제들아 우리가 어찌할꼬 하거늘"(행 2:37)

「베드로의 설교가 사도행전에 9번 나타나는데, 바울의 설교와 함께 사도행전의 특색을 나타낸다. 그리고 베드로의 설교의 대표적인 것이 행 2:14-36이다」(이상근 박사)

본문은 베드로의 대표적 설교일 뿐 아니라 모든 설교의 대표가 된다고 할 수있다. W. Barclay는 본 설교를 "세계에서 최초로 행한 기독교 설교의 내용을 담고 있다"고 하였다. 그리고 초대 교회에서 행한 4가지 종류의 대표적 설교 즉 케리그마(선포), 디다케(가르침), 파라클레시스(권고), 호밀리아(담화) 중 케리그마에 속한다고 하였다. 그 이유는 사도행전에 기록된 사도들의 설교는 모두 선교적 설교이고 기독교 복음의 선포와 변호이기 때문이라고 하였다(사도행전 강해).

1. 설교자로서 베드로

그는 다른 사도들과 함께 예수 그리스도의 증인으로서 자격을 갖춘 자였다.

1) 예수 그리스도에 의하여 사도(예수 그리스도의 증인)로 부름 받은 자

2) 성경에 능한 자

   베드로 등은 구약성경을 이미 알고 있었고 예수 그리스도의 사도로 3년간 배우고 훈련 받은 자이다. 즉 말씀 지식의 준비를 갖춘 자였다.

3) 예수 그리스도를 체험한 자(행 1:2-)

   예수 그리스도의 십자가와 부활과 승천을 눈으로 보고 귀로 듣고 손으로 만진 자이고 그리고 예수 그리스도의 재림을 기다리는 자이다. 예수 그리스도에 대한 신앙지식이 확실한 자이다(마 16:16). 즉 그리스도에 대한 신앙 고백이 확고한 자, 교리적 신앙이 확립된 자이다.

4) 성령충만 받은 자(행 1:15-2:2)

   다른 사도들과 함께 약속의 성령을 사모하여 기다려 합심하여 전심으로 기도한 자였고, 12사도 증인에 부족한 1인을 보궐하여 오순절 성령충만 받은 자였다.

2. 증언으로서 설교

예수 그리스도를 증거함이 설교의 중심이 된다. 그래서 청중의 회심을 촉구한다.

1) 첫째, 성경에 의거한 증거(17-21, 25-28, 34,35)

먼저 성경으로 예수께서 그리스도이심을 증거하였다. 요엘서와 다윗의 시편을 인용하였다. 예수 그리스도의 부활과 메시야 되심은 성경의 예언대로 된 것이고, 그 예언대로 하나님께서 예수 그리스도를 다시 살리사 주와 그리스도가 되게 하셨다는 것과 그리고 그 예수 그리스도께서 성경(요엘서) 대로 오늘 우리에게 성령을 부어 주셨다는 것을 증거하였다.

설교는 말씀증거이다. 즉 설교는 성경의 해석적 적용이다.

성경의 뜻을 풀어서 예수께서 그리스도이심을 증거하는 것이다.

모든 성경은 인간에게 구원의 지혜를 주시는 하나님의 말씀이고(딤후 3:15), 예수 그리스도를 증거하기 때문이다(요 5:39).

① 예수 그리스도께서 친히 성경으로 증거(눅 24:27-32) 하셨다.

"성경을 풀어 주실 때에 우리 속에서 마음이 뜨겁지 아니하더냐"

② 스데반의 설교도 성경 강론이었다(행 7: 2-53).

③ 바울이 성경으로 증거(행 13:16-41)하였다.

"성경을 가지고 강론하며 뜻을 풀어… 증명하고 이르되 내가 너희에게 전하는 이 예수가 곧 그리스도라 하니"(행 17:2,3)

④ 구스 내시의 결신도 빌립의 성경 증거로(행 8:30-36) 말미암음 이었다.

⑤ 수문 앞 광장의 부흥운동도 성경을 깨닫게 함으로(느 8:7-9)였다.

"뜻을 해석하여 율법을 깨닫게 함"으로 "백성이 듣고 다 우는지라"

2) 둘째, 자신들의 보고 들은 것에 의한 확신 있는 증거(32, 14, 29, 행 3:15; 4:20; 5:32)

"우리가 다 이일에 증인이로다", "보고 들은 것을 말하지 아니할 수 없다"고 하였다. 그들은 요엘서의 예언과 예수 그리스도의 말씀대로 성령을 받은 자로서 확신을 가지고 증언한 것이다(33).

사도 바울도 그가 다메섹 도상에서 만난 예수그리스도를 증거하였다(행 22:1-22, 26:1-33). 그래서 그들은 「술 취한 자」(행 2:13), 「미친 자」(행 26:24)라는 소리를 듣기도 하고 매 맞음과 위협을 당하고 옥에 갇히기도 하고 죽임을 당하기도 하였지만 예수 그리스도의 증인으로서의 사명을 기쁘게 수행하였다.

설교는 증언이다.

① 그리스도 사건의 진실(보고 들은 것)을 증언하는 것이다.

② 그 진실에 의한 자신의 믿음을 증거하는 것이다. 신앙 고백적 증거이다.

예수께서 성경진리의 성취로 오신 그리스도이심을 확신하는 믿음의 고백인 것이다.

성경에 의한 증거가 객관적 진리의 증거라면 신앙 고백적 증거는 주관적 신앙고백인 것이다.

③ 그 신앙 고백은 자신들의 변화된 삶을 증거로 한 증언인 것이다.

즉 예수 그리스도 안에서 자신들의 변화된 것과, 그 예수 그리스도의 이름으로 어떻게 다른 사람을 도와줄 수 있었는가를 간증한 것이다. 예수 그리스도로 말미암아 하나님께서 자신들에게 주신 것과(2:33) 예수 그리스도의 이름으로 행하게 하신 착한 일 즉 하나님께서 이루어 주신 일을 증거로 제시한 것이다(행 3:6-8, 12,

16; 4:9-12)

④ 그러므로 확신과 사명감으로 증거한 것이다(행 2:32; 3:15; 4:20; 5:32).

예수 그리스도에 대한 확신과 성경 말씀에 대한 확신과 하나님의 하신 일에 대한 확신과 예수 그리스도의 증인으로 보냄받음에 대한 사명감으로 증거한 것이다. 그래서 그들은 목숨까지 바쳐 자신들의 신앙과 증거의 참 됨을 증거한 것이다. 이것이 설교이다.

3) 셋째, 역사적 사실에 근거한 증거

사도들이 전한 예수 그리스도의 십자가와 부활과 승천, 그리고 성령 충만함과 권능은 모두 역사적 사실이다. 성경대로 죽으시고 다시 사신 예수 그리스도의 사건은 역사적 진실이다.

이와같이 하나님의 약속과 성취는 모두 다 역사적 사실이다. 사도들의 설교는 결코 신화나 허구(꾸며낸 이야기)가 아니다. 설교는 신화적 이야기를 전하는 것이 아니고 역사적 진실을 증거하는 것이다.

4) 넷째, 성령의 능력에 의한 증거(행 1:8; 2:4; 4:8, 31; 5:32; 6:10; 13:9)

지식적 설득이 아니고 성령의 권능에 의한 증거이고 선포였다(고전 2:1-5). 예수께서 친히 제자들에게 말씀하시기를 성령의 권능을 받아야 예수 그리스도의 증인이 된다고 하셨다. 예수 그리스도의 증인 된 자의 일은 성령에 의하여서만 가능하다는 말씀이다(행 1:8). 그래서 성령의 권능으로 말미암아 사도들은 담대히 증언하였고(14-15; 22-24; 29-36; 4:8, 31), 성령의 능력으로 증거하여(행 2:4; 4:8; 5:32; 고전 2:4,5) 복종케 하였다(행 2:37; 6:7; 고후 10:4,5).

사도들은 모두 성경 지식이 있었고 예수 그리스도의 십자가와 부활 승천을 보고 들은 자들이다. 그러나 그들이 증인의 일을 하기까지는 부활의 영이신 성령의 권능을 받을 때가지 기다려야 하였다. 그리고 교회는 계속적인 기도로 성령의 충만함을 받아 담대히 그리고 권능 있게 복음을 증거 하였다(행 4:31). **설교는 지식 전달이 아니고 생명 전달이기 때문이다.** 예수 그리스도의 부활 생명을 전하는 것이다. 그러므로 설교자는 생명의 성령으로 충만히 채움 받아야 한다. 바울은 고린도전서 2:1-5에서 자신의 전도에 대하여 말하기를 "말과 지혜의 아름다운 것"(1)이나 "설득력 있는 지혜의 말로 하지 아니하고 다만 성령의 나타남과 능력으로 하였는데"(4)이는 "믿음이 사람의 지혜에 있지 아니하고 다만 하나님의 능력에 있게 하고자 함"(5)이라고 하였다.

5) 다섯째 직언적 화법으로 말한 설교(증거) (행 2:14-16, 22-24, 29-33, 36)

베드로의 설교에는 학문적(지식적) 화려함이나 미사여구의 수식이 없고, 기교적인 언어의 설명이 없다. 다만 증인의 증언으로서 진실을 밝히는 **단순명료한 말**이었고, 하나님의 말씀을 전달하는 대언자로서 **단도직입적인 것**이었고, 구원의 선포자로서 **단순 명확한 언어**였다. 성령에 의한 증거의 본질이고 능력이다. 생명의 도를 받아 전하는 자는 받은 것을 그대로 전하면 되는 것이다. 가감하고자 하는 유혹을 경계하여야 한다.

6) 여섯째 하나님께서 행하신 일을 증거(행 2:22, 24, 32, 33, 36; 행 3:13-)

하나님께서 성경에 약속하시고 때가 되어 그 약속을 성취시키신 일 즉 인간 구원을 위하여 행하신 일을 증거 하였다. 그 핵심이 예수 그리스도이시다. 그의 부활과 메시야 되심이 모두 하나님께서 행하신 일이다. 이 큰 하나님의 인간 구원의 일을 증거하는 것이 설교이다. 하나님의 인간 사랑의 큰 일을 전하고 증거하는 것이다. 인간은 하나님을 반역하지만 하나님은 그 거역하는 인간을 위하여 예수를 주와 그리스도가 되게 하셨다는 것이다(36, 3:18).

청중(사람) 중심의 설교가 아니고 하나님 중심의 설교이다. 사람의 귀를 즐겁게 하기 위한 설교가 아니고 하나님의 말씀을 전하고 선포하는 설교이다.

7) 일곱째 인간이 행한 악한 일을 지적하는 증거(23, 36, 3:13-15)

이는 선지자적 증거이다. 하나님께서 보내신 구세주를 너희가 십자가에 못 박아 죽였다고 지적한 것이다. 이는 곧 하나님을 거역하고 메시야를 배척하고 하나님의 뜻을 거스린 자임을 지적한 것이다. 인간의 무지와 어리석음, 그래서 하나님의 구원의 사랑을 저버리고 스스로 죽음과 저주의 길을 걷고 있다는 것을 지적하는 것이다. **하나님께 대한 거역과 예수 그리스도께 대한 불신앙과 배척**이 얼마나 큰 죄임을 지적하고 깨우치는 것이다. 구약 선지자들의 외침은 하나님을 불순종하고 하나님의 구원을 저버리는 것이 배은망덕한 죄임을 지적하는 것이었다(사 1:2-20).

그러므로 설교는 인간 행위의 죄 됨을 깨우쳐 회개하도록 도와주는 것이어야 한다(36-38; 행 3:17-26).

베드로의 설교를 들은 회중은 "마음에 찔려 형제들아 우리가 어찌할꼬"라고 부르짖었다(2:37).

8) 마음(심령)을 움직이는 개혁적 설교(37)

베드로의 설교를 들은 청중들은 "마음에 찔"림을 받아 "우리가 어찌할꼬 라고 부르짖었다 이는 마음에 변화를 일으켰다는 것이다. 양심에 깨우침을 받아 어두웠던 눈이 밝아졌다는 것이다(행 26:18상). 그래서 자신의 잘못된 진면목을 보게 됨으로 통회하게 된 것이다. **마음의 개혁이다.** 그래서 그들은 믿어 순종하는 사람으로 변화된 것이다. 심령을 깨우치는 설교다. 마음을 변화시키는 말씀이다.

설교는 인간 이성의 찬성과 지식적인 이해를 구하는 것이 아니고 **인간의 심령에 비추는 진리의 빛을 전하는 것이다.** 하나님의 말씀은 창조주의 명령이고 사랑하는 자의 언약의 말씀이기 때문에 인간 두뇌의 지적인 작용으로는 이해할 수 없고 믿음을 갖게 하지도 못한다(롬 8:7-9; 고전 2:4-10; 1:21, 25). 하나님의 마음이 인간의 마음에 전달되는 것이다. 사랑은 마음에 전달되는 것이지 두뇌에 전달되는 것이 아니기 때문이다. 죄를 알고 뉘우쳐 회개하는 것은 마음의 일이다. 성경에 대하여 아는 것과 성경을 아는 것은 다른 것이다. 하나님께 대하여 아는 것과 하나님을 아는 것은 매우 다른 것이다. 성경이나 하나님에 대하여 많이 알고 있는 석학이라도 예수 그리스도를 믿지 않는 사람이 많다. 지적인 지식과 마음의 지식은 다르다. 하나님을 믿는 자는 하나님을 아는 자이다. 이 앎은 영생에 이르는 지식으로서 인격적인 앎, 신앙적인 지식이다(마 16:17; 요 17:3). 그러므로 호세아 선지자는 권하기를 "여호와를 알자 우리가 힘써 여호와를 알자"(호 6:3)라고 하였다. 설교는 하나님의 말씀을 통하여 사람들로 하여금 하나님을 알고 더 알게 하기 위하여 전하는 하나님의 방법이다(고전 1:21; 행 2:37-41). 그러므로 설교는 인간 이성에 호소하는 것이 아니고 마음에 호소하는 것이다. 마음 눈을 밝히는 빛이다(행 26:18; 고후 4:4,6; 엡 1:18).

9) 진리를 알게 하는 설교(2:14, 36)

"이 일을 너희로 알게 할 것이니" 라고 베드로가 말한 대로 베드로의 설교는 진실 즉 하나님의 진리를 알게 하는 것이었다. 사도들의 변화된 진실, 성경 말씀의 진실, 하나님의 뜻의 진실, 하나님의 행하신 일의 진실, 예수 그리스도의 진실, 예수 그리스도를 배척한 인간의 진실 된 모습, 인간의 살 길의 진리를 가르치고 알게 하는 것이었다. 설교는 알게 하는 것이다. 나타난 상황의 진의를 알게 하고 그 이유와 목적과 주관자를 알게 하는 것이다. 성경 진리를 알게 함으로 하나님을 알게 하고 하나님의 하신 일을 알게 하며 인간의 구원자를 알게 하는 것이다. 그래서 하나님께로 돌아오도록 하는 것이다. 성경만이 하나님과 인간과 구주를 알게 하는 유일한 책이다.

10) 회심을 격려하는 증거(38, 3:17-26)

알지 못하여 범한 죄의 용서와 회개 자에게 주시는 하나님의 위로와 예수 그리스도를 믿는 자에게 주시는 성령의 은사를 약속하고 있다. 사도들의 증거의 결론이다. 설교는 하나님께 대한 회개와 예수 그리스도에 대한 믿음을 전하는 것이다(행 20:21). 설교는 예수 그리스도를 증거하고 그래서 청중들에게 회심을 일으키도록 하는 것이 궁극 목표이다(행 11:18).

김의환 박사는 설교의 세 가지 중심 요소를 말하기를 ① 신학적

(교리적) 기초를 확립하는 것 ② 회개를 강조하는 메시지 ③ 헌신의 결심을 유발하는 설교라고 하였다. 그는 성경에 근거하여 "천국은 회개하는 자의 심령에 임한다"라고 말하였다.

3. 설교(전도)와 구원 문제

1) 이성(지성)이 아닌 심령(마음)의 문제이다(마 5:3).

베드로의 설교는 심령에 접촉(호소)한 것이었다.

바울의 아레오바고(아덴)의 설교는 인간이성에 호소(행 17:22-34) 한 것이었다. 그 결과는 몇 사람만 믿게 되었고, 핍박(반대)도 없었다. 아덴 사람들의 철학적(새로운 지식에 대한) 호기심만 자극한 것이었다. 그러므로 고린도 시에서는 오직 복음만 전하였다(고전 2:1-5; 1:18-25).

2) 육의 문제가 아닌 영의 문제이다(요 6:63; 6:27, 35, 48-58).

베드로의 설교는 영생의 양식인 예수 그리스도를 전하는 것이었다. 주님의 구원은 육의 양식(건강, 부, 현생의 행복) 아닌 영생의 양식이다. 사탄의 시험은 이 접촉점을 바꾸게 하는 것이었다(마 4:1-11). 즉 영생의 양식(예수 그리스도) 대신 육신의 양식을 더 중히 여기도록 하였고(첫째 시험) 하나님 대신 이적 기사를 더 귀하게 여기도록 하였고(둘째 시험) 하나님 예배 대신 세상 나라와 영광을 더 귀하게 여기도록 한 것이다(셋째 시험).

3) 개선이 아닌 개혁의 문제이다(요 16:7-11; 히 9:27-28).

베드로의 설교는 회개를 촉구하는 개혁의 설교였다.

그리스도의 구원은 도덕적 문제가 아닌 생명문제이고 인간 자신의 의가 아닌 하나님과의 관계의 의이고 성취문제(성공)가 아닌 천국과 지옥(최후의 심판) 문제이다. 그러므로 회개를 촉구하는 것이다. 믿음은 하나님께로 돌아오는 회개이다(행 26:18). 우편강도의 고백은 마음의 개혁이었다(회심). 그러므로 하나님의 구원 방법은 전도의 미련한 방법(고전 1:18-25)이다. 십자가의 도(예수 그리스도)는 유대인에게는 거리끼는 것이고, 이방인(헬라인)에게는 미련한 것이나 오직 구원을 얻는 자에게는 하나님의 능력이요 지혜이다.

4. 설교의 언어(행 2:4-11)

1) 성령의 말하게 하심을 따른 말(4)

설교는 하나님의 말씀을 하나님의 성령에 의하여 전하는 말이다. 베드로는 다른 사도들과 함께 성령의 말하게 하심을 따라 말하였다.

2) 각 인이 자기 말로 들을 수 있는 말(8)

그러나 그 말은 청중들이 알아들을 수 있는 말이었다. 설교자는 분명한 나팔을 불어야 한다(고전 14:8-9). 각 민족과 족속의 방언으로 청중의 연령 지식 따라 모든 사람이 쉽게 이해 할 수 있는 말로 하여야 한다. 베드로의 설교는 그 설교를 들은 모든 사람들이 다 알아듣고 마음이 찔려 회개하였다.

3) 하나님의 큰 일을 말하였다(11)

설교는 인간의 일이 아닌 하나님의 일을 전하는 말이어야 한다. 그 큰 일은 인간 구원의 일이다(요 3:16). 베드로의 설교는 바로 이것이었다.

5. 설교의 목표와 제목과 서론

찰스 캠벨교수는 청중 중심의 설교에 이의를 제기하면서 "진정한 설교는 재미가 아니라 예수를 드러내는 것"이라고 하였다.

사도의 설교는

1) 예수 그리스도를 증거 즉 예수께서 인간의 구주이심을 증거하고

2) 회중의 개인적 결신 즉 설교를 듣는 자들의 회심을 촉구하는 것이 설교의 목표였다.

3) 그리고 설교의 제목은 "이 일을 너희에게 알게 하리라"(14)였다고 볼 수 있다.

설교는 증거하고자 하는 분명한 목표가 세워져야 한다. 그리고 설교제목은 그 설교 전체의 목표를 제시해 주고 분명히 하며 내용을 제한하는 것이 된다. 그래서 그 목표를 바라보고 집중적으로 증거하고 설명하고 변증하며 권하여야 한다.

4) 서론은 "내말에 귀를 기울이라!"는 것이었다.

주의를 환기시킨 것이다.

서론은 청중들의 관심을 설교자의 말에 집중 시키는데 있다. 그래서 설교자의 입에서 나오는 말에 따라 하나님을 바라보게 하는 것이다.

설교사역과 설교자의 자질

"너는 진리의 말씀을 옳게 분별하며 부끄러울 것이 없는 일꾼으로 인정된 자로 자신을 하나님 앞에 드리기를 힘쓰라. 망령되고 헛된 말을 버리라"(딤후 2:15,16)

1. 설교사역

1) 대언의 사역(선지자적 사역) — (겔 37:1-10)

① 광야의 마른뼈를 향한 대언

② 하나님의 말씀의 대언(행 6:2)

③ 생명의 말씀의 대언(행 7:38)

④ 광야에 외치는 자의 소리(요 1:19-23; 1:6-7; 3:29-30)

⑤ 참 선지자(신 18:19-20; 렘 5:30-31; 마 10:14-15)

※ 베드로의 설교(행 2:14-40)

① 성경에서 시작하여 성경으로 결론을 내리는 설교(말씀의 증거 : 진리는 진리로 증거)

② 마음을 개혁하는 설교

③ 하나님의 명령과 언약을 전달하는 설교(심판과 구원 선포)

④ 복종케 하는 설교(행 6:7; 고후 10:4-5)

⑤ 교회(신자)를 세우는 설교(고후 10:8)

2) 교육사역(엡 4:11)

① 복음진리의 교사(엡 4:11-12; 딤전 5:17; 행 18:11)

② 주의 교양과 훈계(엡 6:4)

③ 모범된 교사(벧전 5:2-4; 딤전 4:11-16; 살전 2:3-12; 고전 11:1; 요 13:14-17; 마 23:1-10)

3) 목양사역(요 21:15~17)

① 주님의 양을 먹이는 자

② 주님의 양식으로 먹이는 자

③ 양을 돌보는 자(사 40:11; 요 10:1-15; 유 12)

4) 파숫군 사역(겔 33:1-9)

① 시대의 파수(사 21:6-12)

② 하나님의 백성 파수(사 52:7-12; 겔 3:17-21; 행 20:26-27; 사 62:6)

③ 말씀진리 파수(사 56:9-13; 고후 2:17; 4:2-6; 갈 1:8-9; 딤후 2:15-18)

④ 분명한 나팔(고전 14:8-9; 민 10:1-10)

5) 청지기 사역(눅 12:42-43)

① 때를 따라 양식을 나누어 주는 자

② 그 집 종들을 맡은 자

③ 하나님의 집 일을 맡은 종(벧전 4:10-11)

6) 예배사역(고전 10:31)

① 하나님의 말씀의 수종자

② 회중(교회)을 섬기는 일(갈 4:19; 살전 2:7-9)

③ 하나님을 기쁘시게 섬기는 자(히 12:28)

④ 성별된 헌신 자(레 10:3, 8-11; 벧전 2:5; 롬 12:1)

2. 설교자의 자질

1) 성결성(딤후 2:19-21)

① 하나님은 깨끗한 그릇을 사용하신다.

② 주께서 단련하신 그릇(말 3:2-3)

③ 자신을 깨끗케 하는 자(고후 7:1; 요일 3:3)

2) 진실성(딤전 1:5-7, 19)

① 말에 진실(약 3:1-12; 약 1:26)

② 생활에 진실(빛) (약 1:22-25)

③ 믿음에 진실(딤전 1:5-7; 딤후 1:5)

④ 양심의 진실(딤전 1:19)

3) 겸손성(막 10:42-45)

① 유순한 자(유모같은 자) (살전 2:7; 딤후 2:24)

② 온유 겸손 자(마 11:29)

③ 자신을 낮추는 자(빌 2:3-8; 고전 15:8-10; 딤전 1:15)

④ 정직한 자(요일 1:8-10; 눅 18:13-14; 눅 5:8; 사 6:5)

4) 강직성(갈 1:8-10)

① 믿음의 파수(딤전 6:12; 계 2:10)

② 진리의 파수(갈 1:8-9; 고후 2:17; 4:1-6)

③ 예배의 파수(오직 하나님의 영광 : 마 4:10; 고전 10:31)

④ 교회의 파수(요 2:14-17; 고전 3:16-17)

⑤ 강하고 담대함(고전 16:14; 고전 15:58; 딤후 1:7-8; 2:1; 수 1:5-9)

5) 전문성(마 13:52)

① 말씀에 능함(가르치기를 잘함 : 딤후 2:24; 딤전 3:2; 행 17:2-3; 18:24-28)

② 올바른 교리 지식(딤후 2:15-18)

③ 지혜 있고 진실한 자(눅 12:42; 36-37)

6) 사명성(행 20:17-24)

① 소명감(딤전 1:12; 딤후 1:6-12; 2:7; 2:3-4)

② 은사(딤후 1:6; 4:11-16; 벧전 4:10-11; 롬 12:6-10; 고전 12:7-8, 28)

③ 충성(열정)(고전 4:1; 히 3:1-2; 딤전 5:15-16; 딤후 4:1-5; 빌 1:20-21; 갈 1:10; 딤후 2:9-12; 살전 2:3-12)

7) 헌신성(딤후 2:15)

① 복음 위하여 헌신(딤후 2:3, 9-12; 빌 1:20-21; 행 20:24)

② 교회(주의 양)위한 헌신(갈 4:19; 살전 2:8-10; 고후 4:15; 고후 11:7-12; 28-29; 12:15)

③ 하나님의 나라 위한 헌신(마 6:33; 고후 6:3-10)

④ 하나님의 것으로 바쳐 진 자(롬 14:6-9; 고전 6:19-20)

8) 영성(행 4:31; 고전 2:4-5; 13-15; 엡 5:18; 행 1:8)

① 성령충만한 자(엡 5:18; 행 1:8)

② 신령한 사람(고전 2:4-5, 13-15)

③ 기도하는 사람(엡 6:10-19; 막 9:29; 요 14:12-15; 16:13-15)

구원에 대하여

— 성경적 구원론 —

●●●

"하나님이 세상을 이처럼 사랑하사 독생자를 주셨으니 이는 그를 믿는 자마다 멸망하지 않고 영생을 얻게 하려하심이라"(요 3:16)

성경은 인간 구원을 위한 구원의 책이다.

즉 사람으로 하여금 예수 그리스도안에 있는 구원의 지혜를 얻게 하고(딤후 3:15), 예수 그리스도를 믿어 생명을 얻게 하기 위하여 기록된 책이다(요 20:31). 예수 그리스도께서 말씀하시길 "…내가 온 것은 세상을 심판하려 함이 아니요 세상을 구원하려 함이로라"(요 12:47), "인자의 온 것은 잃어버린 자를 찾아 구원하려 함이니라"(눅 19:10)라고 하셨다. 예수 그리스도는 잃은 자를 찾아 구원하기 위하여 오셨고, 그 주님의 제자들의 사명은 온 세상에 나아가 예수 그리스도의 구원을 전하는 일이었다. 그리고 주님의 교회는 이 인간구원을 위하여 세워졌고 그리고 지금까지 끊임없이 이 사명을 수행하고 있는 것이다. 그래서 사도 베드로는 유대 청중들에게 외치기를 "너희가 이 패역한 세대에서 구원을 받으라"라고 하였고(행 2:40하) 사도 바울은 "미쁘다 모든 사람이 받을만한 이 말이여 그리스도 예수께서 죄인을 구원하시려고 세상에 임하셨다 하였도다 죄인 중에 내가 괴수니라"(딤전 1:15)라고 고백하였고, 그리고 구원을 부르짖는 빌립보 옥사장에게 "주예수를 믿으라 그리하면 너와 네 집이 구원을 얻으리라"(행 16:31)라고 권하였다.

1. 구원이 무엇인가? (구원의 의미와 내용)

구원이란 말은 구출하여 내는 것, 살려내는 것, 건져내는 것을 의미한다(단 2:28; 6:16, 20, 27; 마 9:22; 마 14:30; 눅 1:69-71).

1) 하나님의 구원은 우리 인간을 모든 악으로부터 구원하여 주시는 것이다(마 6:13).

① 모든 고통과 불행의 원인인 **죄로**부터 구원하여 주신다 (마 9:2,6; 요 8:34-36; 롬 6:18-23; 요일 3:5-9).

② 죄의 권능인 율법의 **정죄와 심판**으로부터 구원하여 주신다 (롬 6:14, 8:1; 고전 15:55-57; 갈 3:13; 골 2:13-15).

③ 죄의 결과(죄값)인 **사망** 즉, **지옥의 영원한 형벌**로부터 구원하여 주신다(롬 6:23; 마 5:29-30; 겔 18:20).

④ 죄의 원인인 **세상 정욕**으로부터 구원하여 주신다 (엡 2:3-6; 엡 4:17-20; 골 3:5-10; 요일 2:15-17; 약 1:15).

⑤ 죄의 지배자인 **사단의 권세**로부터 구원하여 주신다 (히 2:14; 요일 3:8; 요 16:11; 눅 10:18-20).

2) 하나님은 우리 인간을 죄로 말미암은 모든 악으로부터 구원하시되 천국영생을 얻게 하신다(딤후 4:18).

하나님의 구원은 소극적으로는 모든 악으로부터의 구원이고 적극적으로는 천국 영생을 주시는 것이다.

요 3:16 "하나님이 세상을 이처럼 사랑하사 독생자를 주셨으니 이는 저를 믿는 자마다 멸망치 않고 영생을 얻게 하려 하심이니라"

멸망으로부터 구원하여 영생을 얻게 하는 것 이것이 하나님의 구원이다.

롬 6:23 "죄의 삯은 사망이요 하나님의 은사는 그리스도 예수 우리 주 안에 있는 영생이니라"

죄 값으로 영원히 죽어야 할 우리 인간을 그 죄와 죽음에서 구원하시되 예수 그리스도 안에서 영원히 살게 하시는 것이 하나님의 구원의 은혜이다.

2. 어떠한 구원인가? (구원의 본질)

하나님께서 우리를 죄와 형벌에서 구속하여 영생을 얻게 하신 구원의 본질은 어떠한가?

1) 인간 구원이다.

정치 경제적, 사회 문화적 구원이 아니고 인격과 생명의 구원이다. 즉 그리스도 안에서 주어지는 구원은 육신적, 현세적 생활과 환경의 변화가 아니고 개개인의 인격과 생명의 변화를 가져오는 인간 구원인 것이다. 곧 잃어버린 인간성(영성)의 회복이요, 저주와 심판의 해소이고, 하나님의 아들로서의 권리와 복을 누리는 생명인 것이다. 그러므로 구원받은 그는 "허물과 죄로 죽었던" 옛사람을 벗어 버리고 예수 그리스도 안에서 새로 지음을 받은 새사람으로 살아난 자이고(엡 2:1-6; 고후 5:17; 골 3:9,10), 예수 그리스도 안에서 주신 영생을 소유한 자이다(요 3:16,17; 3:36; 6:40, 54; 17:2; 요일 5:11-13 ; 2:25).

2) 죄인의 신분이 바뀌어 의인의 신분이 되게 하시는 구원이다.

그리스도의 피로 말미암은 속죄 구원은 무죄의 선언뿐 아니라 더 이상 죄인으로 살 수 없는 의인으로(인정된 자로)의 구원이다(롬 3:22-26; 요일 3:5-10; 5:18).

3) 이 구원은 지옥 갈 죄인이 천국 영생에 들어가게 되는 것을 의미한다.

즉 죄 값인 사망에서 구원받은 자는 지옥형벌에서 구원받아 천국 영생에 들어가는 자가 되었다는 말이다. 죽음에서의 구원은 다시 죽을 목숨으로의 구원이 아니고 영원히 복되게 사는 생명으로의 구원이다.

천국은

1) 예수 그리스도께서 그 제자들을 위하여 있을 곳을 예비하시는 하나님 아버지의 집이고(요 14:2)
2) 하나님께서 지으신 하늘에 있는 영원한 집이고(고후 5:1)
3) 성도를 위하여 간직한 영원한 기업, 산 소망이고(벧전 1:4)
4) 신자의 시민권이 있는 곳이고(빌 3:20)
5) 몸을 떠나(육신적인 죽음) 주와 함께 거하는 곳이고(고후 5:8; 빌 1:23)
6) 하나님께서 에녹을 데려가신 곳이고(창 5:24)
7) 엘리야 선지자가 불병거타고 올라간 곳이고(왕하 2:11)
8) 예수 그리스도께서 승천, 하나님 우편에 앉아 계신 곳이고
9) 오직 어린양의 생명책에 녹명된 자만이 들어갈 수 있는 곳이다(계 21:27)
10) 그리고 하나님 보좌 중심하여 24장로의 보좌가 있고 천군천사들이 밤 낮 쉬지 않고 하나님을 섬겨 찬양하는 곳이다(계 4:1-)

3. 영생은 어떠한 것인가? (영생의 의미)

시간적으로 영원히 산다는 의미일 뿐 아니라(이 의미로는 지옥에서도 영원히 산다) 복된 영생을 의미하는 것이다. 즉 예수 그리스도를 믿는 믿음으로 현세에서부터 복된 삶을 살되 천국에 들어가서 계속되는 영생을 누리게 된다는 말이다. 죄와 사단에 매여 살던 저주의 삶을 벗어 버리고 하나님의 사랑받는 아들로서 축복된 삶을 살게 되는 것이다.

1) 저주가 없는 새 생명 즉 복된 생명으로 사는 새 삶이다 (엡 1:3-14; 마 5:3-12; 계 7:16, 17; 22:3, 5; 21:4).

죄와 죽음의 두려움이 없는 새 생명, 더 이상 진노 아래 있지 아니하고 오직 하나님의 은혜 아래 있는 새 생명이다(엡 2:1-6; 롬 6:15; 히 2:14, 15).

2) 신령한 사람으로 거듭난 새 생명으로 사는 새 삶이다 (요 3:3-8; 딛 3:5; 벧전 1:3, 4; 고전 2:12-15).

그리스도의 영을 받은 자요, 자녀의 영을 받은 하나님의 아들로서의 새 삶을 사는 것이다(롬 8:9-17).

3) 그러므로 이 영생은 거룩한 사람으로서의 새 삶을 의미한다 (히 13:12; 롬 6:22; 고전 5:9-11; 살후 2:13; 벧전 1:2, 14-16; 3:1-5; 살전 4:3,7; 요일 3:3-6).

세상에서 구별되어 하나님께 속한 사람으로 살고 그래서 깨끗하게 사는 사람으로 구원받은 것이다.

하나님의 아들 된 자로서 하나님의 온전하심을 목표로 하고, 그리스도의 모습을 닮아 가기 위하여 달음질하는 삶을 사는 것이다(마 5:48; 갈 4:19).

4) 그러므로 이 영생은 죄로부터 자유하고 하나님의 아들로써 자유를 누리는 복된 삶을 의미 한다.

하나님의 구원은 우리를 죄에서 해방시켜 주심인데(요 8:34-36), 이는 그 모든 죄의 길과 정죄와 하나님의 진노와 지옥의 형벌에서의 자유이고, 영원한 생명의 빛을 누리는 자유이고(요 8:12; 요일 1:7), 하나님 앞에서 자녀로서의 권세와 사랑을 누리는 자유이다(롬 8:15-17; 요 1:12; 마 7:11). 그러므로 그리스도 안에서 누리는 자유는 정치, 경제, 사회, 문화적인 자유를 초월하는 영적인 자유이다.

5) 죽어도 다시 살고 영원히 죽지 아니하는 천국의 생명으로 사는 삶이다(요 11:25, 26; 5:24-29; 고전 15:42-50).

이 땅위에서도 천국 백성으로서의 삶을 살고(롬 14:17), 그리고 이 땅을 떠난 후에는 하나님 아버지의 집 천국에서 영원히 사랑의 교통과 찬송으로 복되게 사는 생명이다(고후 4:16-5:10; 계 7:15-17; 14:13).

6) 이 영생은 하나님을 섬기는 예배자로서의 복된 삶을 의미한다 (히 9:14; 12:28; 13:15; 계 4:9-11; 14:1-5).

하나님을 아버지라 불러 감사 찬양하고 하나님의 아들 된 자로서의 사랑과 축복을 받아 누리는 복된 삶을 살아가는 것이다. 이것은 현생에서 시작하여 천당에서의 영원한 삶으로 이어지는 삶이다(요 3:33).

인간의 타락은 하나님께 불순종으로의 타락이고, 사단과 세상과 자신을 섬기는 우상숭배로의 타락이다(롬 1:18-32). 이것이 최초의 인간, 아담 하와의 범죄 타락이었고 그리고 모든 인류의 범죄의 길이었다(창 3장; 롬 5:12). 그러므로 이러한 범죄 타락에서 구원받음은 곧 하나님을 순종하고 하나님을 섬기는 자로 회복된 것을 의미한다. 즉 사단과 우상숭배로부터 해방되어 하나님만 섬기는 참된 예배자로 구원받은 것이다(요 4:23-24; 롬 12:1; 롬 6:17, 18, 22).

하나님과 원수되었던 저주의 삶에서 하나님과 화목된 삶을 살게 됨이고 그래서 성도가 사랑으로서 서로 축복하고 섬기는 형제된 삶을 살게 됨을 말한다.

(1) 성부, 성자, 성령 하나님께서 인간을 구원하시는 목표가 하나님의 영광을 찬미하게 하시기 위함이라고 하셨다(엡 1:3-14)

(2) 믿음으로 구원받은 신자의 첫째일이 하나님께 자신을 산제사로 드리는 영적예배라고 하셨다(롬 12:1).

(3) 예수 그리스도 안에서 하나님께 참된 예배를 드리게 되며 그러므로 그리스도 안에 있는 신자는 하나님께 신령한 제사를 드릴 거룩한 제사장이라고 말씀한다(요 4:23; 벧전 2:5,9; 계1:5-6).

(4) 그러므로 신자의 삶은 오직 하나님의 영광 위하여 자신을 헌신하는 삶이 되어야 한다고 말씀한다(마 6:33; 고전 6:20; 고전 10:31; 롬 14:6-9).

(5) 천상교회의 삶은 완전한 예배의 삶으로써 가장 아름답고 영화롭다(계 4:1-11).

이는 영원한 사랑의 교통의 삶이다. 천국이 복됨은 그 나라가 하나님 중심한 사랑의 나라이기 때문이다.

이상과 같이 기독교의 구원은 허물과 죄로 죽었던 자, 그래서 마귀와 세상을 섬기던 자가 하나님을 섬기게 되고, 자신의 영광과 세상 부귀영화 따라 살던 자가 하나님의 뜻을 따라 사는 자가 되는 것이다. 이것이 하나님께서 예수 그리스도로 말미암아 우리에게 주신 구원 즉 성경이 전하는 구원이다. 소극적으로는 죄와 영원한 지옥 형벌로부터의 구원이고 적극적으로는 영생으로의 구원이다.

성경에서 가르치는 인간 구원은

1) 죄악으로부터 구원하여 의인이 되게 하는 것(엡 2:10; 딛 2:14)

2) 영원한 죽음인 지옥형벌로부터 구원하여 천국 영생을 얻게 하는 것(요 3:16)

3) 악한 자 마귀로부터 구원하여 하나님의 거룩한 백성이 되게 하는 것(행 26:18)

4) 세상 정욕과 우상숭배로부터 구원하여 하나님을 섬기는 예배자가 되게 하는 것(엡 2:1-7;요 4:23)

5) 거역의 종으로부터 해방하여 순종의 종이 되게 하는 것(롬 6:16-22)

6) 저주의 삶으로부터 구원하여 축복의 자녀가 되게 하는 것(갈 3:13,14)

7) 죄악의 지배로부터 구원하여 하나님의 은혜(사랑) 안으로 들어가게 하는 것을 의미한다(롬 6:14-23).

4. 사람이 구원을 받아야 할 이유가 무엇인가? (구원의 이유와 필요)

1) 그것은 죄(罪)를 범하였기 때문이다.

① "의인은 없나니 하나도 없다"(롬 3:10)고 하셨고, "모든 사

람이 죄를 범하였으매 하나님의 영광에 이르지 못하였다" (롬 3:23)라고 말씀하셨으니 인류의 조상 아담의 범죄 타락 이후 죄를 범하지 아니한 사람이 하나도 없고 모든 사람이다 하나님을 떠난 죄인이 된 것이고(롬 5:12)

② "죄를 범하는 자는 죄의 종이라"(요 8:34)라고 하셨고, "죄의 종으로 사망에 이른다"(롬 6:16)라고 말씀하셨으니 죄에 매여 종노릇 하다가 죄 값인 영원한 죽음(지옥형벌)으로 나아갈 운명에 처하게 된 것이고(롬 6:23)

③ "악인에게는 평강이 없고"(사 57:20,21) "파멸과 고생이 그길에 있어 평강의 길을 알지 못한다"(롬 3:16,17)라고 말씀하셨으니 모든 인생이 죄의 무거운 짐지고 수고와 슬픔의 길을 걷는 자, 잃어버린 자가 된 것이고(마 11:28; 눅 15 장; 눅 19:10; 시 90:10)

④ 그래서 범죄한 인간의 앞길에는 영원한 지옥형벌 밖에는 다른 길이 없다는 것을 말씀한다(롬 6:23; 롬 6:12; 마 5:29,30)

그러므로 사람의 최급선무는 이 죄에서 구원받아야 하는 것이다.

2) 사단의 지배를 받기 때문이다.

① 우리를 범죄와 거역의 길로 가도록 유혹하는 자가 사단이다. 사단은 인류의 최초의 조상 아담, 하와를 유혹하여 범죄 하게 하였고 또 예수님을 시험하였다(창 3:1-20; 마 4:1-11; 고후 11:3).

② 우리가 구원받기 전에는 직-간접적으로 모두 사단의 지배하에 살고 있었다(엡 2:1-3).

범죄한 자는 두 가지 세력의 지배하에 매이게 된다. 그 하나는 육체의 욕심이고 다른 하나는 마귀이다. 이것이 이 세상의 풍속이다. 그래서 하나님의 진노와 저주 아래 살게 되는 것이다.

③ "죄를 짓는 자는 마귀에게 속한다"라고 하였고, 마귀는 처음부터 범죄자이고 또 범죄자의 아비라고 하였다(요일 3:8,10; 요 8:44).

④ 그러므로 마귀를 따르는 자는 "마귀와 그 사자들을 위하여 예비한 영영한 불 즉 지옥불에 들어가"게 된다(마 25:41; 5:29,30).

⑤ 그래서 신자들에게 경계하기를 "너희 대적 마귀가 우는 사자 같이 두루 다니며 삼킬 자를 찾나니 너희는 믿음을 굳게 하여 저를 대적하라"(벧전 5:8)고 하였고

⑥ "마귀의 궤계를 능히 대적하기 위하여 하나님의 전신갑주를 입으라"(엡 6:11)라고 하였다.

⑦ 예수 그리스도는 이 마귀를 없이하기 위하여 우리의 구주로 오셨다(히 2:14; 요일 3:8).

인생(人生)의 모든 불행의 원인이 죄와 마귀이기 때문에 사람은 누구나 예수 그리스도에게 나아가 구원을 받아야 한다.

3) 인간 스스로 자신을 구원할 수 없기 때문이다.

"오호라 나는 곤고한 사람이로다 이 사망의 몸에서 누가 나를 건져 내랴"(롬 7:24)라고 바울 사도는 탄식하였다.

① 인간 자신이 스스로를 구원 할 수 없을 뿐 아니라 다른 사람에 의하여서도 구원 받을 수 없다고 성경은 말씀한다(시 49:6-10; 롬 8:3-8; 마 19:23-26).

② 왜냐하면 인간은 자신의 구원의 필요성을 인식하지 못할 뿐 아니라 또 인식한다고 하여도 그 구원의 방도를 알지 못할 뿐 아니라 구원의 능력도 없기 때문이다. 그리고 인간 중에는 남을

구원할만한 의인도 없고 선인도 없을 뿐아니라 있다고 할지라도 그도 여전히 한 인간일 뿐인 것이다(전 12:7,8; 3:18-21; 욥 33:6,7; 25:4-6).

③ 즉 인간은 스스로 소경된 자이고(요 9:40,41), 율법의 심판과 저주 아래 있는 자이고(롬 3:19, 20), 영적으로는 죽은 상태에 있는 자이고(엡 2:1-3), 하나님을 알지도 못할 뿐아니라 찾지도 아니하는 자이고(롬 3:11,12), 하나님의 법에 굴복치 아니할 뿐 아니라 할 수도 없는 자이다(롬 8:7- 8).

이점에 인간의 영적 무지와 무능의 절망이 있다. 아담의 타락 이후 인간은 전적으로 부패하고 전적으로 무능한 자가 된 것이다.

"육신의 생각은 하나님과 원수가 되나니 이는 하나님의 법에 굴복치 아니할 뿐 아니라 할 수도 없음이라 육신에 있는 자들은 하나님을 기쁘시게 할 수 없느니라"(롬 8:7-8)

범죄 타락한 인간은 인간 스스로의 생각이나 노력으로 하나님을 기쁘시게 할 수 없다고 하였다. 인간은 하나님을 대하여 지적으로 무지하며 정적으로 싫어하며 의지적으로 거역하며 힘으로는 무능하다는 말이다(롬 1:20-32). 마치 불속에서 잠자고 있는 어린아이와 같고, 중풍으로 넘어진 환자와 같을 뿐이다. 병든 자가 스스로 고칠 수 없음 같이, 죄에 매인 인생이 스스로 그 죄에서 자신을 구원할 수 없다. 자신을 지옥형벌에서 구출할 수 없고 마귀의 세력에서 스스로 구원할 수 없다. 불속에 있는 아기를 위하여 소방수가 와야 하고, 병든 자를 위하여 의사가 와야 함같이 우리를 구원할 구원자가 와야 한다. 그래서 구원(영생)을 위한 인간의 절규가 있고 요구가 있는 것이다.

"내가 무슨 선한 일을 하여야 영생을 얻으리이까"(마 19:16), "형제들아 우리가 어찌할꼬"(행 2:37)

"내가 어떻게 하여야 구원을 얻으리이까"(행 16:30)

5. 하나님은 사람을 어떻게 구원하시는가? (구원의 방도)

사람 중에는 사람을 죄 가운데서 구원할 자가 아무도 없다. 오직 하나님께서만 구원하실 수 있고(마 19:25, 26) 또 구원하신다(사 47:4). 즉 하나님께서 친히 사람을 죄와 파멸에서 구원하시되 천국영생을 주신다. 의인이 되게 하시고 하나님의 아들이 되게 하신다.

어떠한 방도로 그렇게 구원하시는가?

1) 하나님은 인간의 구주로 성자 예수 그리스도를 인간 세상에 보내어 주셨다(행 4:12; 딤전 2:5).

모세를 보내어 하나님의 선민 이스라엘을 애굽에서 구출하여 내심 같이 하나님은 예수 그리스도를 인간 세상에 보내시어 우리를 구원하신다.

"하나님이 세상을 이처럼 사랑하사 독생자를 주셨으니 이는 저를 믿는 자마다 멸망치 않고 영생을 얻게 하려 하심이니라 하나님이 그 아들을 세상에 보내신 것은… 저로 말미암아 세상이 구원을 받게하려 하심이라" (요 3:16,17)

예수 그리스도는 하나님의 보내신 구주이시라고 말씀하신다. 예수 그리스도는 성부 하나님의 뜻을 성취하기 위하여 오셨는데(요 4:34; 6:38-40; 눅 22:42), 죄인을 구원하시려고 세상에" 오셨다고 말씀하신다(딤전 1:15; 눅 5:32; 마 9:12-13).

(1) 예수 그리스도는 자신의 죽으심과 부활을 통하여 죄인을 위한 구속사역을 완수하셨다.

예수 그리스도의 십자가의 죽으심은 많은 사람의 죄를 담당하사 대신 형벌 받으신 저주의 죽으심이었다(벧전 2:24; 히 9:28). 이를 가리켜 예수 그리스도께서 자신을 속건제물로 하나님께 드리신 영혼의 수고이시다(사 53:6,10,12)라고 하였다. 또 주께서 친히 말씀하시기를 "인자의 온 것은… 자기 목숨을 많은 사람의 대속물로 주려 함이니라"(막 10:45; 마 20:28)고 하셨다. 예수 그리스도께서는 "…오직 자기 피로 영원한 속죄를 이루사 단번에 성소에 들어가"심으로 죄인 위한 영원한 속죄 제사를 드리신 것이다(히 9:12-15, 22, 26, 28)

(2) 예수 그리스도의 십자가는 우리의 영원한 대제사장으로서 자신을 제물로 바친 화목제였다.

예수 그리스도는 멜기세덱의 반차를 좇은 대제사장으로서 자신을 제물로 바쳐 단번에 영원한 속죄제를 드리신 큰 대제사장이시다(히 6:20; 2:17; 4:14; 7:24-28). 그래서 죄로 말미암아 하나님과 원수 되었던 인간을 하나님과 화목하게 하신 것이다. 인간이 받아야 할 진노를 예수 그리스도께서 대신 받으심으로(마 27:46) 인간을 향하신 하나님의 진노를 풀게 하시고 하나님을 거역하여 떠났던 죄인이 돌아오게 하신 것이다(엡 2:3, 16; 롬 5:9-11). 인간을 먼저 사랑하신 하나님의 사랑을 따라 화목제물로 보내심 받은(롬 3:25; 요일 4:10) 예수 그리스도는 "우리 죄를 위한 화목제물"로 십자가에 죽으셨고, 그리고 하나님은 예수 그리스도 안에서 그로 말미암아 "우리를 자기와 화목하게하"셨다(요일 2:2; 고후 5:18, 19). **그래서 예수 그리스도는 새 언약의 보증이시요 죄인위한 중보자가 되신다.**

"하나님은 한 분이시요 또 하나님과 사람 사이에 중보도 한 분이시니 곧 사람이신 그리스도 예수라"(딤전 2:5; 히 8:6; 9:15; 12:24)

영원한 대제사장이신 "예수는 더 좋은 언약의 보증이 되"셔서 "자기를 힘입어 하나님께 나아가는 자들을 온전히 구원하실 수 있으니 이는 그가 항상 살아서 저희를 위하여 간구하심이니라"(히 7:21-25)

하나님 앞에 설 수 없는 죄인이(롬 3:23) 감히 하나님 앞에 담대히 나아갈 수 있음은 오직 예수 그리스도의 이름을 힘입기 때문이다. 예수 그리스도는 하나님과 사람 사이에 유일한 중보시요 보증이시다. 그는 우리 죄인을 위한 대언자이시다(요일 2:1).

"죄인은 하나님께 직접 나아갈 수 없다. 죄인과 하나님 사이에 중보자가 절대 필요하다. 우리의 제사장 되시는 예수 그리스도께서 자신을 제물로 삼아 우리를 위하여 제물을 드리는 길을 집행하여 주셨다. 우리는 중보자 예수 그리스도를 절대로 신뢰하여야 한다"(박윤선).

> 구속(대속, 속량, redemption)은 하나님(예수 그리스도)께서 죄인을 율법의 속박과 죄의 속박으로부터 구원하여 주시는 방도를 말한다. 즉 예수 그리스도께서 죄인을 대신하여 십자가에 자신을 희생하심으로 죄인을 구원하셨다는 말이다. 그것은 예수 그리스도께서 자신의 생명을 죄인을 위한 대속물로 주심으로 하신 것이다(마 20:28).
>
> 「예수 그리스도께서 자기 백성 대신으로 율법을 지키시어 그들을 율법의 속박에서 해방하시며 그들 대신으로 형벌을 받으시어 그들을 죄책의 속박에서 구속하신 것이다」(박형용)
>
> 대속물(*λυτρον*)이나 속전(*αντιλυτρον* 딤전 2:6)은 구약법에 의하면 노예

석방을 위한 매수금을 의미하였다. 「구속하다」(속죄, 대속, 속량)는 말은 구.신약에서 값을 주고 물으는 것을 의미하였다(레 25:25, 47-49).

즉 대신 몸값을 지불하고 구출하여 내는 것을 의미하였다. 구약사회에 고엘(גאל)제도가 있었다. 가난하여 자신의 토지나 자신을 팔았을 경우 그의 최근 친족이 대신 속전을 지불하고 다시 회복시켜주게 하는 제도이다(레 25: 25, 47-49). 또 결혼 후 자녀 없이 죽은 경우도 그의 최근족이 그 미망인에게 장가들어 첫 아들을 죽은자의 상족자로 삼게 하는 계대 결혼 제도도 그와 같은 것이다(룻 4:10). 그리고 남에게 살해되었을 경우도 그의 친족이 복수할 수 있었다(수 20:5). 그 자격은 ① 최근친족이라야 하고 ② 자발적으로 행하여야 하고 ③ 값을 지불해야 함이었다.

예수 그리스도는 이 모든 자격을 갖추어 우리 곁에 오신 고엘(구속자, 속량자)이시다(행 20:28; 고전 6:20; 고전 7:23). 예수 그리스도는 성육신하사 우리와 같이 되신(히 2:9-14) 임마누엘이시요 보혜사(곁에 부름 받은 자)이시다. 그래서 우리를 향하여 "형제라 부르시기를 부끄러워 아니하시고"(히 2:11) 너희는 나의 친구라고 하셨다(요 15:14). 예수 그리스도는 그의 백성을 위하여 기도하시고 환난당할 때에 곁에 오셔서 위로 격려하시며 그의 생명을 보호하시고 고난의 눈물을 대신 갚아 주시고 그의 신랑이 되시며 영원한 천국의 기업을 잇게 하신다(롬 8:34; 7:1-4; 계 6:10; 롬 12:19; 벧전 1:3,4; 롬 8:17; 요일 2:1,2; 마 28:20; 행 18:10).

Herold Lindsell 교수는 대속(속량)의 세가지 기본원리를 설명하였는데

① 덮는다는 원리가 있다.

십자가에서 흘리신 예수 그리스도의 피는 신자의 죄를 덮는다(그래서 하나님의 눈에서 가리우신다)(롬 3:25).

② 벌금을 지불함으로 말미암은 화목의 원리가 있다.

그리스도의 십자가는 죄 값을 지불하심으로 원수되었던 하나님과 인간과의 관계를 회복하고 화목이 이루어지게 하셨다.

③ 대신의 원리가 있다.

그리스도의 죽으심은 죄인을 대신하사 그 죄를 위하여 죽으셨다(그래서 우리의 죄값을 대신 다 지불하신 것이다(롬 6:23)).

(3) 예수 그리스도는 우리의 선한 목자가 되심으로 우리를 영생으로 인도하신다.

"나는 선한 목자라 선한 목자는 양들을 위하여 목숨을 버리거니와"(요 10:11)

양을 위하여 목숨을 버리신 예수 그리스도는 양을 알고 먹이시고 인도 보호하시는 선한목자이시다(요 10:4, 9, 10, 14-16; 히 13:20; 사 40:11; 요 21:15). 그러므로 예수 그리스도는 하나님께서 보내신 인간의 유일하시고 완전한 구주이시다. 베드로는 증거하기를 유대인들이 "십자가에 못박은 예수를 하나님이 주와 그리스도가 되게 하셨"고 이 예수 외에 "다른 이로서는 구원을 얻을 수 없나니 천하 인간에 구원 얻을 만한 다른 이름을 우리에게 주신 일이 없음이니라"고 하였다(행 2:36; 4:12). 예수께서 친히 말씀하시기를 "내가 곧 길이요 진리요 생명이니 나로 말미암지 않고는 아버지께로 올 자가 없느니라"(요 14:6)라고 하셨고, 사도바울은 오직 예수 그리스도만이 인간(죄인)의 구주이시며 그 안에서 인간의 구원이 완전하게 이루어진다고 하였다(골 1:19-20; 2:9; 13-15). 그러므로 하나님의 인간구원의 영원한 비밀이 예수 그리스도 안에 있고 그 안에 구원의 지혜와 지식의 모든 보화가 감취어 있다고 하였다(골 1:26,27; 2:2,3). 그리고 하나님의 능력이 그리스도 안에서 역사하여 십자가에 죽으신 그리스도를 다시 살리시고 하늘에서 하나님 보좌 우편에 앉히사 모든 천사들과 현세와 내세에 있을 모든 이름 위에 뛰어나게 하시고 만물 위에 그리고 교회의 머리가 되게 하셨다고 증거한다(엡 1:20-22).

이상과 같이 예수 그리스도는 죄인의 구주로 인간 세상에 오셔서 인간의 죄를 대신 지시고 그 받을 형벌을 대신 받으사 십자가에 못 박혀 죽으시고 다시 살아나심으로 인간의 죄 값을 대신 지불하셨다. 그래서 인간을 죄로부터 자유하게 하시고 죄인을 향한 하나님의 진노를 풀게 하시고 또 하나님을 향한 인간의 거역의 담을 허물게 하심으로 신-인간(神-人間)에 화목을 이루게 하시고 천국의 영생을 상속할 하나님의 자녀가 되게 하신 것이다.

그러므로 인간이 구원을 얻고자 하면 예수 그리스도 앞에 나아와야 하고 그를 따라야 한다. 예수 그리스도께서만이 우리 인간의 참된 목자이시다(시 23편).

"예수는 우리 범죄함을 위하여 내어줌이 되고 또한 우리를 의롭다 하심을 위하여 살아나셨느니라"(롬 4:25)

2) 하나님은 오직 믿음의 법으로 사람을 구원하신다.

사람이 선행을 쌓아야 구원 받는 행위의 법에서 실패한 인간에게 하나님은 오직 믿음으로 구원 얻는 길 즉 믿음의 법을 주신 것이다.

(1) 오직 예수 그리스도를 믿는 믿음으로 구원받게 하셨다(요 3:16).

믿음으로 예수 그리스도를 영접하는 자에게 하나님의 자녀가 되는 권세를 주신다(요 1:12). 주께서 친히 말씀하시기를 "내 아버지의 뜻은 아들을 보고 믿는 자마다 영생을 얻는 이것이니 마지막 날에 내가 이를 다시 살리리라"(요 6:40)고 하셨다(요 6:47,48 참고). 사도 바울은 증거하기를 "율법의 행위로는 하나님 앞에 의롭다 하심을 받을" 자가 아무도 없으므로 "믿음의 법"으로 의롭다 하심을 받는 한 새로운 구원의 길을 하나님께서 주셨는데 그것이 "예수 그리스도를 믿음으로 말미암아 모든 믿는 자에게 미치는 하나님의 의"라고 하였다(롬 3:20-30). 그리고 이 믿음으로 말미암는 의는 믿음의 조상 아브라함이 받은 의이고 "예수 우리 주를 죽은자 가운데서 살리신 이를 믿는 자를 위한 것"이라고 증거하였다(롬 4:1-24). 그래서 선언하기를 "네가 만일 네 입으로 예수를 주로 시인하며 또 하나님께서 그를 죽은 자 가운데서 살리신 것을 네 마음에 믿으면 구원을 얻으리니 사람이 마음으로 믿어 의에 이르고 입으로 시인하여 구원에 이르느니라", "누구든지 주의 이름을 부르는 자는 구원을 얻으리라"(롬 10:9,10,13)라고 하였다. 또 "주 예수를 믿으라 그리하면 너와 네 집이 구원을 얻으리라"(행 16:30,31) "너희가 그 은혜를 인하여 믿음으로 말미암아 구원을 얻었나니 이것이 너희에게서 난 것이 아니요 하나님의 선물이라"(엡 2:8)라고 하였다. 옛적 선지자 하박국을 통하여 하나님께서는 벌써 말씀하시기를 "오직 의인은 믿음으로 말미암아 살리라"라고 하셨고(합 2:4; 롬1:17; 히 10:38) 히브리서 기자는 11장에 믿음으로 살다가 간 열조들의 신앙행적을 기록하여 믿음의 위대성을 증거하였다.

(2) 이 믿음은 예수 그리스도를 자기의 구주요 하나님으로 시인하고 영접하는 믿음이다(마 16:16-17).

"주는 그리스도시요 살아계신 하나님의 아들이시니이다"(마 16:16)라고 고백한 베드로를 향하여 주께서 말씀하시기를 "바요나 시몬아 네가 복이 있도다 이를 네게 알게 한 이는 혈육이 아니요 하늘에 계신 내 아버지시니라"(마 16:17)라고 하셨다. 나사렛 예수를 그리스도시요 하나님의 아들로 알고 믿어 고백하는 신앙을 주께서 칭찬하신 것이다. 그리고 이 신앙 지식은 오직 하나님께서 주신 신령한 지식이라는 것이다(요 1:13참고). 그리고 예수께서 확언하시기를 "영생은 곧 유일하신 참 하나님과 그의 보내신 자 예수 그리스도를 아는 것이니이다"(요 17:3)라고 하셨다. 예수 그리스도를 아는 지식 그것은 귀신이 하나님을 아는 것 같은 지식이 아니고(약 2:19) 아브라함 같은 신앙지식인 것이다(약 2:21-23). 나의 주 나의 하나님으로 고백하며 영접하는 신앙지식이다(요 1:12; 20:28)

(3) 이 믿음은 하나님께로 완전히 돌이키는 회개를 동반한다.

사도들이 복음의 증인으로서의 사명을 수행할 때에 "회개"라는 말을 많이 사용하였다(행 2:38; 3:19; 5:31; 8:22; 11:18; 17:30; 20:21; 26:20). 사도 베드로는 유대 청중들에게 설교할 때에 "누구든지 주의 이름을 부르는 자는 구원을 얻으리라"(행 2:21)고 말한 후에 "너희가 회개하여 각각 예수 그리스도의 이름으로 세례를 받고 죄 사함을 얻으라…"(행 2:38)라고 전하였다. 롬 10:13,14에 "누구든지 주의 이름을 부르는 자는 구원을 얻으리라 그런즉 저희가 믿지 아니하는 이를 어찌 부르리요…"라고 하였는데 주님을 믿는 자라야 주의 이름을 부를 수 있다는 말이다. 즉 주의 이름을 부르는 자는 주님을 믿는 자란 말이다. 그런데 베드로는 그러한 믿음을 전하기를 "회개하여 예수 그리스도의 이름으로 세례를 받고"라고 한 것이다. 회개는 마음의 변화, 생각의 전환을 의미하는데, 예수 그리스도에 대한 잘못된 생각(불신의 마음)을 버리고 예수 그리스도를 향하여 믿음으로 도리키는 것을 의미한다. 예수 그리스도를 십자가에 못 박은 죄를 깨닫고 애통하며 부르짖는(행 2:37) 그들에게 이제는 그 지난날의 잘못된 생각과 행위를 버리고 완전히 돌아 서서 예수 그리스도를 믿고 순종하는 자가 되라는 것이고 그리고 그 같은 신앙의 공적 고백행위로 세례를 받으라는 권면이다. 단순한 세례로 죄사함을 받으라는 것이 아니고 예수 그리스도의 이름을 믿는 신앙고백의 공적인 확인으로서의 세례를 받으라는 말이다.

「회개는 마음의 변함인데 곧 예수에 대한 악한 마음의 태도를 이제는 변한 것을 말함이다… 그런 악심(惡心)은 변하고 예수를 믿는 신앙의 산 고백을 취하는 의미에서 세례를 받음이 요구된다… 세례는 인간 편에서 예수를 그리스도로 믿는다는 공적 고백을 성립 시키는 동시에 하나님 편에서 고백자에게 은혜를 주시는 방편이다」(박윤선)

베드로는 유대 지도자들을 향하여 담대히 증거하기를 "너희가 나무에 달아 죽인 예수를 우리 조상의 하나님이 살리시고 이스라엘로 회개케 하사 죄 사함을 얻게 하시려고 그를 오른손으로 높이사 임금과 구주를 삼으셨느니라"(행 5:30,31)라고 하였다. 예수 그리스도를 나의 구주로 영접하는 믿음은 곧 회개하여 죄 사함을 얻게 하는 믿음인 것이다. 로마군 백부장 고넬료 가족의 구원에 대한 베드로의 설명을 들은 당시 교회지도자들은 말하기를 "하나님께서 이방인에게도 생명 얻는 회개를 주셨도다"(행 11:18)라고 하였다. "생명 얻는 믿음을 주셨다"라고 말하는 대신 "생명 얻는 회개를 주셨다"라고 한 것이다. 사도 바울은 자신의 전도사역에 대하여 설명할 때에 "유대인과 헬라인들에게 하나님께 대한 회개와 우리 주 예수 그리스도께 대한 믿음을 증거한 것이라"(행 20:21)라고 하였고 "…유대 온 땅과 이방인에게까지 회개하고 하나님께로 돌아가서 회개에 합당한 일을 행하라 선전하"였다고 하였다(행 26:20). 하나님께 대한 회개와 예수 그리스도에 대한 믿음은 함께 이루어지는 일이고 그 같은 신앙은 계속하여 회개에 합당한 일을 행하게 하는 신앙인 것이다. 예수께서 말씀하시기를 "내가 의인을 부르러 온 것이 아니요 죄인을 불러 회개시키러 왔노라"(눅 5:32)라고 하셨고, 공생애 첫 말씀이 "때가 찼고 하나님 나라가 가까왔으니 회개하고 복음을 믿으라"(막 1:15)라고 외치신 것이다.

이상의 의미에서 회개는 일생에 한번만 있는 일 즉 예수 그리스도에게로 돌아서는 회심인 것이다. 그리고 이렇게 믿음으로 말미암아 예수 그리스도에게로 돌아선 신자는 일생을 통하여 항상 자신의 부족과 실수와 잘못들 즉 하나님의 자녀로서 그릇된 모든 죄를 자복하고 고치는 회개의 생활을 계속하게 된다(롬 7:12-24; 딤전 1:15; 시 51편). 그러므로 예수 그리스도에 대한 믿음은 회개를 동반하는 것이다. 회개 없는 신앙, 신앙 없는 회개는 모두가 다 기독교의 신앙은 아니다.

"저가 빛 가운데 계신 것 같이 우리도 빛 가운데 행하면 우리가 서로 사귐이 있고 그 아들 예수의 피가 우리를 모든 죄에서 깨끗하게 하실 것이요 **만일 우리가 죄 없다하면 스스로 속이고 또 진리가 우리 속에 있지 아니할 것**이요 만일 우리가 우리 죄를 자백하면 저는 미쁘시고 의로우사 우리 죄를 사하시며 모든 불의에서 우리를 깨끗케 하실 것이요 **만일 우리가 범죄하지 아니하였다 하면 하나님을 거짓말 하는 자로 만드는 것**이니 또한 그의 말씀이 우리 속에 있지 아니하니라"(요일 1:7-10)

하나님의 빛 안에 거하는 생활 즉 신앙생활은 죄를 자복하는 생활, 죄를 멀리하는 생활임을 가르친다. 예수 그리스도를 믿는 믿음은 곧 예수 그리스도를 인정치 아니하던 자가 돌이켜 예수 그리스도를 자기의 구주와 하나님으로 고백하고 영접하는 것을 의미하고, 하나님을 인정치 아니하고 우상을 섬기며 귀신을 따르던 자가 하나님을 아버지라 불러 그 앞으로 순종하여 나아가 그만 섬긴다는 것을 의미한다(행 26:18). 즉 믿음은 이전의 생각과 행위의 잘못됨을 인정하고 뉘우쳐 고치고 떠나는 것과 그래서 예수 그리스도 앞으로 나아오는 것을 동시에 행하는 것이다. 그러므로 이전의 행위를 떠나는 회개와 하나님께로 향하는 믿음은 같은 행위이다. 우상을 떠나지 아니하고 하나님을 섬길 수가 없고 하나님을 섬기기 위하여는 우상을 떠나야 하는 것이다. 아브라함이 하나님의 부르심을 받았을 때에 믿음으로 고향친적 아비집을 떠나서 하나님의 지시할 땅 가나안으로 갔다고 하였다. 떠나서 가는 것 이것이 하나님을 향한 믿음이다.

3) 하나님은 전도의 방법으로 그의 택한 사람을 구원으로 부르신다(고전 1:21-24)

사도 바울은 말하기를 "하나님께서 전도의 미련한 것으로 믿는 자들을 구원하시기를 기뻐하셨도다… 우리는 십자가에 못 박힌 그리스도를 전하니… 오직 부르심을 입은 자들에게는… 그리스도는 하나님의 능력이요 하나님의 지혜니라"(고전 1:21-24)라고 하였다.

(1) 예수 그리스도를 믿지 못함은 말씀을 듣지 못하였기 때문이다.

"그런즉 저희가 믿지 아니하는 이를 어찌 부르리요 듣지도 못한 이를 어찌 믿으리요 전파하는 자가 없이 어찌 들으리요 보내심을 받지 아니하였으면 어찌 전파하리요 기록된바 아름답도다 좋은 소식을 전하는 자들의 발이여 함과 같으니라… 그러므로 믿음은 들음에서 나며 들음은 그리스도의 말씀으로 말미암았느니라"(롬 10:14-15, 17)

(2) 그래서 하나님께서 전도자를 세우셨고 교회에 복음증거의 사명을 주신 것이다.

예수 그리스도께서 사도들에게 주신 대사명의 말씀은 "오직 성령이 너희에게 임하시면 너희가 권능을 받고 예루살렘과 온 유대와 사마리아와 땅 끝까지 이르러 내 증인이 되리라"(행 1:8) "그러므로 너희는 가서 모든 족속으로 제자를 삼아 아버지와 아들과 성령의 이름으로 세례를 주고 내가 너희에게 분부한 모든 것을 가르쳐 지키게 하라 볼찌어다 내가 세상 끝날까지 너희와 항상 함께 있으리라"(마 28:19,20)라는 말씀이다.

이 사명 받들어 사도들과 초대교회는 예루살렘으로부터 시작하여 유대로 사마리아로 그리고 전 세계를 향하여 복음전도의 일을 한 것이다. 이것이 사도행전의 내용이다. 베드로의 한번 설교에 3000명이 회개하고 제자의 수에 참가하였다(행 2:41). 사도 바울은 자신의 사명에 대하여 말하기를 "나의 복음과 예수 그리스도를 전파함은 영세 전부터 감취었다가 이제는 나타내신바 되었으며… 알게 하신바 그 비밀의 계시를 좇아 된 것이니…"(롬 16:25-26) "내가 이 복음을 위하여 반포자와 사도와 교사로 세우심을 입었노라"(딤후 1:11), "이를 위하여 내가 전파하는 자와 사도로 세움을 입은 것은 참말이요 거짓말이 아니니… 내가 이방인의 스승이 되었노라"(딤전 2:7), "…이 복음은 천하 만민에게 전파된 바요 나 바울은 이 복음의 일군이 되었노라"(골 1:23하)라고 하였다. 핍박으로 흩어진 신자들은 두루 다니며 복음을 전하였고(행 8:4), 빌립집사는 사마리아성에 가서 복음을 전하였고 또 구스 내시에게 복음을 전하였다(행 8:31,35). 예수 그리스도께서 친히 복음을 전파하셨다(막 1:14). 그의 공생애 사역을 요약하면 "가르치시고 전파하시고 고치시는" 일이었다(마 4:23). 그리고 빌라도 앞에 재판을 받으실 때에 나는 "진리에 대하여 증거"하러 온 왕이라고 하셨다(요 18:37). 예수 그리스도는 진리의 왕으로 오셨고 진리를 증거하시되 마지막 십자가에 죽으심으로 증거하셨다. 그리고 제자들에게 말씀하시기를 "나를 믿는 자는 나의 하는 일을 저도 할 것이요…"라고 하셨다(요 14:12). 예수 그리스도를 믿는 자는 주님이 하시는 일을 하게 된다. 복음 전도의 대사명이다. 이 사명 받은 사도들은 성령충만 받은 후 주의 일 즉 예수 그리스도의 복음을 증거하는 일을 행하되 온세계에까지 나가 전하였고, 지금까지 교회들은 이 사명을 수행하고 있는 것이다. 사도 요한은 복음서 기록 목적이 예수 그리스도를 믿게 하고 예수 그리스도로 말미암아 영생을 얻게 하기 위함이라고 하였다(요 20:31). 그러므로 이 복음을(구원의 소식을) 전하는 자의 발이 아름답다고 이사야 선지자는 예언하였다(사 52:3). 하나님은 구약 선지자들을 세워서 그의 뜻을 말씀으로 전하셨고, 모세를 세우사 그에게 율법을 주셨으며, 모세와 같은 선지자로 보내신 예수 그리스도를 통하여 하나님의 구원을 계시하셨으며, 그의 제자들과 교회를 통하여 이 복음 전파의 대사명을 수행하게 하시는 것이다. 그리고 이 복음전도를 통하여 하나님의 택한 백성을 불러내시고 예수 그리스도를 믿게 하시는 것이다. 그래서 교회를 "하나님의 집이요 진리의 기둥과 터"이라고 하셨다(딤전 3:15).

4) 하나님은 성령을 보내셔서 우리에게 믿음을 갖게 하신다.

인간 스스로는 성경 말씀을 깨닫지 못할 뿐 아니라 예수 그리스도를 "나의 하나님 나의 구주"로 믿을 수 없다. 왜냐하면 허물과 죄로 그 심령이 죽은 상태에 있기 때문이고 그래서 심령이 굳어지고 어두워졌기 때문이다(엡 2:1; 4:18). 그뿐 아니라 "이 세상 신(神)이" 사람의 "마음을 혼미케 하여" 예수 그리스도의 빛을 받지 못하게 하기 때문이다(고후 4:3, 4). 그래서 하나님은 성령을 보내셔서 죄인의 심령을 다시 살리시고(중생) 그의 마음에 구원의 빛을 비추어 주심으로 깨달아 예수 그리스도를 믿게 하시는 것이다(요 3:3-5; 엡 1:17-19; 고후 4:6). 지난날의 불신과 불순종을 뉘우쳐 회개하게 하고 돌아와 십자가의 예수 그리스도를 바라보게 하시는 것이다.

(1) 성령께서 사람을 거듭나게 하심으로 하나님의 말씀을 듣고 깨달아 믿게 하신다.

예수께서 말씀하시기를 "사람이 거듭나지 아니하면 하나님 나라를 볼 수 없느니라"(요 3:3)라고 하시고 그 거듭남은 물과 성령으로 말미암아 다시 태어나는 신령한 생명임을 설명하여 "물과 성령으로 나지 아니하면 하나님 나라에 들어갈 수 없느니라 육으로 난 것은 육이요 성령으로 난 것은 영"이라(요 3:5,6)고 말씀하셨다. 사도바울은 이 중생에 대하여 말하기를 "우리를 구원하시되… 오직 그의 긍휼하심을 좇아 중생의 씻음과 성령의 새롭게 하심으로 하셨나니"(딛 3:5)라고 하였다. 또 증거하기를 "성령으로 아니하고는 누구든지 예수를 주시라 할 수 없느니라"(고전 12:3)라고 하였고, 육신으로는 하나님을 기쁘시게 할 수 없고 오직 성령으로라야 할 수 있으며 "그리스도의 영이 없으면 그리스도의 사람이 아니라"(롬 8:9)라고 하셨다. 그래서 예수 그리스도의 이름을 믿어 영접함으로 하나님의 자녀가 된 자는 혈육으로 난 자가 아니고 "오직 하나님께로서 난 자"(요 1:13)라고 하였다.

> 말씀 전도를 외적 소명(부르심)이라 하고(살후 2:13,14) 성령의 빛을 내적 소명이라고 한다. 그리고 이 내적 소명을 받는 것은 중생한 자만이 할 수 있다. 즉 사람이 성경말씀(복음전도)을 듣기만 하여서는 예수님을 믿을 수 없다. 듣는 자의 심령에 깨닫게 하시는 성령의 빛이 함께 할 때에(요 16:7-14) 예수 그리스도를 믿게 된다(고후 4:3-6참고). 그러므로 사람이 말씀과 성령으로 다시 태어나지 아니하면 예수 그리스도를 믿을 수 없고, 그리고 믿지 않으면 구원을 받을 수 없는 것이다. 그래서 바울의 전도(하나님의 말씀)를 들은 자들 중에 "…영생을 주기로 작정된 자는 다 믿더라"(행 13:48) 라고 하였다. 하나님께서 거듭나게 하신 자들만이 증거 되는 말씀을 듣고 믿게 되는 것이다. 즉 하나님의 택하신 자들에게 있어서는 증거되는 복음이 사람의 말로만 들리는 것이 아니고 "오직 능력과 성령의 확신으로" 말미암아 하나님의 말씀으로 들어 믿게 되는 것이다(살전 1:4,5; 2:13). 그러므로 데살로니가 교인들이 "많은 환난 가운데서 성령의 기쁨으로 도(말씀)를 받아" 주님을 본받는 자가 되었다고 하였다(살전 1:6).

(2) **성령 하나님은 신자의 심령 속에서 말씀을 깨닫게 하심으로 믿음을 성장케 하신다**(요 16:7-14; **엡** 2:22; **고전** 3:6, 7; **갈** 5:16-24).

예수께서 말씀하시기를 "보혜사 곧 아버지께서 내 이름으로 보내실 성령 그가 너희에게 모든 것을 가르치고 내가 너희에게 말한 모든 것을 생각나게 하리라"(요 14:26), "…진리의 성령이 오시면 그가 너희를 모든 진리 가운데로 인도하시리니… 그가 내 영광을 나타내리니 내 것을 가지고 너희에게 알리시겠음이라"(요 16:13,14)라고 하셨다.

(3) 성령 하나님은 믿는 자의 마음속에 신자 자신의 구원을 위한 열심을 주심으로 구원을 완성하여 가신다.

갓 태어난 아기에게는 살고자하는 욕구, 사람으로 성장하고자 하는 열망이 있다. 그래서 젖을 사모하고 부모의 사랑을 갈구하고, 배우며 익혀 인간으로 성장하게 된다. 이같이 하나님의 아들로 거듭난 신자는 하나님의 자녀로서 살고 성장하기를 열망하게 된다. 그래서 하나님의 은혜를(사랑) 사모하며 신령한 젖을 사모한다(행 2:42, 46, 47; 벧전 2:2). 사도 바울은 빌립보 교회에 보내는 편지에서 "…항상 복종하여 두렵고 떨림으로 너희 구원을 이루라 너희 안에서 행하시는 이는 하나님이시니 자기의 기쁘신 뜻을 위하여 너희로 소원을 두고 행하게 하시나니"(빌 2:12, 13)라고 말씀하였다. 믿는 자의 마음속에서 구원의 일을 행하시는 하나님은 믿는 자의 마음속에 소원을 두고 행하게 하신다. 그러므로 베드로 사도는 격려하기를 "갓난 아이들 같이 순전하고 신령한 젖을 사모하라 이는 이로 말미암아 너희로 구원에 이르도록 자라게 하려 함이라 "(벧전 2:2)고 하였고, "오직 우리 주 곧 구주 예수 그리스도의 은혜와 저를 아는 지식에서 자라…"(벧후 3:18)라고 격려하였다. 사도 바울은 골로새교회에 보내는 편지에서 예수 그리스도 안에 구원을 받은 신자를 가리켜 "옛사람과 그 행위를 벗어버리고 새사람을 입었으니 이는 자기를 창조하신 자의 형상을 좇아 지식에까지 새롭게 하심을 받는 자니라"고 하였다(골 3:9,10). 그런데 에베소서 4장 22절-24절에서는 권면하기를 "너희는 유혹의 욕심을 따라 썩어져 가는 구습을 좇는 옛 사람을 벗어 버리고 오직 심령으로 새롭게 되어 하나님을 따라 의와 진리의 거룩함으로 지으심을 받은 새 사람을 입으라"라고 하였다. "자기 피로써 백성을 거룩케 하려고 성문 밖에서 고난을 받으"신(히 13:12) 예수 그리스도 안에서 거룩한 새사람이 된 신자는 그것으로 끝난 것이 아니고 계속하여 옛사람을 벗고 거룩한 새사람을 덧입는 삶을 이루어 나가야 한다는 말씀이다. 구원받은 신자는 하나님의 거룩하심을 본받아 거룩한 새사람으로의 성장을 힘써야 한다.

"그러므로 사랑하는 자들아 너희가 이것을 바라보나니 주 앞에서 점도 없고 흠도 없이 평강 가운데서 나타나기를 힘쓰라"(벧후 3:14)

이것이 자기 구원의 완성을 위한 신자의 열망이고 노력인 것이다. 하나님의 성령께서 믿는 자의 심령 속에서 계속하여 역사하심으로 이루어 가시는 것이다.

6. 구원의 완성은 무엇인가?

구원의 완성은 신자의 성품변화(성화)와 세상에서의 승리(견인)를 의미한다. 그래서 천국영생에 들어가게 된다. 육신도 영화로운 몸으로 부활하여 온전한 인격체로서 천국에서 영생을 누리게 된다(요 6:39, 40; 11:25,26; 빌3:20, 21; 고전 15:50-53). 성품의 변화를 성화라고 하고 세상에서의 승리를 견인(堅忍)이라고 한다.

1) 하나님의 자녀로 거듭난 신자는 그 신앙인격이 의롭고 거룩하게 변화되어야 한다.

즉 예수 그리스도를 닮아 날마다 그 성품이 성화되어가는 것이다. 신자는 예수 그리스도 안에서 원칙적으로 거룩하게 된 하나님의 자녀이고 죄를 벗어버린 의인일지라도 자신의 성품과 생활의 변화는 일생을 통하여 이루어진다. 날마다 주님과 동행하는 삶속에서 더욱 더 거룩한 주님의 모습을 닮아가야 한다. 그것은 참 포도나무에 붙은 가지로써의 선한 열매 즉 예수 그리스도의 열매이고(요 15:1-10), 성령의 9가지 열매로 대표되는 성품의 변화이다(갈 5:22-23). 예수 그리스도 안에서 주신 구원은 "세상에서 썩어질 것을 피하여 신의 성품에 참예하는 자가 되게 하려 하신" 것이라고 하셨다(벧후 1:4). 그러므로 "우리 주 예수 그리스도를 알기에 게으르지 않고, 열매 없는 자가 되지않게" "더욱 힘써 부르심과 택하심을 굳게 함으로 그리스도의 영원한 나라에 넉넉히 들어가도록 하라"(벧후 1:6-11), "그러므로 하늘에 계신 너희 아버지의 온전하심과 같이 너희도 온전하라"(마 5:48), "오직 너희를 부르신 거룩한 자처럼 너희도 모든 행실에 거룩한 자가 되라"(벧전 1:15)라고 말씀하셨다. 그리고 또 권면하기를 "너희 안에 이 마음을 품으라 곧 그리스도 예수의 마음이니"(빌 2:5)라고 하였고, "너희는 성령을 좇아 행하라 그리하면 육체의 욕심을 이루지 아니하리라"(갈 5:16) "너희가 육신대로 살면 반드시 죽을 것이로되 영으로써 몸의 행실을 죽이면 살리니"(롬 8:13)라고 하셨다.

2) 그리고 한번 구원받은 신자는 영원히 구원의 은혜 안에 있게 된다. 이것이 성도의 견인이다.

신자는 그 일생동안 여러가지 시험을 당하게 되는데 그때마다 믿음으로 이겨야 하고, 하나님의 뜻을 이루어가야 한다(약 1:2-4; 벧전 1:5-7; 롬 5:1-4). 믿음을 잃거나 빼앗겨서는 실패한다. 끝까지 믿음에 굳게 서 있어야 한다(약 1:12). 천당은 승리자만 들어갈 수 있다(마 11:12; 행 14:22). 마귀를 이겨야하고, 세상을 이겨야 하고, 죄악을 이겨야 하고 자신을 이겨야 한다. 그런데 하나님께로서 난 자 즉 예수 그리스도를 믿는 자는 세상을 이긴다고 하셨고 예수 그리스도를 믿는 믿음이 세상을 이긴 것이라고 하였다(요일 5:4,5). 그리고 "악에게 지지 말고 선으로 악을 이기라"(롬 12:21)고 격려하셨다. 예수께서 말씀하시기를 "세상에서는 너희가 환난을 당하나 담대하라 내가 세상을 이기었노라"(요 16:33)라고 하셨고, 성부 하나님께 그의 제자 된 자들을 위하여 기도하실 때에 저들을 세상에서 지켜 보호하시되 악에 빠지지 않게 보전하여 주시기를 구하셨다(요 17:11-15). 그리고 예수 그리스도께서 이 땅에 오신 목적은 그를 보내신 성부 하나님의 뜻을 이루시기 위함인데, 그 성부 하나님의 "뜻은 내게 주신 자 중에 내가 하나도 잃어버리지 아니하고 마지막 날에 다시 살리는 이것이니라"(요 6:39)라고 하셨다. 사도 바울은 고린도 교회에 보내는 편지에서 "주께서 너희를 우리 주 예수 그리스도의 날에 책망할 것이 없는 자로 끝까지 견고케 하시리라 너희를 불러 그의 아들 예수 그리스도 우리 주로 더불어 교제케 하시는 하나님은 미쁘시도다"(고전 1:8-9)라고 하였다. 즉 우리를 불러 예수 그리스도를 믿어 구원 받게 하신 하나님은 그 신자를 세상종말의 날까지 책망할 것이 없는 신자로 끝까지 견고히 지키시리라는 말씀이다. 미쁘신 하나님께서 한번 구원하신 자는 끝까지 구원하신다는 것과, 구원하시되 흠이 없는 자로 구원하신다는 말씀이다.

"하나님이 친히 너희로 온전히 거룩하게 하시고 또 너희 온 영과 혼과 몸이 우리 주 예수 그리스도 강림하실 때에 흠없게 보전되기를 원하노라 너희를 부르시는 이는 미쁘시니 그가 또한 이루시리라"(살전 5:23,24)

하나님께서 친히 믿는 자의 구원을 완성하신다. 우리 속에 믿음의 일을 시작하신 하나님께서 세상 종말의 때까지 그 구원을 완성하신다는 말씀이다(빌 1:6). 하나님은 친히 그 택하시고 부르신 백성을 거룩하게 하시고 완전케 하시는 하나님이시다. 하나님께서 그의 사랑하시는 백성을 세상에서 지켜 보호하시고 보전하사 악에 빠지지 않게 하신다(요 17:11-15; 벧전 1:5; 유1).

이같이 인간의 구원은 하나님께로부터 와서 하나님으로 말미암아 이루어가고 하나님께서 친히 완성하신다.

① 예수 그리스도로 말미암은 속죄사역으로 구원을 성취하셨고

② 성령으로 말미암은 중생사역으로 믿음을 주시고(구원의 적용)

③ 말씀 전파로 말미암아 택한 자를 부르시고

④ 믿는 자의 구원을 끝까지 완성하신다.

그러므로 사도 바울은 구원론의 마지막에 "깊도다 하나님의 지혜와 지식의 부요함이여… 누가 주께 먼저 드려서 갚으심을 받겠느뇨 이는 만물이 주에게서 나오고 주로 말미암고 주에게로 돌아감이라 영광이 그에게 세세에 있으리로다 아멘"(롬 11:33-36)이라고 찬양하였다.

7. 구원을 위하여 사람이 할 일은 무엇인가?

인간구원의 일은 처음부터 끝까지 성삼위일체 하나님께서 이루신다. 인간이 자기 구원을 위하여 할 일은 아무것도 없다. 그럴지라도 인간 편에서 힘써야 할 일이 있다.

1) 예수 그리스도를 믿어야 한다.

즉 십자가에서 죄인을 위한 속죄 구원의 일을 다 이루어 놓으신 예수 그리스도를 나의 구주 나의 하나님으로 믿으면 사람이 구원을 받는다. 하나님은 독생자 예수 그리스도를 죄인의 구주로 보내심으로 인간을 구원하시되 사람 편에서는 믿음의 법으로 사람을 구원하시기를 기뻐하셨다. 믿음은 공로가 아니고 은혜이다. 구원의 은혜를 받는 길이다. 그러므로 믿는 자가 복이 있다고 말씀하셨다. 누구든지 예수 그리스도를 믿으면 구원 받는다. 그 믿음은 이제까지 하나님처럼 믿어왔던 모든 것을 버리고 예수 그리스도께로 돌아오는 믿음이다.

2) 말씀과 기도에 착념해야 한다.

예수 그리스도께서 십자가에서 성취하신 구원을 인간(죄인)에게 적용시키시는 분은 성령이시다. 성령께서 거듭나게 하시고 감화 감동하시며 깨달아 회개케 하시고 믿어 순종케 하는 은혜를 주신다. 이 은혜를 사람이 받을 수 있는 방도가 말씀과 기도이다.

(1) **신자는 믿음의 양식으로 말씀을 사모하고 읽고 들어야 하고 실천해야 한다(계 1:3).**

왜냐하면 성경은 예수 그리스도를 증거하고 있기 때문이고 성경에서 구원의 지혜를 얻기 때문이다(요 5:39; 딤후 3:15-17). "믿음은 들음에서 나며 들음은 그리스도의 말씀으로 말미암았느니라"(롬 10:17)라고 하셨고, "갓난 아이들 같이 순전하고 신령한 젖을 사모하라 이는 이로 말미암아 너희로 구원에 이르도록 자라게 하려 함이라"(벧전 2:2)라고 하셨다. 그러므로 주께서 다시 오시는 그날까지(각 개인이 천당에 올라갈 때까지) 등불 같은 성경말씀에 주의(착념)해야 한다(벧후 1:19). 예수께서 제자들을 위하여 기도하실 때에 "저희를 진리로 거룩하게 하옵소서 아버지의 말씀은 진리니이다"(요 17:17)라고 하셨다. 그러므로 신자가 거룩한 삶을 이루기 위하여는 항상 말씀을 가까이 해야 한다(신 17:19).

(2) 또한 신자는 주님의 본을 따라 쉬지 말고 기도하여야 한다.

시 50편15절에 "환난 날에 나를 부르라 내가 너를 건지리니 네가 나를 영화롭게 하리로다"라고 말씀하셨다. 환난 시험의 때를 이기고 그 시험을 통하여 하나님을 영화롭게 할 수 있는 믿음의 성숙을 얻게 되는 길은 하나님께 기도하는 것이다. 신자가 여러 가지 시험을 만날 때에 오히려 감사할 수 있는 성숙한 신앙의 지혜를 얻기 위하여 하나님께 기도하라고 하셨다(약 1:2-5). 그러므로 예수께서 격려하시기를 "구하라 주실 것이요… 너희가 악할찌라도 좋은 것을 자식에게 줄줄 알거든 하물며 너희 천부께서 구하는 자에게 성령을 주시지 않겠느냐"(눅 11:9-13)라고 하셨다. 바울 사도는 격려하기를 "마귀의 궤계를 능히 대적하기 위하여 하나님의 전신갑주를 입으라"고 하고, 마지막으로 갖추어야 할 무기를 지적하여 "성령의 검 곧 하나님의 말씀을 가지라 모든 기도와 간구로 하되 무시로 성령 안에서 기도하고…"(엡 6:11-18)라고 하였다. 믿음을 얻기 위하여, 그 믿음의 성숙과 강화를 위하여, 하나님의 뜻을 분별하여 준행하기 위하여, 죄를 회개하기 위하여, 자신의 구원을 위하여, 시험과 유혹을 이기기 위하여, 하나님의 나라와 의를 위하여, 이웃 사랑을 위하여, 신자는 쉬지 말고 기도해야 한다(살전 5:16-18; 롬 3:16; 8:26; 유 20).

말씀과 기도 이 방편들을 통하여(사람이 잘 사용함으로) 믿음을 얻게 되고 그 믿음이 강화되며 성장하게 된다. 그래서 예수 그리스도의 성품을 닮아 하나님의 자녀로서 거룩한 사람으로 변화되는 것이다(마 5:48; 벧전 1:13-18). 그리고 승리자의 왕국, 천국에 들어가게 된다(딤후 1:12; 4:7,8).

3) 열심히 전도해야 한다.

복음전도는 예수 그리스도의 지상명령이다. 대사명의 분부이시다(행 1:8). 하나님은 전도의 방법으로 사람을 구원하신다고 하셨다(고전 1:21). 그러므로 때를 얻든지 못 얻든지 전도하기를 힘써야 한다. 전도는 이웃 사랑의 첩경이다.

> ※ 구원의 전(全) 과정
>
> 구원은 삼위일체 하나님께서 우주에 계시하시고 인간 세상에 나타내신 사랑의 행위인데 (요 1:5, 9-14; 3:16; 요일 4:9-11; 롬 5:5-8; 엡 1:3-14) 인간을 구원하시는 하나님의 계획과 진행과정을 요약하면 다음과 같다.
>
> ① 성부 하나님의 선택(엡 1:4,5, 살후 2:13, 살전 1:4)
> ② 성자 예수 그리스도로 말미암은 속죄 사역(엡 1:7)
> ③ 복음(진리의 말씀 전도)으로 말미암은 부르심(엡 1:13상; 살후 2:14)(소명)
> ④ 성령의 인치심(중생)과 택자의 믿음(회심)(엡 1:13하; 행 2:38; 살전 1:5, 6; 살후 2:13)(중생과 회심)

⑤ 믿는 자를 죄사함 뿐 아니라 의롭다 하시고 하나님의 아들이 되게 하심(롬 3:22-30; 요 1:12; 롬 8:14-16)(사죄 칭의와 양자)

⑥ 믿는 자를 말씀과 성령의 은혜 가운데서(하나님의 아들로서) 거룩한 사람으로 변화시키심(갈 5:22,23)(성화)

⑦ 세상에서 죄악세력에 실패하지 아니하고 끝까지 믿음으로 승리하게 하심(계 13:10; 14:12; 21:7)(견인)

⑧ 죽은 후에 천국 영생에 들어가게 하심(고후 4:16-5:7)(영화)

⑨ 세상 종말의 날(예수 그리스도께서 다시 오시는 날) 몸도 영화롭게 변화되고 부활하여 그리스도와 영원히 거하게 하심(빌 3:20,21; 살전 4:14-17)

※ 구원의 5대 요점(칼빈주의의 5대 요점)(The Five Points of Calvinism)
인간 구원의 관점에서 성경에서 가르치는 요긴한 진리를 5가지로 설명한다.

① 인간의 전적 부패와 무능 (Total Inability or Total Depravity) (창 2:16,17; 롬 5:12; 엡 2:1-3; 막 7:21-23; 롬 8:7,8; 엡 4:17-19; 롬 3:9-12; 요 3:5-7; 요 6:44)

② 성부 하나님의 무조건적 선택(Unconditional Election) (엡 1:4,5; 막 13:20; 롬 9:11-13; 살전 1:4-5)

③ 성자 예수 그리스도의 제한 속죄(Particular Redemption or Limited Atonement) (마 1:21; 눅 19:10; 엡 1:3-12)

④ 성령님의 불가항적 은혜(The Efficacious call of the Spirit or Irresistable Grace) (고전 2:10-14; 12:3; 요 3:3-8; 롬 8:6,9-11)

⑤ 성도의 견인(Perseverance of the Saints or Security of Believers) (사 43:1-3; 54:10; 렘 32:40; 요 3:36; 5:24; 롬 8:1,29,30,35-39)

믿음에 대하여

— 성경적 신앙론 —

"너희는 마음에 근심하지 말라 하나님을 믿으니 또 나를 믿으라. 내 아버지 집에 거할 곳이 많도다"(요 14:1,2)

기독교는 믿음의 종교이다.

기독교는 예수 그리스도를 믿는 종교이고 구원의 종교이다. 다시 말하면 기독교는 예수 그리스도를 믿음으로 구원받는 종교이다. 구원받음에 있어서, 자력구원 즉 선행이나 고행이나 좌선 등에 의한 인간 구원을 부정한다. 어떠한 사람도 인간 자신의 노력이나 공로에 의하여 의인이 될 수 없고, 천국에 갈 수도 없음을 전하고, 다만 인간의 구주로 오신 예수 그리스도를 믿음으로 의인(義人)이 되고, 천국 영생(永生)을 얻게 됨을 믿고, 전하고, 가르치는 종교가 기독교이라는 말씀이다. 그러므로 기독교는 무엇보다도 믿음을 강조한다.

성경은 이렇게 선언한다.

"그러므로 율법의 행위로 그의 앞에 의롭다 하심을 얻을 육체가 없나니 율법으로는 죄를 깨달음이니라 이제는 율법 외에 하나님의 한 의가 나타났으니 율법과 선지자들에게 증거를 받은 것이라 곧 예수 그리스도를 믿음으로 말미암아 모든 믿는 자에게 미치는 하나님의 의니 차별이 없느니라", "그런즉 자랑할 데가 어디뇨 있을 수가 없느니라 무슨 법으로냐 행위로냐 아니라 오직 믿음의 법으로니라 그러므로 사람이 의롭다 하심을 얻는 것은 율법의 행위에 있지 않고 믿음으로 되는 줄 우리가 인정하노라"(롬 3:20-22, 27-28)

1. 믿음이란 무엇인가? (믿음의 본질)

신앙, 신뢰, 의뢰, 의지, 의탁한다는 말인데 전 인격적인 작용(마음의 작용)으로써, 성경에서 증거하는 예수 그리스도에 대하여

① 지식적(知識的)으로는 참되다고 시인하고

② 감정적(感情的)으로는 그렇다고 찬동하고

③ 의지적(意志的)으로는 전 생명을 의탁하여 따르는 것을 믿음이라고 한다.

예수 그리스도에게의 순종의 결단과 헌신의 결단을 하게 하는 것이 믿음이다. 즉 예수 그리스도께서

① 죄인의 구주이시며 하나님의 아들이심을 시인하고(마 16:16) (진리(예수 그리스도)에의 객관적 인식)

② 나의 구주 나의 하나님으로 고백하고(요 20:28-29) (진리에의 주관적 수납(영접))

③ 그에게의 전적인 신뢰와 사랑으로 헌신하는 것이다(눅 7:46-50) (진리에의 의지적 신뢰와 헌신(순종))

“신앙의 「지식은 찬동에 옮아가고 찬동은 신뢰로 옮아간다」 신앙은 그리스도에의 귀의이다. 즉 구원을 위하여 자신을 전적으로 그리스도만 의지하는 데로 옮기는 것이다“(박형용)

예) 요 3:16의 말씀에 대하여

① 지(知) ― 그 말씀이 진실하다는 것을 인정하고

② 정(情) ― 나를 향하신 사랑의 부르심으로 깨달아 받아드리고

③ 의(意) ― 그 하나님을 사랑하고 전적으로 신뢰함이 믿음이다.

그러므로 기독교 신앙은

1) 예수 그리스도께서 나의 구주 나의 하나님이심을 믿고 따르는 것을 말한다.

2) 그러므로 이 믿음은 실천적인 신앙이다.

단순한 사변적, 지적 작용도 아니고, 감성적 느낌도 아니며, 도덕적 행위도 아니고 전인적인 신뢰로서 마음으로 믿어 행위로 고백하는 믿음이다(롬 10:10-15).

예수 그리스도께서 말씀하시기를 열매로 그 나무를 안다고 하셨다(마 7:20-21). 즉 주님의 이름을 부르는 자라고 다 구원받는 것이 아니고 하나님의 뜻대로 행하는 자라야 구원 받는다고 하신 것이다. 행함 없는 믿음은 그 자체가 죽은 것이며 귀신적인 믿음이라고 하였다(약 2:14-26). 순종이 없는 믿음은 믿음이 아니다(눅 6:46-49; 요 8:31). 순종은 믿음의 열매이다(요 3:36; 롬 1:5; 16:26).

2. 신앙의 실재

기독교 신앙은 예수 그리스도와의 연합 즉 하나되는 것을 의미한다. 「믿음」이란 말은 하나로 연결하고 묶는다는 의미의 말이다. 믿음으로 내가 예수 안에 거하고 예수께서 내 속에 거하시는 것이다.

1) 생명의 연합이요, 신령한 영적 연합이다.

예수님은 포도나무 비유에서 이것을 가장 잘 설명하셨다(요 15:1-6). 하나님은 포도원 농부, 예수 그리스도는 참 포도나무, 신자는 그 가지라고 하셨다. 그래서 가지가 나무에 붙어 있어야 과실을 맺힘같이 신자가 예수 그리스도 안에 있고 예수 그리스도께서 신자 안에 있으면 과실을 맺는다고 하신 것이다.

또 예수께서는 하늘로서 내려온 산 떡이라고 말씀하셨는데 즉 "…믿는 자는 영생을 가졌나니 내가 곧 생명의 떡이로라… 나는 하늘로서 내려온 산 떡이니 사람이 이 떡을 먹으면 영생하리라… 내 살을 먹고 내 피를 마시는 자는 영생을 가졌고 마지막 날에 내가 그를 다시 살리리니… 내 살을 먹고 내 피를 마시는 자는 내 안에 거하고 나도 그 안에 거하나니…. 나를 먹는 그 사람도 나로 인하여 살리라… 이 떡을 먹는 자는 영원히 살리라"(요 6:47-58)라고 하셨다. 예수 그리스도를 믿으면 영생을 얻게 되는데 그 믿음은 곧 예수 그리스도를 먹는 것과 같은 생명적 연합관계를 이루어 예수 그리스도 안에 거하고 예수 그리스도께서 그 믿는 자 안에 거하게 됨을 가르치신 것이다. 믿음은 영적인 식사행위와 같고 그것은 곧 예수 그리스도를 영접하여 그 안에 들어가는 연합이라는 말씀이다.

사도 바울은 그리스도를 믿는 신자는 그리스도와 연합한 자인데 그리스도의 죽으심과 연합하여 죄의 사람은 죽게 되고, 그리스도의 부활과 연합한 자로 다시 살되 하나님을 대하여 의의 새사람으로 다시 산자가 되었다고 증거한다(롬 6:2-9; 고후 5:17). 그래서 바울은 자신의 삶이 오직 예수 그리스도 안에 있고 자기 속에 예수 그리스도께서 사신 것이라고 고백한다(갈 2:20; 엡 4:1; 빌 1:21). 예수 그리스도를 믿는 것은 나 위하여 십자가에 죽으실뿐 아니라 다시 사신 예수 그리스도를 믿는 것이다.

그러므로 기독교 신앙은 바로 생명운동이다.

한 겨자씨만한 믿음만 있어도 산을 옮긴다고 예수님이 말씀하셨다(마 17:20). 겨자씨 믿음이 이렇게 산도 옮기는 능력이 있음은 겨자씨가 물량적으로는 적어도 질적으로는 생명체이기 때문이다. 예수 그리스도를 믿는 자는 예수 그리스도의 생명(부활 영생의 생명)을 얻어 영생하게 될 뿐 아니라 다른 사람을 향하여 생명 얻게 하는 일을 하게 된다. 그러므로 예수께서 말씀하시기를 "나를 믿는 자는 나의 하는 일을 저도 할 것이요 또한 이보다 큰 것도 하리니 이는 내가 아버지께로 감이니라"(요 14:12)라고 하셨다. 예수 그리스도를 믿는 자는 예수 그리스도의 일을 하게 된다. 그 일은 생명운동이다. 사망의 지배하에 있는 세상에 생명의 빛을 비추는 운동이다. 이것은 곧 예수 그리스도의 이름을 전하는 일, 부활의 증인이 되는 것이다. 성령으로 믿는 자의 심령에 계신 주께서 친히 시행하시는 것이다(요 14:14-15).

2) 그것은 그리스도와의 인격적 연합 즉 사랑의 연합이다.

예수께서 "나의 사랑 안에 거하라!"(요 15:9-12) 라고 말씀하셨다. 예수 그리스도의 사랑 안에 거하는 자는 예수 그리스도를 사랑하는 자이고 하나님의 사랑을 받아 하나님과 사랑의 교제가 이루어진다고 말씀하셨다(요 14:15, 21, 23).

"…나를 사랑하는 자는 내 아버지께 사랑을 받을 것이요 나도 그를 사랑하여… 우리가 저에게 와서 거처를 저와 함께 하리라"(요 14:21, 23)

예수 그리스도를 믿는 자는 예수 그리스도 안에 있는 하나님의 사랑을 받아들인 자이고 그래서 예수 그리스도를 사랑하는 자이다. 이렇게 사랑 안에 예수 그리스도와 하나가 된 자가 그리스도 신자이다. 이 관계를 설명하여 신랑과 신부의 관계로 또는 머리와 몸의 관계로 설명하였다(엡 5:23, 30-32; 4:15-16). 즉 예수 그리스도는 머리이신 신랑, 교회는 몸인 신부라고 말씀하신 것이다. 부부는 남편과 아내 두 사람이 사랑으로 한 몸을 이룬 자 임과 같이 그리스도와 교회(신자)는 십자가의 사랑으로 하나를 이룬 자가 된 것이다. 예수 그리스도를 믿는 것은 나를 사랑하사 십자가에 자신을 희생하신 예수 그리스도를 믿고 그 예수 그리스도를(나 같은 죄인을 살리시기 위하여) 보내어 주신 하나님의 사랑을 믿는 것이다.

"내가 그리스도와 함께 십자가에 못 박혔나니 그런즉 이제는 내가 사는 것이 아니요 오직 내 안에 그리스도께서 사시는 것이라 이제 내가 육체 가운데 사는 것은 나를 사랑하사 나를 위하여 자기 자신을 버리신 하나님의 아들을 믿는 믿음 안에서 사는 것이라"(갈 2:20)

3) 그것은 성령과 말씀으로 말미암은 연합이다.

예수 그리스도께서 그의 성령과 말씀으로 신자의 심령 속에 내주하신다(요 14:16, 17, 20). 신자는 성령의 은혜와 말씀 순종으로 예수 그리스도와 함께 한다(요 14:15, 21, 23; 15:7, 10; 8:31). 그러므로 그리스도께서 부활하시고 승천하여 성부 하나님께로 가심이 제자들에게 유익이라고 하셨다(요 16:7-14). 예수 그리스도를 믿는 자는 먼저 성령으로 말미암아 중생한 자이고, 그 중생의 영으로 말미암아 말씀을 듣고 깨닫게 되어 그 말씀 안에 증거 되는 예수 그리스도를 자기의 구주와 하나님으로 믿어 영접하게 되며, 자신의 죄인 됨을 고백하여 회개하고 하나님께로 돌이키게 된 자이다. 이렇게 믿음으로 주님의 계명을 지키는 신자를 나의 친구라고 주께서 말씀하셨다(요 15:14). 아브라함이 하나님을 믿으니 이를 의로 여기셨다고 말씀하셨는데 그 믿은 아브라함을, 하나님은 나의 친구라고 부르셨다(창 15:6; 약 2:23; 사 41:8). 친구는 서로 사랑하고 신뢰함으로 동행하는 자이다. 부부는 일생의 반려자이다. 그래서 예수 그리스도를 믿는 자는 광야 세상길에서 저 천국을 향하여 주님과 함께 순례의 길을 걷는 자이다.

3. 믿음의 행동적 표현

박형룡 박사는 신앙동작의 묘사로 ① 예수를 우러러 봄 ② 예수를 갈망하여 먹음 ③ 그리스도께 나아오는 것, 그를 영접하는 것이라고 하였다. 예수 그리스도를 믿는 믿음은 어떠한 행동들로 표현되는가?

믿음의 다양한 행동적 표현들은 믿음의 의미를 더 구체적으로 잘 나타낸다. 다윗은 자신의 믿음을 여러 방면으로 고백하고 있는데, 시 25편에 의하면 "우러러 보나이다", "의지하였사오니", "바라나이다", "앙망함은", "피하오니", "긍휼히 여기소서"라고 기도하였고, "경외하는 자", "나의 소망"(시 62:1), "주를 찾음"(63:1), "갈망하며", "앙모하나이다" 등으로 표현 하였다.

1) 믿음은 예수 그리스도에게로 나아오는 것이다.

예수 그리스도를 믿는 것은 예수 그리스도에게로 나아오는 것이라고 말씀하셨다. 예수 그리스도께서 친히 말씀하시기를 사람이 영생을 얻기 위하여 나에게로 나아와야 하며(요 5:40) "내게 나아오는 자를 마지막 날에 다시 살리신다"고 하셨고(요 6:44) "아버지 하나님께서 이끌지 아니하시면 내게 올 자가 없다"고 하셨다(요 6:44, 65). 그리고 "누구든지 목마르거든 내게로 와서 마셔라 나를 믿는 자는… 그 배에서 생수의 강이 흘러 나리라"(요 7:37,38) "수고하고 무거운 짐 진 자들아 다 내게로 오라"고 말씀하셨다(마 11:28).

예수 그리스도를 믿음은 예수 그리스도에게 나아오는 것이다.

2) 예수 그리스도에게로 돌이키는 것이다.

예수께 나아가는 자는 그의 걸음을 예수 그리스도를 향하여 돌이켜야 한다. 이전에 살아가던 방향을 180도 전환하여 하나님께로 향하여 나아오는 것이다. 이전의 행위와 가치관을 버리고 돌아온다는 의미에서 믿음은 회심인 것이다. 하나님께서 온 세상 사람들을 향하여 하신 말씀이 "내게로 돌이켜 구원을 받으라"(사 45:22) (개역개정판)고 하셨다(turn to Me). 우상숭배와 범죄로 하나님을 멀리 떠나 있어 마음으로부터 원수가 되어 있던 자리에서 돌이켜 하나님께로 나아오는 것이 믿음이다(골 1:21-23). 그리고 돌이키는 것이 회개이다. 그러므로 예수 그리스도께서 오신 목적을 말씀하여 "…죄인을 불러 회개시키러 왔노라"(눅 5:32)라고 하셨고, 예수 그리스도의 복음을 예수 그리스도의 "이름으로 죄 사함을 얻게 하는 회개"(눅 24:47)라고 하셨다. 사도들은 예수 그리스도에게로 돌아오는 믿음을 회개하는 것으로 강조하였다(행 2:38; 3:19; 5:31; 11:18; 20:21; 26:

20; 17:30). 그리고 하나님의 오래 참으심은 모든 사람이 회개하기를 기다리는 은총임을 말씀하였다(롬 2:4; 벧후 3:9). 아시아 7교회에 보내는 편지에서 5교회를 향하신 하나님의 경고는 회개였다(계 2:5, 16, 22; 3:3, 19). 다윗은 회개할 때에 고백하기를 "하나님의 구하시는 제사는 상한 심령이라 하나님이여 상하고 통회하는 마음을 주께서 멸시치 아니하시리이다"(시 51:17)라고 하였다.

3) 예수 그리스도를 영접하는 것

요한복음 1장 12절에 믿음은 예수 그리스도를 영접하는 것이라고 말씀한다. 믿음은 우리 곁에 오신 하나님(임마누엘)이신 예수 그리스도에게로 나아가는 것일 뿐 아니라 예수 그리스도를 나의 하나님, 나의 구주로 고백하여 영접하는 것이다. 삭개오는 자기에게 오신 예수님을 영접하고 자신의 삶을 새롭게 하였다. 즉 회개의 열매를 맺은 것이다.

4) 예수 그리스도를 갈망하는 것

마태복음 5장 6절의 "의에 주리고 목마른 자"는 곧 예수 그리스도를 갈망하는 자를 말한다. 목마른 자가 생수를 찾아 마시고 주린 자가 음식을 찾아 먹듯이 영혼의 갈망으로 예수 그리스도를 찾아 영적으로 예수 그리스도를 먹고 마시는 자가 영생을 얻고 다시 목마르지 아니한다고 주께서 친히 말씀하셨다(요 4:14; 7:37,38; 6:47-58). 시편기자는 "하나님이여 사슴이 시냇물을 찾기에 갈급함 같이 내 영혼이 주를 찾기에 갈급하니이다 내 영혼이 하나님 곧 생존하시는 하나님을 갈망하나니 내가 어느 때에 나아가서 하나님 앞에 뵈올꼬"(시 42:1-2)라고 하였다. 다윗은 고백하기를 "하나님이여 주는 나의 하나님이시라 내가 간절히 주를 찾되 물이 없어 마르고 곤핍한 땅에서 내 영혼이 주를 갈망하며 내 육체가 주를 앙모하나이다"(시 63:1)라고 하였다.

5) 예수 그리스도를 우러러 보는 것

모세가 광야에서 장대에 높이 단 놋뱀을, 불뱀에게 물린 백성들이 쳐다 본 것 같이(민 21:9) 십자가에 달리신 예수 그리스도를 바라보는 것이 믿음이다(요 3:14-16). 그러므로 히브리서 12장 2절에 "믿음의 주요 또 온전케 하시는 이인 예수를 바라보자…"라고 하였다. 다윗은 기도하기를 "여호와여 나의 영혼이 주를 우러러 보나이다 나의 하나님이여 내가 주께 의지하였사오니…"(시 25:1-2)(시 86:4), "성소에서 주를 바라보았나이다"(시 63:2)라고 하였다. 미가 선지자는 고백하기를 "오직 나는 여호와를 우러러보며 나를 구원하시는 하나님을 바라보나니 나의 하나님이 나를 들으시리로다"(미 7:7)라고 하였다.

6) 예수 그리스도를 바라는 것

믿음은 예수 그리스도를 바라고, 기다리고(wait for), 소망(hope)으로 삼아 기대하는 것(expectation)이다. 다윗은 기도하기를 "내가 여호와를 기다리고 기다렸더니 귀를 기울이사 나의 부르짖음을 들으셨도다" (시 40:1), "내가 종일 주를 바라나이다"(시 25:5, 21), "내 영혼이 잠잠히 하나님만 바람이여"(시 62:1), "아침에 내가 주께 기도하고 바라리이다"(시 5:3)라고 하였다. 또 시 37편에 불의와 악행이 많은 세상에서의 처신을 격려하기를 "여호와를 의뢰하여 선을 행하라", "너의 길을 여호와께 맡기라…", "여호와 앞에 잠잠하고 참아 기다리라", "여호와를 기대하는 자는 땅을 차지하리로다"(3-9)라고 하였다. 이사야 선지자는 외치기를 "오직 여호와를 앙망하는(wait for) 자는 새힘을 얻으리니…"(사 40:31)라고 하였다. 예수 그리스도를 대망하는 자는 곧 예수 그리스도의 오심을 기다리는 자이다. "바라보고 간절히 사모하는 자"(벧후 3:12-14)이다.

7) 예수 그리스도를 따르는 것

예수께서 말씀하시기를 "나는 세상의 빛이니 나를 따르는 자는 어두움에 다니지 아니하고 생명의 빛을 얻으리라"(요 8:12)라고 하셨다. 예수 그리스도를 믿음은 곧 예수 그리스도를 따르는 것이다. 요한복음 3장 36절에 예수 그리스도를 믿음은 곧 예수 그리스도를 순종하는 것임을 말씀한다. 믿음과 순종은 동기와 행동으로 함께 가는 것임을 성경은 말씀한다(롬 1:5; 벧전 1:2; 롬 6:16; 16:26; 행 6:7). 주님은 믿은 유대인들에게 "너희가 내 말에 거하면 참 내 제자가 되고…"(요 8:31)라고 말씀 하셨다. 예수 그리스도의 말씀안에 거하는 것은 곧 예수 그리스도의 말씀에 순종하는 것을 의미한다. 순종이 없는 믿음은 단순한 지식일 뿐이다. 예수님을 믿는 사람은 예수님을 따른다. 그의 말에 거한다. 그래서 주님은 그 제자들에게 「나를 섬기려면 나를 따르라」(요 12:26)라고 하셨다. 신앙생활은 곧 예수 그리스도를 따라서 예수 그리스도를 섬기는 것이다.

8) 예수 그리스도에게 맡기는 것

즉 모든 문제와 자신의 생사까지도 예수 그리스도에게 다 내려놓아 맡기는 것이 믿음이다. 예수님을 전적 의뢰하고 신뢰하고 의탁하는 것이다. 이 의미에서 주님은 근심하는 제자들에게 "너희는 마음에 근심하지 말라 하나님을 믿으니 또 나를 믿으라"(요 14:1)라고 하셨다. 베드로 사도는 말하기를 "너희 염려를 다 주께 맡겨 버리라…"(벧전 5:7)고 격려하였다. 그래서 어미품에 안긴 아기처럼 그 마음을 고요하고 평온하게 하는 것이다(시 131:2). "두려워 하지 않고 가만히 서서" 여호와의 행하시는 구원을 바라는 것이다(출 14:13, 14). "돌이켜 안연히 처하는" 것이다(사 30:15).

그리고 이 맡기는 방도는 기도이다. 시편은 다윗의 기도와 찬송의 시가 대부분이다. 다윗은 여호와 하나님을 믿었기 때문에 하나님께 나아가 기도하였다. "주여 나는 외롭고 괴롭사오니 내게 돌이키사 나를 긍휼히 여기소서"(시 25:16)라고 기도하였다. 누가복음 18장 1절-4절의 주님의 교훈은 '믿음의 기도'이다. 낙심치 아니하고 하나님 아버지께 나아와 기도하는 믿음을 요구하신 것이다. 그래서 "항상 기도하고 낙망치 말아야 될 것을" 한 가난한 과부의 이야기로 설명하신 후 결론적으로 "…그러나 인자가 올 때에 세상에서 믿음을 보겠느냐"라고 말씀하심으로 기도하는 믿음을 가진 자가 귀한 것을 지적하신 것이다. 그리고 그 기도는 바리새인의 기도와 같은 자기 의를 자랑하는 기도가 아니고 세리의 기도 같은 하나님의 긍휼을 바라보는 상한 심령의 기도이어야 함을 교훈하셨다(눅 18:9-14).

9) 예수 그리스도에게 의지하는 것(고후 1:9; 딤후 1:12; 대하 13:8; 14:11; 사 50:10)

이사야서 3장 1절에 예루살렘과 유다 백성이 의뢰하고 의지하는 모든 것을 여호와께서 다 제하여 버리겠다고 말씀 하셨는데 여기 "의뢰하고 의지하는 것"이라는 말은「지주」「버팀목」이라는 말이다. 하나님의 백성이 기둥으로 삼아야 할 자는 하나님 한 분이신데 그들은 하나님을 버리고 사람과 양식과 물을 지주로 삼은 것이다(사 30:12; 31:1; 대하 16:7; 잠 3:5). 이같은 의미에서 믿음은 자신의 생명과 삶을 지탱하여 주는 버팀목으로서 의지하는 것을 의미한다. 다윗은 기도하기를 "…내가 주께 의지하였사오니(בָּטַח, trust in) 나로 부끄럽지 않게 하시고…"(시 25:2)라고 하였다. 예레미야서 17장 5절-8절에 "사람을 믿으며(trust in)… 마음이 여호와에게서 떠난 그 사람은 저주를 받을 것이라" 그러나 "여호와를 의지하며(trust in) 여호와를 의뢰하는(trust in) 그 사람은 복을 받을 것이라"라고 말씀하셨다.

10) 예수 그리스도에게로 피하는 것

다윗은 기도하기를 "여호와 내 하나님이여 주께 피하오니 나를… 구하여 건지소서"(시 7:1) "여호와여 내가 주께 피하오니 나로 영영히 수치를 당케 마소서"(시 71:1; 25:20) "여호와는 나의 반석이시요 나의 요새시요… 나의 피할 바위시요 나의 방패시요… 나의 산성이시로다 "(시 18:2)라고 고백하였다.

예수 그리스도를 자기 인생의 피난처로 삼고 그에게 피하는 것이 믿음이다. 예수 그리스도는 죄인의 도피성이다.

11) 하나님을 경외(두려워)하는 것

경외(fear)는 믿음의 예배적 표현이다. 즉 하나님께 예배하는 자의 신앙적 태도를 나타내는 말이다. 구약 성경은 믿음을 주로 경외라고 표현하였다.

"여호와를 경외함으로 섬기고 떨며 즐거워할지어다"(시 2:11)

히브리서 기자는 기록하기를 예수 그리스도께서 성부 하나님을 경외함으로 그의 통곡과 눈물로 드린 기도가 응답 받았다고 하였다(히 5:7). 그리고 우리 신자들을 향하여 권하기를 "…경건함과 두려움으로 하나님을 기쁘시게 섬길찌니 우리 하나님은 소멸하는 불이심이니라"(히 12:28,29)라고 하였다. 하나님을 섬기는 자의 신앙태도는 경건과 두려움(경외)이다. 신자는 예수 그리스도 안에서 하나님의 자녀된 자로써 담대히 하나님 아버지께 나아갈지라도(히 4:16)그 담대함은 공경하는 두려움과 사랑으로 나아가는 것이다(히 12:28). 다윗은 고백하기를 "주를 두려워하는 자를 위하여 쌓아 두신 은혜 곧 인생앞에서 주께 피하는 자를 위하여 베푸신 은혜가 어찌 그리 큰지요"(시 31:19) 라고 하였다.

12) 하나님을 섬기는 것

신앙생활은 하나님을 섬기는 삶을 사는 것이다.

그래서 예수 그리스도께서 말씀하시기를 "사람이 나를 섬기려면 나를 따르라… 사람이 나를 섬기면 내 아버지께서 저를 귀히 여기시리라"(요 12:26)라고 하신 것이다. 히브리서 기자는 말하기를 "…그리스도의 피가 어찌 너희 양심으로 죽은 행실에서 깨끗하게 하고 살아계신 하나님을 섬기게 못하겠느뇨"(히 9:14)라고 하였다. 예수 그리스도의 피로 말미암아 구원받은 자의 삶은 곧 하나님을 섬기는 삶임을 말씀하신 것이다.

신앙생활은 하나님을 사랑하여 섬기고 경외하여 공경하고 주님의 제자 된 자로 섬기며 감사함으로 섬기며 헌신하여 **섬기는 예배로 나타난다**(눅 7:44-50; 6:46; 요 8:31; 시 50:23; 롬 12:1).

"이에 예수께서 말씀하시되 사탄아 물러가라 기록되었으되 주 너의 하나님께 경배하고 다만 그를 섬기라 하였느니라"(마 4:10)

4. 믿음의 세계

히브리서 11장은 "믿음은 바라는 것들의 실상이요 보지 못하는 것들의 증거니"(히 11:1)라고 정의하고 그 같은 믿음으로 살다가 간 많은 신앙 열조들을 열거하여 그들의 믿음을 모본으로 설명한다. 믿음의 세계는 소망의 세계이고 보지 못하는 세계라고 말씀한다. 바라는 것은 아직 보지 못한 것이다. 그러므로 믿음의 세계는 인간의 감각기관(시각, 청각, 후각, 촉각 등)으로 알 수 있는 것이 아니고 인간경험 지식으로 얻을 수 있는 것도 아니다. 오직 믿음으로 알 수 있고 얻을 수 있는 것이다.

1) 하나님의 세계이다.

하나님은 영이시다. 그러므로 인간의 감각기관이나 경험지식으로는 알 수 없다. 그러므로 예수님께서 말씀하시기를 "…사람이 거듭나지 아니하면 하나님 나라를 볼 수 없느니라", "…사람이 물과 성령으로 나지 아니하면 하나님 나라에 들어갈 수 없느니라"고 하셨다(요 3:3, 5). 또 사도 바울은 설명하기를 하나님은 "위로의 하나님"(고후 1:3)이시요 "평강의 하나님"(롬 15:33)이실 뿐 아니라 "소망의 하나님"(롬 15:13)이시라고 하였다. 예수 그리스도는 인류의 참된 소망이시요 유일한 소망이시다.

2) 언약의 세계이다.

약속은 오직 믿음(신뢰)으로 성립된다. 하나님께서 인간에게 주신 약속은 오직 믿음으로 받으며 그 약속이 성취되는 날을 바라고 기다리는 것이다. 성경은 하나님의 언약의 말씀이다. 성경은 하나님의 말씀이기 때문에 오직 믿음으로 알 수 있고 언약의 말씀이기 때문에 믿음으로만 받을 수 있다. 성경에서 자신을 계시하신 하나님을 믿고 성경에서 증거하신 예수 그리스도를 믿고 성경에서 가르치는 천국과 지옥을 믿고 성경에서 가르치는 사랑과 인간의 도리를 믿고 따른다.

3) 영적 세계이다.

하나님은 영이시다. 천국은 하나님의 나라로서 신령한 세계이다. 천사들은 영물이다. 인간의 영혼도 영적인 세계이다.

이 영적 세계는 과학적 실험이나 교육으로 아는 세계가 아니라 믿음으로 안다. 믿음의 눈 즉 영안이 열린 자가 보는 세계이다. 그러므로 사도 바울은 그가 전도할 때에 인간 "지혜의 권하는 말로 하지 아니하고 다만 성령의 나타남과 능력으로 하였"다고 하였다(고전 2:4, 5). "신령한 일은 신령한 것으로 분별하"기 때문에 육에 속한 사람에게는 하나님의 일이 미련하게 보일 뿐이다. 하나님의 구원의 일은 오직 영적으로라야 분변한다고 말씀하였다(고전 2:14). 믿음은 성령 받은 자의 것이고 영적 세계에 속한 것이다.

4) 창조에 관한 것(과거 사실)

세계와 인간의 시원에 관한 것도 믿음의 세계이다.

성경에 기록한 것을 그대로 믿음으로만 천지가 하나님의 창조에 의하여 생겨난 것임을 알게 된다. 인간의 연구는 진화론을 내세우나 그것은 불확실한 가설일 뿐이다. 설령 진화론을 인정한다고 할지라도 최초의 물질은 어디서 온 것인가를 해결하지 못한다. 오히려 하나님을 믿고 하나님의 말씀을 믿음으로 창조의 세계를 인정하는 것이 더 쉽고 합리적이다. 그러므로 말씀하기를 "믿음으로 모든 세계가 하나님의 말씀으로 지어진 줄을 우리가 아나니 보이는 것은 나타난 것으로 말미암아 된 것이 아니니라"(히 11:3절)라고 하였다.

5) 미래에 관한 것

인간의 종말과 인류의 종말과 내세에 관한 것도 믿음으로만 알 수 있다. 이는 눈으로 볼 수 없는 것이고 장래에 도래할 사건이기 때문이다. 다만 하나님을 믿고 하나님의 말씀인 성경을 믿음으로만 알 수 있는 것이다.

6) 義의 세계이다.

"아브람이 여호와를 믿으니 여호와께서 이를 그의 의로 여기셨다"(창 15:6)고 하셨다. 약속하신 하나님을 믿는 믿음을 의로 여기신 것이다. 의는 관계의 개념이라고 할 수 있다. 하나님을 의심하고 그 명령을 거역하였던 아담은 하나님 앞에 불의한 죄인이 되어 쫓겨났다. 하나님을 굳게 믿고서 사단의 말을 물리쳤더라면 인간은 하나님 앞에 의로운 자로 인정을 받게 되었을 것이다. 부부가 한 몸을 이루는 사랑도 상호신뢰에 기초를 둔다. 부자간에 친교를 이루는 사랑도 상호신뢰를 기초로 한다. 친구간의 우정도 상호신뢰를 기초로 한다. 신뢰가 흔들리면 사랑도 깨어진다. 그러므로 예수님께서 제자들에게 믿음을 말씀하시고 이어서 "나를 사랑하면 나의 계명을 지킬 것이니라"고 하셨다(요 14:12-15). 믿음은 하나님과의 관계를 바르게 하는 의(義)이고 하나님과 친교를 이루는 의(義)이다.

7) 믿음의 세계는 인격의 세계이다.

인격의 만남은 믿음으로 성립된다.

상업적인 교제도 있고 정치적인 교제도 있다. 탐욕과 이기심에 의한 교통이 있다(약 4:2-3; 사66:3). 그러므로 "탐심은 우상숭배니라" 고 말씀한다(골 3:5). 그러나 인격적인 교제는 믿음으로 이루어진다. 우리가 하나님을 믿는 것은 하나님과의 인격적 교제의 자리로 들어가는 것을 의미한다. 하나님의 사랑을 받고 하나님을 사랑하여 섬기는 교제인 것이다(요 14:21, 23). 하나님은 아버지 우리는 그의 아들, 하나님은 우리의 왕 우리는 그의 나라와 백성이 된 것이다.

5. 믿음의 종류

박형룡 박사는 그의 책에서 예수 그리스도를 믿는 신앙에 4가지 유형이 있음을 구별하였다.

1) 4종 신앙

① **역사적 신앙 :**

지식적 진리인식을 믿음이라고 생각하는 경우이다.

주님을 불러 주여 주여 하면서 주님의 말씀은 행치 아니하는 신앙 즉 객관적 지식에 만족하는 신앙이다(눅 6:46). 이는 행함이 없는 신앙이요 귀신적인 믿음일 뿐이다(약 2:17, 19). 이러한 신앙을 가리켜 이성적인 신앙, 사색적인 신앙 혹은 죽은 신앙이라고 말하고(촬스하지), 중생치 못한 자의 죽은 신앙이라고 하였다(박형룡).

② **임시적 신앙 :**

돌밭과 같은 신앙을 가리킨다(마 13:20, 21).

"말씀을 듣고 즉시 기쁨으로 받"으니 열정적일 수 있다. 그러나 "뿌리가 없어 잠시 견디다가" "말씀을 인하여" 어려운 시험 환난을 당하게 되면 "곧 넘어지는 자"이다. 이러한 신앙 역시 중생치 못한 자의 신앙이고, 감정적 생활에 근거한 신앙이고, 하나님의 영광보다 자신의 기쁨과 행복을 추구하는 신앙이라고 하였다(박형룡).

③ **이적적 신앙 :**

성경에는 이적과 기적에 대한 기록이 많이 있다. 예수 그리스도께서 신자를 위하여 이적을 행하신다. 그리고 예수 그리스도의 이름으로 사도들도 많은 이적을 행하여 복음을 전하였다. 이와 같이 이적을 따라 믿음을 갖는 경우가 많다. 이적을 보고 믿는 믿음 그리고 자기도 이적을 행할 수 있다는 믿음이 여기에 속한다. 이러한 신앙은 구원적 신앙일 수도 있고 아닐 수도 있다고 하였다(박형룡). 즉 예수 그리스도와 인격적 연합을 이룬 신앙도 있겠거니와 그렇치 못하고 사마리아 시몬처럼 단순히 이적만 따르는 신앙일 수도 있다는 말이다(행 8:4-24). 이적을 따르는 신앙은 매우 위태로운 것임을 알아야 한다. 왜냐하면 단순한 은사적 신앙일 수 있기 때문이다. 구원적 신앙을 갖지 못하면서도 주의 이름으로 여러 가지 일을 행할 수도 있기 때문이다(마 7:21-23).

④ **구원적 신앙 :**

마음에 좌소를 두고 중생한 생명에 뿌리를 둔 신앙 즉 「성령이 마음에 역사하신 결과로 복음 진리에 대한 견고한 확신과 그리스도 안에 있는 하나님의 약속에 대한 성실한 의뢰」(벌코프)라고 하였다.

즉 참된 신앙은 성령으로 말미암아 거듭난 자의 신앙인데 지적인 인식과 정적인 찬동과 의지적인 신뢰로 예수 그리스도에게 나아가는 신앙이라는 말이다. 그러므로 신앙은 두뇌의 작용뿐만 아니고 감정적인 느낌만도 아니고 인격의 중심인 마음의 작용으로 전심 전 생명을 그리스도에게로 의지하는 것이다. 이것이 그 믿는 자를 구원으로 인도하는 신앙이다. 그리고 이같은 구원적인 신앙을 두 방면으로 나눌 수 있다.

2) 믿음의 두 방면

① 말씀에 대한 신앙

이는 성경교훈(하나님의 계시) 전부에 대한 믿음이다. 성경의 교훈 전체를 하나님의 말씀으로 받아들이며 그 성경에서 증거하는 진리를 믿는 것이다.

② 그리스도에 대한 신앙

이를 특수한 신앙이라고 하였다(박형룡). 성경에서 증거하는 예수 그리스도를 믿는 신앙이다. 그리스도의 죽으심과 부활이 곧 나의 구원이 됨을 믿는 신앙이다. 이 신앙으로 구원을 얻게 된다. 그래서 성경 말씀에서 증거하고 계시하신 성삼위일체 하나님께 대한 신앙을 가지게 된다. 즉 인격적 대상으로서 하나님에 대한 신앙이다. 성부 하나님, 성자 하나님(예수 그리스도) 성령에 대한 신앙이다. 이 신앙이 사랑으로 말미암은 인격적 연합을 이루며 이 신뢰에 의하여 하나님의 말씀인 성경을 절대적으로 받고 순종하게 되는 것이다.

3) 잘못된 신앙

성경은 잘못된 신앙이 있음을 경계한다. 그것은 광야 이스라엘을 통하여 경계하시고(고전 10:1-13; 히 3:7-19; 시 106:7-22), 선지자들의 경고를 통하여 경계하시고(사 1:2-17; 겔 33:32), 예수 그리스도께서 바리새인들과 서기관을 책망하심으로 경계하셨다(마 23:1-36; 마 6:1- 16). 형식과 외식으로 자신을 속이는 신앙, 자기 의를 자랑하는 신앙, 하나님의 말씀을 불순종하는 신앙(눅 7:46), 자긍하는 신앙을 경계하셨다(눅 18:9-14). 가시떨기 밭 같이 세상적 욕망을 따른 신앙이 있는데(마 13:22), 이러한 욕심을 따른 신앙은 우상숭배와 같다고 지적하셨다(사 66:3; 골 3:5; 약 4:3). 사마리아 시몬도 이같은 신앙으로 열심을 내였고, 아나니아 삽비라 부부는 헌금도 하였지만 책망과 징벌을 받았다(행 5:1-5; 행 8:9-23). 교회에서 "으뜸되기를 좋아한" 디오드레베는 그 신앙이 잘못된 것이며 그 행위가 악한 것임을 지적하였다(요삼 9). 회개가 없는 신앙을 경계하셨다(마 3:8-12; 요일 1:6 -8; 마 11:20-24; 눅 12:3-5). 율법주의 신앙을 경계하셨고(갈 1장 - 5:12), 반 율법주의 신앙을 경계하셨다(유다서; 벧후 2장). 그리고 영지주의 이단을 경계하셨다(골 1-2장).

순종이 없는 신앙은 나중 심판대 앞에서 주님의 인정을 받지 못한다고 말씀하셨다(마 7:21-23). 그러므로 신앙의 자긍을 경계하여 "그런즉 선 줄로 생각하는 자는 넘어질까 조심하라"(고전 10:12)라고 하셨고 그래서 스스로 자신을 돌아보는 신앙의 반성을 하라고 권하셨다(고후 13:5).

"너희가 믿음에 있는가 너희 자신을 시험하고 너희 자신을 확증하라 예수 그리스도께서 너희 안에 계신 줄을 너희가 스스로 알지 못하느냐 그렇지 않으면 너희가 버리운 자니라"

미가 선지자는 불의하게 살면서 스스로 자긍하여 위로하는 신앙을 지적하여 "야곱 족속의 두령과 이스라엘 족속의 치리자 곧 공의를 미워하고 정직한 것을 굽게 하는 자들아 청컨대 이 말을 들을찌어다.

시온을 피로, 예루살렘을 죄악으로 건축하는도다 그 두령은 뇌물을 위하여 재판하며 그 제사장은 삯을 위하여 교훈하며 그 선지자는 돈을 위하여 점 치면서 오히려 여호와를 의뢰하여 이르기를 여호와께서 우리 중에 계시지 아니하냐 재앙이 우리에게 임하지 아니하리라 하는도다"(미 3:9-11) 라고 경고 하였다.

※ 잘못된 신앙의 여러 유형들

신앙의 곁길이다. 처음부터 잘못 출발한 신앙이 있고, 중도에 변질된 신앙이 있다. 성경에서 그 예를 찾아보면 다음과 같다.

1) 진리에서 떠난 신앙이다(딤후 2:17-18).

성경에서 특히 경계하는 두 이단의 길이 있다(벧후 2:1). 율법주의의 길과 반(反)율법주의의 길이다(갈 1-5장; 유다서; 벧후 2장). "성령으로 시작하였다가 육체로 마치려는" 신앙이고(갈 3:3) "은혜를 색욕거리로 바꾸고" 예수 그리스도를 부인하는 신앙이다(유4; 요일 2:22-23; 골 2장).

이들은 탐심과 색욕(음란)을 따르는 자들이다(벧후 2:2, 3, 18).

2) 회개의 열매가 없는 신앙이다(마 3:8-12; 요일 1:6-10).

이는 입으로는 하나님을 시인하나 행위로는 부인하는 가증하고 복종치 아니하는 자들의 길이다(딛 1:10-16). 행위적 불경건이다. 불의를 떠나지 아니하고 죄를 떠나지 아니하는 신앙, "경건의 모양은 있으나 능력을 부인하는" 신앙(딤후 3:5)이다. 그래서 주의 이름을 부르고 주의 이름으로 각종 은사도 행하지만 하나님의 말씀을 순종치 아니하며 하나님의 뜻과는 거리가 먼 생활을 하는 자가 되는 것이다(마 7:21-27; 요일 2:4). 행함이 따르지 아니하는 신앙(약 2:14-26)이고 오히려 불의하고 불선한 행위로 하나님의 노여움을 사고 하나님의 영광을 가리움으로 하나님의 진노를 쌓는 자로 변질되는 것이다(롬 2:1-7). 이러한 신앙을 가리켜 "들포도"를 맺힌 것이라고 지적하셨고(사 5:1-24) 가라지 열매를 맺는 것이라고 하셨다(마 13:24-30, 38-42).

3) 탐욕적인 신앙이다.

"탐심은 우상숭배니라"(골 3:5)라고 지적하신 말씀과 같이 하나님을 섬기되 자기의 욕망과 이기심을 만족케 하기 위하여 섬기는 신앙이 있다. 세상정욕을 사랑하는 마음에는 하나님의 사랑이 없다고 하셨다(요일 2:15-17). 그 기도도 하나님께 응답되지 아니할 뿐 아니라 오히려 하나님과 원수된다고 하셨다(약 4:3-4). 이같은 신앙은 가시떨기 밭과 같은 마음에 자리잡은 신앙이라 결실이 없고 오히려 미혹에 빠지게 된다고 하셨다(마 13:7, 22; 사 66:3-4; 살후 2:9, 10). 이러한 자는 "마음이 부패하여지고 진리를 잃어버려 경건을 이익의 재료로 생각하는" 미혹에 들게 된다(딤전 6:3-5). 이 미혹에 든 자들 중에 사마리아 성의 마술사 시몬이 있고(행 8:9-24), 아나니아 삽비라 부부가 있다(행 5:1-10). 그리고 "불의의 삯을"따라 가다가 망한 발람 선지자가 있다(유11; 벧후 2:15).

4) 외식적 신앙이다(마 23:1-26).

주님은 바리새인과 서기관들의 외식하는 신앙 태도를 준열히 책망하셨다. 사람의 눈만 의식하는 신앙, 존경과 높임만을 사모하는 신앙, 형식과 외모만 아름답게 꾸미고자 하는 자세를 화 있다고 책망하신 것이다(마 6:1). 자기를 속이고 남을 속이고 하나님까지 속이려고 하는 것이다.

5) 자기 義를 자랑하는 신앙이다(눅 18:9-14).

바리새인들은 자기 義를 자랑하고 다른 사람들을 무시하였다. 이 같은 신앙은 이웃사랑까지도 잃어버리게 되었을 뿐 아니라 하나님께서 보내신 義이신 예수 그리스도를 배척까지 하게 된 것이다(마 7:3-5; 롬 10:2, 3).

6) 사랑을 잃어버린 신앙이다.

처음사랑 잃어버린 에베소교회는 그 촛대를 옮기시겠다고 경고하셨다(계 2:1-5). 사랑을 저버림은 가장 큰 계명을 저버린 것이고(막 12:30, 31), 사랑이 없으면 모든 은사들이 헛될 뿐이고(고전 13:1-), 사랑치 아니하는 자는 그의 신앙고백이 거짓이라고 지적하셨다(요일 1:9-11; 3:9-15).

7) 교만한 마음을 갖게 하는 신앙이다.

교만은 마귀의 정죄에 빠지게 되는 것이고(딤전 3:6) 하나님은 교만한 자를 물리치신다고 하셨다(약 4:6; 벧전 5:3). 교회에서 으뜸되기를 좋아한 디오드레베는 그의 행위가 악하다고 지적되었다(요삼 9-11).

8) 원망 불평하는 신앙

원망불평은 광야 이스라엘의 행습이었고(고전 10:10) 이단들의 행습이라고 지적하셨다(유16).

그리스도를 믿는 신앙은 범사에 감사하는 신앙이다(살전 5:16-18).

9) 말씀을 듣기만 하고 행치는 않는 신앙이다(겔 33:31-32; 약 1:21-25).

10) 진리의 말씀을 듣기를 싫어하는 신앙이다(딤후 4:3-4).

자기 귀를 즐겁게 하는 소리만 듣고자 하는 신앙이다.

11) 자기 믿음을 믿는 신앙이 있다.

이는 주님과 관계없는 스스로의 신념에 불과하다. 소위 긍정적 사고라는 것이다. 긍정적 사고 자체는 좋은 것이다. 그러나 그것은 하나님의 뜻을 묻지 아니하고 자신의 의지를 관철시키려는 정서일 수 있고, 이방 우상숭배자도 할 수 있는 사고이다. 빌 4:13 “내게 능력 주시는 자 안에서 내가 모든 것을 할 수 있느니라”라는 바울의 고백은 예수 그리스도 안에서 무엇이든지 바울의 원하는 것을 할 수 있다는 것이 아니고 비천에나 풍부에나 어떤 상황에 처하든지 감사할 수 있는 능력을 예수 그리스도 안에서 배우게 된 것을 뜻하고 있다(빌 4:11-13). 참된 신앙은 자기 뜻의 관철이 아니라 하나님의 뜻을 찾고 그 뜻에 복종하려는 의지이다(마 26:39; 요 12:27-28). 기독교 신앙은 하나님을 섬기는 믿음인데 스스로의 믿음은 탐욕의 변형일 뿐이지 하나님 예배는 아니다. 모든 잘못된 신앙은 하나님께 예배하지 않는 신앙이라는 점에서 동일하다.

칼빈주의 사상과 신앙 자세

●●●

"이는 만물이 주에게서 나오고 주로 말미암고 주에게로 돌아감이라.
그에게 영광이 세세에 있을지어다 아멘"(롬 11:36)

칼빈주의라고 함은 요한칼빈에 의하여 체계화된 신학사상과 그 태도를 의미함이고 그것은 개혁주의 신학이라고도 하고 성경주의 신학이라고도 말하게 된다. 그 이유는 칼빈주의 사상은 모두가 성경에서 나온 것이며 그 사상은 성경으로 돌아가자는 성경으로의 개혁사상이기 때문이다. 그리고 정통적이라 함은 이 사상이 인간적으로는 어거스틴과 사도 바울에게로 그 정통성이 거슬러 올라가며 나아가서 그 사상의 근거가 하나님의 말씀인 성경이고 그 말씀을 주신 하나님에게로까지 올라가기 때문이다. 무신론자인 미국의 철학자 John Dewey는 칼빈주의에 대하여 답변하기를 "만일 하나님이 계시다면 의심 없이 칼빈주의만이 진리를 정확하게 나타낸다고 생각한다. 그러나 물론 하나님은 존재하지 않는다."라고 말하였다.

1. 칼빈주의의 기본원리(H. Henry Meeter의 「칼빈주의」 참고)

1) 전 포괄적 사상체계이다.

· 사상의 범위가 신학에만 국한된 것이 아니고

· 신학 뿐 아니라 정치, 사회, 문화, 예술 등 모든 것을 포괄한다.

· 그러므로 인생관, 우주관, 세계관 등(축복관, 행복관, 경제관, 종교관 등)이 모두 여기서 나온다.

2) 칼빈주의의 기본원리이며 중심사상은 하나님 사상이다 (롬 11: 36).

· 인간에 대한 어떤 관심으로부터 사상을 출발하지 아니하고

· 하나님에 대한 관심이 전 사상체계의 출발점이 된다.

즉 모든 생각과 이론과 행위의 중심이 하나님이고 시작과 끝이 하나님이시라는 말이다.

혹자는 말하기를 "감리교는 죄인의 구원, 침례교는 중생의 신비, 루터교는 이신득구, 모라비안교는 그리스도의 상처, 희랍정교는 성령의 신비, 로마교는 교회의 보편성에 치중하지마는 칼빈주의는 하나님 사상에 치중하여 출발한다."고 하였다. 하나님 중심사상 체계가 칼빈주의이다. 이점에서 칼빈주의는 복음주의와 다르다.

Henry Meeter는 "하나님을 믿는 신앙을 강조하는 신자가 있다면 그는 칼빈주의자이다. 그가 가는 곳마다 그의 시종 일관한 사상은 하나님이시다. 종교는 인간을 축복하는 것일지라도 인간을 위하여 있지 아니하고 결국은 하나님을 위하여 있다. '이는 만물이 주에게서 나오고, 주로 말미암고, 주에게로 돌아감이라'"(롬 11:36)라고 말하였다.

칼빈주의는 명실공히 하나님 중심사상이다. 즉 신본주의이다. 이는 욥의 신앙사상이었고, 바울의 신앙사상이었다. 이로 볼 때에 현대에 만연하는 축복주의, 은사주의, 교회성장주의 사회 복음주의 등은 모두 칼빈주의 자가 취할 신앙자세는 아니다.

신본주의 사상 체계는 어떻게 적용되는가? 그것은 인간의 구원에 있어서는「오직 하나님의 은혜」신앙으로, 인간을 비롯한 만물의 생성활동은 오직 하나님의 영광을 목표한다는 사상으로 적용된다. 이는 곧 바울의 신학이고 어거스틴의 신학사상이다. 오직 하나님의 은혜, 오직 하나님의 영광이 칼빈주의자들의 외침이다. 이는 하나님 절대주의를 의미한다. 그래서 하나님 중심사상은 곧 하나님 절대주권사상이라고 말한다. 하나님께서 홀로 만물(자연계와 도덕계)을 절대 권위로 지배하시고, 다스리신다는 사상이다(H. H. Meeter).

예를 들면 ① 만물에 대하여

- 하나님께서 창조하시고
- 하나님께서 다스리시고(섭리)
- 하나님께서 심판하신다는 사상이고

② 성경에 대하여

- 하나님께서 친히 계시하시고(자신과 사역)
- 그 계시의 수납 능력(믿음과 지혜)을 인간에게 주셨다는 사상이고

③ 인간 구원에 대하여

- 하나님께서 구원을 계획, 구원자를 선택하심
- 하나님께서 중보자로 예수 그리스도를 보내시고 구속사역을 행케 하심

· 하나님께서 보증으로 성령을 보내 주셔서 중생케 하시고 믿음을 주심
· 하나님께서 친히 영광을 나타내시고 받으심

B. B Warfield 박사는 아래와 같이 말하였다.

즉, "칼빈주의자는 모든 현상배후에서 하나님을 발견하며, 이 모든 현상 속에서 자신(하나님)의 뜻대로 역사하시는 하나님의 손을 보며, 기도하는 태도로 자기의 전 생애의 태도를 삼으며, 구원 문제에 있어서 자아의 전부를 배제하고 하나님의 은혜만 전적으로 의지하는 사람이다." "칼빈주의의 기본원리는 하나님의 존엄성을 완전히 이해하는데 있다. 그렇게 이해 하는데는 하나님과 그의 피조물, 특히 죄인과의 관계를 분명히 이해하여야 된다. 칼빈주의자는 하나님을 본 자요, 또 그렇게 하나님을 본 결과로, 한편으로는 피조물로서 더욱이 죄인으로서 하나님 앞에 설 수 없다는 느낌이 가득 찼고, 다른 편으로는 그 하나님이 죄인을 영접하시는 하나님이시라는 사실로 인하여 경이감으로 충만한 자이다. 누구든지 서슴치 않고 하나님을 믿고, 또 자기의 사상, 감정, 의지에 있어서나, 자기생활의 활동 전부, 곧 지적, 도덕적, 영적 활동에 있어서나, 개인적, 사회적, 종교적 관계에 있어서 하나님이 필경 다 주장하시는 분임을 믿는 자는, 가장 엄밀한 논리의 힘과 필연성에 의하여 칼빈주의 자라고 지적된다."라고 말한 것이다.

"그러므로 칼빈주의자는 하나님으로 하나님 되게 하는 자이고, 그렇게 사색방향이 잡혀진 자이다."(H. H. Meeter) 예컨대 비록 하나님의 절대주권하에 인간이 범죄 타락하였다 할지라도 하나님께서 그

죄에 대한 책임을 지게 하려하지 아니하고 인간의 책임으로 강조하려하는 것이다. 요컨대 칼빈주의는 인간의 구원보다 하나님의 영광에 관심이 더 집중되고, 인간의 노력보다 하나님의 은혜에 더 관심이 집중된다. 그러면서도 하나님께서 인간을 구원하시고, 인간은 자신의 죄를 버리고, 하나님의 은혜를 사모할 뿐 아니라 하나님의 영광을 위하여 헌신하여야 할 것을 강조한다. 비록 자신이 지옥 간다 할지라도 하나님의 영광 위하여 순종, 헌신하는 자가 칼빈주의자이다.

3) 칼빈주의는 성경주의 사상이다(딤후 3:15-17).

① 성경에서 모든 사상과 원리를 찾고

② 신구약 성경 66권만이 유일한 하나님의 말씀으로 믿으며

③ 성경의 절대권위성을 강조한다.

그래서 모든 시비의 최종 판단 검증자가 성경이고, 인간의 모든 행위와 사상의 표준이 성경임을 강조한다.

④ 그러므로 칼빈주의자는 그 사색과 행위를 성경에서 출발하고 성경을 따라가고 성경에서 멈춘다. 이를 계시의존사색(啓示依存思索) 이라고 한다. (박윤선)

이성의존사색(理性依存思索)을 하지 않고 계시의존사색을 하는 자가 칼빈주의자이다. 인간은 하나님의 말씀을 벗어 날 수 없으며 성경은 인간에게 주신 유일한 하나님의 말씀이기 때문이다. 하나님께서만이 정경(正經)(CANON)이시고, 그러므로 하나님의 말씀인 성경이 인간에게 주신 유일한 정경(CANON)이다.

4) 칼빈주의는 개혁주의 사상이다 (막 1:15; 행 26:17-20; 히 4:12, 13; 행 20:21).

① 개혁의 주체 : 삼위일체 하나님

② 개혁의 방도 : 복음 증거와 기도

③ 개혁의 표준과 목표 : 성경 진리

④ 개혁의 객체 : 자신부터

⑤ 개혁의 역사 : 회개 운동

⑥ 개혁의 성격 : 신본주의적임, 인본주의적 인위적 개혁 배제

⑦ 개혁의 모범 : 예수 그리스도, 오직 말씀 전파와 기도로 개혁 운동(요 18:37; 막 9:29; 엡 6:17-19)

요컨대 하나님께서만이 인간 개혁의 주체이시며, 그 방편은 오직 말씀진리와 성령의 역사 뿐임을 믿는다(요 16:8-14; 롬 8:6-11). 인간은 다만 하나님의 개혁에 수종자일 뿐이니 말씀 전파의 도구이며 하나님께서 개혁하시도록 헌신하는 것 뿐이다(고후 6:6,7). 그러므로 목회자의 설교는 개혁적인 설교가 되어야 하고 그것은 곧 말씀절대주의 설교라야 하는 것이다. 말씀에서 시작하여 말씀으로 끝나는 설교, 그래서 말씀 자체에 의하여 인간 심령의 변화를 일으키는 설교이다. 왜냐하면 사람의 마음의 문을 여시는 이도 하나님이시고 그 심령에 생명에 이르는 회개를 일으키시는 이도 하나님이시기 때문이다(고후 7:10; 요 16:8-11). 말씀이 인간 심령을 찔러 쪼개는 검이기 때문이다(히 4:12,13; 엡 6:17). 그러므로 바울은 오직 십자가 복음만

성령에 의하여 전하였다.(고전 2:1-2, 4-5)

칼빈주의자는 하나님께서만이 인간의 개혁자이심을 믿기 때문에 인위적 개혁운동이나, 더욱이 폭력적 방법에 의한 개혁은 결코 용납할 수 없다고 주장한다. G. I. Williamson은 그의 「소요리 문답 강해서」에서 말하기를 "오늘날 기독교인의 이름으로 정치적 시위를 일삼는 자들이 있는데 실상 그들은 크리스챤과는 전혀 관계가 없는 자들임이 분명하다"라고 하였다. 박형용 박사는 그의 「신복음주의 비평」에서 말하기를 "그리스도의 사신들인 우리들은 이 악한 세상에 새로운 사회 철학을 만들기 위하여 임재한 것이 아니다. 자유주의 역사가인 Harnack도 말하기를 「교회는 세계로 더불어 하는 것을 가장 적게 가진 때에 세계에 가장 큰 영향력을 가졌던 것이다」라고 하였다. 칼빈주의의 국가 사회에 대한 의무관은 상술과 같이 제한 있고 온건한데, 오늘날 W. C. C. 나 N. C. C. 사회 복음 운동가들이 세속적 사건에 관한 국가의 법령에 반항하여 군중을 모아 가두데모를 벌리고 목사들이 경관에게 붙들려 투옥되는 따위의 추태는 무슨 망꼴인가?" 라고 하였다.

하나님의 개혁은 인간 개인의 심령 개혁에서부터이고, 그것은 복음 전파의 방법으로 역사하는 회개의 길임을 믿고 순종하는 자가 칼빈주의자이다(고전 1:21-24).

2. 칼빈주의의 신앙자세, 칼빈주의자는 어떻게 사는가?

1) 오직 하나님의 영광을 목표하고 추구한다 (오직 하나님의 영광 위하여).

소요리문답 제1문 "인생의 제일되는 목적은 하나님을 영화롭게 하는 것과 그를 영원히 즐거워하는 것이다"라고 하였다.

고전 10:31 "그런즉 너희가 먹든지 마시든지 무엇을 하든지 다 하나님의 영광을 위하여 하라"

그러므로 칼빈주의자는 무엇보다 하나님 예배를 우선으로 한다(마 4:10). **정의보다 경건이 앞선다.** 그러므로 교회는 정의를 세우고 자선을 힘써야 하지만 정의의 단체나 자선사업단체는 아니다. 오직 하나님께 신령한 제사를 드리는 거룩한 제사장 단체이다. 즉 예배 공동체이다(행 2:42-47; 고전 6:19-20; 벧전 2:5, 9; 계 1:6). 박윤선 박사는 말하기를 "「경건치 않음」은 하나님에 대하여 바르지 못한 태도이고(21-25), 「불의」는 인간에 대한 바르지 못한 태도이다(26-32). 후자는 전자의 결과이다. 먼저 하나님을 바로 공경한 뒤에 사람에게도 덕을 세울 수 있다"(롬 1:18주석)라고 하였다. 하나님과의 바른 관계가 우선이다. 칼빈주의자는 항상 하나님 앞에서 자신의 삶을 정리하는 자이기 때문에 경건을 우선으로 한다. 그러므로 십계명 중에 제4계명을 강조하고, 십일조 헌금을 강조하며 교회의 공예배를 소중히 여긴다. 사단의 시험에 대한 예수 그리스도의 대답은 하나님 제일주의의 신앙자세를 우리에게 가르쳐 준다. 즉 시급한 경제문제보다도 하나님의 말씀이 제일이며, 큰 이적기사보다는 하나님께의 순종이 귀하고, 오직 하나님께 경배 드리고 그를 섬김이 제일임을 말씀하신 것이다(마 4:4-10).

2) 하나님께의 순종을 우선으로 한다 (순종 제일주의).

하나님께의 헌신 제사도 순종함으로의 예배이다. 순종이 없는 제사는 사신우상에게 절하는 죄와 같다고 성경은 지적하고 있다(삼상

15:22-23; 사 66:2-4). 하나님의 절대주권을 신봉한다면 우리의 모든 것이 하나님께 절대 의존되어야 할 것이고, 그것은 곧 절대 순종에서 이루어짐을 알 수 있다. 여기서 신자의 절대 신뢰와 함께 절대 순종이 있고, 그 순종으로 말미암은 절대 헌신, 절대 충성이 열매를 맺히게 된다. 신조 아브라함의 신앙은 순종에서 출발하여 독자 이삭을 제물로 바치기까지, 오직 순종으로 일관된 것이었다(히 11:8, 17; 약 2:21-23; 창 12:1-4; 22:1-12).

여기에서 목회적 자세도 나온다. 오직 하나님의 영광 위한 목회는 하나님 중심의 목회이고, 그것은 하나님께의 절대순종으로부터 시작되는 목회이고, 그 순종으로 헌신하고 목양하는 목회이다. 그러므로 예컨대 교회당을 짓는 문제도 하나님께의 순종이 앞설 때에 좋은 결과를 가져오게 된다. 만약 순종보다 업적이 앞선다면 그것이 아무리 선한 것일지라도 그것은 바벨탑이 되고 말 것이다. 하나님과 관계없는 일을 하는 것이다. 하나님과의 관계는 스스로의 어떤 확신이 아니고 순종이다. 말씀과 섭리에의 순종이다. 그리고 목회는 하나님의 양무리인 성도들과 함께 하는 순종이라야 한다. 업적보다 순종이 우선이다. 이것이 칼빈주의자의 자세이다.

3) 칼빈주의는 윤리를 강조한다 (강한 윤리 인식).

하나님께의 순종과 예배는 종적 윤리로써 신-인간의 정의로서 경건이라고 하고, 이웃을 사랑하는 봉사는 횡적윤리로서 인-인간의 정의로써 선행이라고 부른다. 칼빈주의가 타교파와 다른 점은 윤리를 강조함에 있다고 H. Meeter는 지적하고 있다. 그 이유를 말하기를 첫째, 구원도 하나님의 영광을 위한 방편이기 때문이고 둘째, 하나님의 구원은 전 인격적인 구원임으로 구원받은 자는 전 인격을 하나님께 드려야 한다고 하였다. 즉 예수 그리스도 안에서의 구원은 인간의 자유를 위함보다도 하나님을 위하여 착한 일에 성실한 사람이 되게 하려는 것이라고 하였다. 그리스도 신자는 그리스도 예수 안에서 선한 일을 위하여 지으심을 받은 자라고 말씀한다.(엡 2:10; 딛 2:14)

"루터교파나 혹은 복음주의자들의 경우에 있어서 강조되는 중심사상은 인간구원의 어떤 부분이다… 율법이 이제는 신자에게 하등의 소용이 없다고 하여 도덕문제를 경히 여기는 경향이 있다. 그러나 칼빈주의자는 하나님을 신학체계의 중심에 두고, 모든 것의 목적을 하나님과 그의 영광에 두는 자인만큼 그에게는 인간의 구원도 보다 더 고상한 목적을 위한 방편, 곧 하나님을 위하여 착한 일에 성실한 사람이 되게 하려는 방편이 된다."(H. H. Meeter)

그러므로 칼빈주의자는 계명을 소중히 여긴다. 하나님의 영광을 위한 도구로써, 그리고 선한 일을 위하여 하나님의 뜻을 순종하여 받들려는 충성된 의무로써 계명을 더 소중히 여기고 준수하기를 기뻐하며 힘쓴다(요일 2:3-6; 5:3). 그리스도 안에서 자신에게 주어진 자유를 자신의 이익과 육체의 소욕을 따라 사용치 아니하고 오직 하나님의 영광과 이웃의 구원과 건덕을 위하여 사용하는 자가 되기를 힘쓴다. 자유의 권리보다 사랑의 의무를 더 강조하며, 자신의 이익보다 이웃의 구원과 하나님의 영광을 위하여 자신을 절제하고 헌신한다(갈 5:13-15). 사도바울은 그리스도 안의 자유를 오용하는 고린도 교인들에게 보내는 편지에서 권면하기를 "모든 것이 가하나 모든 것이 유익한 것이 아니요 모든 것이 가하나 모든 것이 덕을 세우는 것이 아니니 누구든지 자기의 유익을 구치 말고 남의 유익을 구하라" "내가 말한 양심은 너희의 것이 아니요 남의 것이니 어찌하여 내 자유가 남의 양심으로 말미암아 판단을 받으리요 만일 내가 감사함으로 참예하면 어찌하여 내가 감사하다 하는 것에 대하여 비방을 받으리요 그런즉 너희가 먹든지 마시든지 무엇을 하든지 다 하나님의 영광을 위하여 하라 유대인에게나 헬라인에게나 하나님의 교회에나 거치는 자가 되지 말고 나와 같이 모든 일에 모든 사람을 기쁘게 하여 나의 유익을 구치 아니하고 많은 사람의 유익을 구하여 저희로 구원을 얻게 하라"(고전 10:23-24, 29-33)라고 하고, 갈라디아 교회에 보내는 편지에도 "형제들아 너희가 자유를 위하여 부르심을 입었으나 그러나 그 자유로 육체의 기회를 삼지 말고 오직 사랑으로 서로 종노릇하라"(갈 5:13)라고 권면하고 있다.

예수께서도 가이사에게 바치는 세금문제로 질문하는 유대인들에게 대답하기를 "그런즉 가이사의 것은 가이사에게 하나님의 것은 하나님에게 바치라"고 말씀하심으로 우리의 권리 주장보다도 의무 실천을 강조하셨다.(Jamas S. Stewart) (롬 13:1-7; 벧전 2:11-18) **예수 그리스도 안에 있는 자에게는 율법이 정죄의 법으로가 아니고, 은혜의 법으로 신자에게 주어진 것을 믿는다.** 하나님을 기쁘시게 하고, 이웃을 사랑하는 사랑의 실천법으로 주어진 것이고, 경건의 빛(제1계명-제4계명)과 정의의 빛(제5계명-제10계명)으로 세상을 대한 선행의 빛으로 주어진 것이고, 하나님의 축복의 조건으로, 그리고 그리스도의 새 계명의(요 13:34; 14:15; 15:10-12) 실천 사항으로 주어진 것이라고 믿는 자가 칼빈주의자이다. 그러므로 칼빈주의자를 율법주의자라고 오해하는 사람들도 있으나 칼빈주의는 율법주의가 아니고 하나님의 구원의 은혜를 받은 죄인이 자신의 죄악성을 깊이 통감할 뿐 아니라, 하나님의 영광의 거룩을 아는 자로써 더욱 하나님의 은혜 안에 거하려는 열심과 충정에서 나오는 믿음의 법으로 계명을 기쁨으로 준수하려는 것이다. 하나님께 영광을 위한 법으로 말이다. **예수 그리스도 안에서 율법(계명)은 더 완전한 의미로 우리에게 주어진 사랑의 실천조항이다**(롬 3:31; 요일 5:3; 마 5:17-19).

제2부 설교

"거룩한 행실과 경건함으로 하나님의 날이 임
하기를 바라보고 간절히 사모하라" (벧후 3:11,12)

교회의 정체성을 지켜라

"하나님의 집에서 어떻게 행하여야 할 지를 알게하려 함이니 이 집은 살아계신 하나님의 교회요, 진리의 기둥과 터이니라"(딤전 3:15)

우리 그리스도 신자들이 '하나님의 집'인 교회에서 '어떻게 행하여야 할지를' 알기 위하여는 교회의 정체성을 바로 아는 것이 매우 중요합니다(딤전 3:15). 특히 교회를 위하여 세움 받은 교회의 제직들(목사, 장로, 집사, 권사 등)은 더욱 교회의 정체성을 바로 이해하여야 합니다.

교회는 무엇 하는 단체입니까? 교회는 그리스도의 삼직 즉 제사장, 선지자, 왕의 직을 수행하는 기관으로써 정체성을 가집니다.

1. 교회는 제사장 단체 즉 예배 공동체입니다 (벧전 2:5; 딤전 3:15).

교회는 '하나님의 집' 즉 '하나님의 성전'(고전 3:16)으로써 하나님이 기쁘시게 받으실 신령한 제사를 드릴 거룩한 제사장입니다(벧전 2:4-5). 제사장은 하나님을 섬기는 일을 전무하는 거룩한 직이고, 신령한 제사로 하나님을 섬기는 것이 예배입니다. 즉 하나님 앞에 신령과 진정으로 경배하여 하나님을 기쁘시게 섬기는 일이 예배입니다. 사도 바울은 하나님의 전적 은혜로 구원 받은 신자가 해야 할 첫째 일이 하나님을 섬기는 예배임을 말씀하였습니다.

"그러므로 형제들아 내가 하나님의 모든 자비하심으로 너희를 권하노니 너희 몸을 하나님이 기뻐하시는 거룩한 산 제물로 드리라 이는 너희가 드릴 영적 예배니라"(롬 12:1)

교회는 세상에서 부름 받아 하나님을 기쁘시게 섬기는 예배 공동체입니다. 즉 '어두움에서 빛으로, 사탄의 권세에서 하나님께로 돌아'와 '죄 사함' 받고 예수 그리스도를 '믿어 거룩하게 된 무리'로서 하나님께 속하여 하나님만 전적 섬기는 예배 단체인 것입니다(행 26:18).

그러므로 교회는 예배를 지켜야 합니다.

교회로 모여서 드리는 공동체적 예배를 통하여 그리스도의 지체된 성도들의 유대와 교제가 활발하여지며, 하나의 교회로써 시공을 초월한 성도의 연합과 일치를 이루게 됩니다. 한 성령 안에서 한 그리스도를 믿고 한 하나님을 섬기고 동일한 신앙 고백과 동일한 찬송과 동일한 하나님의 말씀인 성경 진리로 하나님께 예배하는 하나의 교회로 세워져 가게 되는 것입니다. 땅위의 교회가 천상의(승리한) 교회와 하나로 연합되고 인류의 전 역사를 통한 모든 교회가 함께 한 하나님께 감사와 찬송과 영광을 돌리게 되는 것입니다. 그러므로 성경은 경건을 정의보다 우선순위로 여길 것을 가르칩니다(롬 1:18-32). 바꾸어 말하면 인생에게 있어서, 하나님을 섬기는 경건이 무너지면(롬 1:21-25) 인간 사이의 정의도 무너지게 된다는 말씀입니다(롬 1:24-32).

예배는 하나님의 것을 하나님께 바쳐 드리는 것입니다.

"이는 만물이 주에게서 나오고 주로 말미암고 주에게로 돌아감이

라 그에게 영광이 세세에 있을지어다 아멘"(롬 11:36)

영광과 존귀와 감사와 찬송과 경배는 하나님의 것입니다. 이 하나님의 것을 하나님께 올려 드릴 수 있는 사람이 되게 하시고자 하나님은 우리 인간을 죄로부터 구원하시고 거룩한 사람, 하나님의 아들이 되게 하신 것입니다(엡 1:3-14). 이것이 예수 그리스도 안에 있는 구원입니다. 그러므로 이 은혜를 지키기 위하여 앞서간 순교 성도들은 피 흘리기까지 믿음을 지켜 하나님께 충성하였습니다(계 7:13-15; 6:9-11). 예배가 무너지면 교회는 인간 집단으로 변질되고, 하나님의 성전을 '장사하는 집' 으로 만들고 '강도의 소굴'로 만들었던 옛 유대인들 같이 주님의 책망을 받게 됩니다(요 2:16; 마 21:13). 분쟁과 무질서와 부도덕으로 예배를 훼손하는 고린도 교회에게 경계하기를 "누구든지 하나님의 성전을 더럽히면 하나님이 그 사람을 멸하시리라 하나님의 성전은 거룩하니 너희도 그러하니라"(고전 3:17)라고 말씀하였습니다. 그러므로 히브리서 기자는 권계하기를 "그러므로 우리가 흔들리지 않는 나라를 받았은즉 은혜를 받자 이로 말미암아 경건함과 두려움으로 하나님을 기쁘시게 섬길지니 우리 하나님은 소멸하는 불이심이라"(히 12:28-29)라고 한 것입니다. **경건을 잃지 말고 하나님을 경외함으로 하나님을 기쁘시게 섬기는 교회가 되어야 합니다.**

예) 우리 선배 성도들은 경건을 지키기 위하여 순교하였습니다.

① 교회당에 일장기 계양과 동방요배를 거부하였고 신사참배를 거부하다가 감옥에 갔습니다.

② 공산정권하에서 주일 성수를 위하여 온갖 핍박을 받아 수용소에서 강제 노동을 하다가 순교하였습니다.

우리 교단 헌법 예배모범에는 주일성수와 예배의 경건을 지킬 것을 규정하고 있습니다.

① 교회당내에 송덕비나 개인을 기념하는 것을 금하였습니다.
② 주일에는 하나님 예배 외에 다른 일을 금하였습니다.
③ 즉 주일 예배 때에 어떤 사람을 기념, 축하, 애도하는 일을 금하였습니다.

오직 하나님만 바라보고 하나님께만 전심전력 다하여 예배하게 한 것입니다. 성도 교제의 인사도 예배를 마친 후에 할 것입니다. 현대 예배가 열린예배라고 하여 청년들의 흥미를 따라 공연이나 축제처럼 변질되어가고 있는 것을 경계해야 합니다. 예배가 인간 본위로 변질되면 교회가 세속화되고 맙니다. 예배의 경건이 무너지면 교회의 거룩성을 잃게 됩니다. 예배는 하나님이 받으시는 것이지 예배하는 사람이 받는 것이 아닙니다. 인간의 기쁨이나 만족이 아니고 하나님의 기쁨과 만족입니다. **예배의 중심이 하나님이십니다.** 하나님께서 예배의 규칙을 정하셨고, 하나님께서 예배 자를 찾으셨고, 만드셨고 예배하게 하시고, 하나님께서 그 예배를 받으시는 것입니다(요 4:23; 사 43:21). 인간이 만들어낸 어떤 방법이 아니고 하나님의 정하신 예법이 있습니다(히 9:1).

교회는 세상이 할 수 없는 일 즉 거룩한 일인 예배를 수행하는 단체입니다. 경건 파수는 교회만이 해야 하는 사명이고 책임이며 권리입니다. 비록 전도를 위한 일일지라도 하나님의 것을 양보하면 그 전도는 좋은 열매를 거둘 수 없을 것입니다. 예수께서 벌써 그것을 경계하셨습니다. 바다와 육지를 두루 다녀서 한 사람 전도한 후에 오히려 자기보다 배나 지옥 자식이 되게 한다고 책망하신 것입니다

(마 23:15).

2. 교회는 '진리의 기둥과 터' 이라고 말씀합니다(딤전 3:15).

교회는 진리이신 예수 그리스도를 터로 하여 말씀 진리로 세운 집입니다(고전 3:10-15). 즉 교회는 복음진리로 세워지고 성경 진리를 선포하고 가르치는 집이란 말입니다.

그러므로 교회는 십자가의 도를 전하고(고전 1:18-24) 부활 진리를 증거하여야 합니다(고전 15장). 즉 우리의 죄를 위하여 십자가에 죽으시고 그리고 우리의 의를 위하여 다시 살아나신 예수 그리스도를 전하고 증거할 뿐 아니라 그 예수 그리스도를 따라서 믿음의 십자가를 지고 자신을 희생할 때에 부활 승리에 이르게 된다는 진리를 전하고 가르쳐야 하는 것입니다. 그러므로 부활의 증인으로서 교회는 땅에 속한 어떤 지식이나 방법을 가르치지 아니하고 천국 영생의 진리를 증거하고 가르치며, 인간 구원의 진리 즉 인간을 살리는 '생명의 도'를 전하고 가르치는 것입니다.

그러므로 교회는 하나님의 말씀인 성경 진리를 믿고 전하고 가르치는 것입니다(딤후 3:15-17; 요 5:39). 성경 말씀은 살아 계신 하나님의 말씀으로써의 권세가 있어서 인간 심령을 깊이 해부하고 들추어내어 하나님 앞에 회개케 하는 운동력이 있는 '성령의 검' 임을 믿고 의지하여 전하는 것입니다(히 4:12, 13; 엡 6:17). 즉 성경의 절대 권위를 믿고 그 성경을 전하는 것입니다(딤후 3:15-17).

그러므로 교회는 하나님의 말씀을 혼잡하게 하지 않도록 주의해야 합니다(고후 2:17). 하나님의 말씀 진리를 전하는 교회를 농담하는 곳이나 듣기 좋은 꽃노래를 부르는 곳으로 만들지 않도록 주의해야 합니다(창 19:14; 겔 33:32). 그러므로 말씀을 전하는 자는 "진리의 말씀을 옳게 분변하며… 자신을 하나님 앞에 드리기를 힘써야"(딤후 2:15)하고, 사람을 기쁘게 하려는 유혹을 물리치고 오직 하나님을 기쁘시게 하려는 일념으로 말씀을 전할 것이며(갈 1:10), 말씀을 받는 자는 자기 귀를 즐겁게 하는 이야기를 듣고자 하지 말고 하나님의 명령을 받들고자 하는 태도로 말씀을 받아야 합니다(딤후 4:2-5). 다윗은 고백하기를 "의인이 나를 칠지라도 은혜로 여기며 책망할지라도 머리의 기름 같이 여겨서 내 머리가 이를 거절하지 아니할지라… 내가 항상 기도하리로다"(시 141:5) 라고 하였습니다.

교회당은 어떤 공연장이나 노래방이 아닙니다. 웃음치료를 행하는 곳도 아닙니다. 오히려 울기 위하여 모이는 곳입니다. 죄를 슬퍼하여 울고(마 5:4; 사 57:15; 시 6:6), 그 죄로부터 구원 받은 은혜를 인하여 울고(눅 7:38), 하나님의 나라와 의를 구하여 울고, 그 은혜를 사모하여 울고(계 5:4), 나라와 민족을 위하여 울고(눅 19:41; 겔 9:4; 렘 9:1), 교회와 이웃을 위하여 하나님 앞에서 우는 집입니다(히 5:7; 요 11:35). 너무 기뻐서 울고, 새 삶의 결단을 위하여 울고, 형제를 위하여 우는 것입니다. 값싼 웃음은 '솥 밑에서 가시나무가 타는 소리 같'다고 하였습니다(전 7:6).웃음도 하나님께로부터 오는 위로로 말미암은 것이라야 합니다(시 126:2-3; 고후 1:3, 4). 그 말씀의 은혜로 말미암은 기쁨이고(행 2:42-47; 8:6-8; 10:34), 성령의 은혜로 말미암은 기쁨입니다(롬 14:17).

사도 바울은 복음을 전할 때에 **'말과 지혜의 아름다운 것'** 즉 **"설득력 있는 지혜의 말로 하지 아니하고 다만 성령의 나타남과 능력으로 하여 너희** 믿음이 사람의 지혜에 있지 아니하고 다만 하나님의 능력에 있게 하려 하였노라"(고전 2:1, 4, 5)라고 말하였습니다. 즉 바울의 전도와 설교가 어떤 인간 지식이나 인위적 설득에 의한 것이 아니고 오직 하나님의 말씀(십자가 복음)과 성령께 의지함으로 행한 것이라는 말씀입니다. 이는 바울의 전도가 오직 하나님의 말씀을 전하는 자로서의 충성과 인간의 구원이 하나님께 있음을 믿고 또 그렇게 하나님의 전적 은혜에 의한 신앙을 전하려는 것이었음을 말하고 있는 것입니다. **선지자는 사람을 대하여 하나님의 말씀을 가지고 가서 전하는 하나님의 사자입니다.** 그러므로 선지자는 듣든지 아니 듣든지 오직 하나님의 말씀을 가감 없이 그대로 전하는 것입니다. 하나님의 말씀 자체에 인간 치료와 구원에 이르는 믿음을 일으키는 능력이 있습니다(딤후 3:15-17). 그러므로 인간의 닫힌 마음의 문을 열게 하고 귀를 기울이게 하며 심령속 깊이 진리의 빛을 비추어 회개케 하는 능력이 말씀 자체에 있습니다(고후 4:3-6; 행 26:18). 인간의 말 재주로 사람의 마음을 얻고자 하지 말아야 합니다. 말씀의 유희(농담)화, 설교자의 인기 연예인화를 경계해야 합니다. 인간을 두려워하고 인간의 귀를 즐겁게 하는 소리는 선지자의 소리가 아닙니다.

"…무릇 마음이 가난하고 심령에 통회하며 내 말을 듣고 떠는 자 그 사람은 내가 돌보려니와… 여호와의 말씀으로 말미암아 떠는 자들아 그의 말씀을 들을지어다…"(사 66:2-5)

"너는 말씀을 전파하라 때를 얻든지 못 얻든지 항상 힘쓰라… 가르침으로 경책하며 경계하며 권하라 때가 이르리니 사람이 바른 교훈을 받지 아니하며… 또 그 귀를 진리에서 돌이켜 허탄한 이야기를 따르리라 그러나 너는 모든 일에… 전도자의 일을 하며 네 직무를 다하라"(딤후 4:2-5)

3. 교회는 세상의 빛이라고 말씀합니다(마 5:14-16).

교회는 제사장적 사명을 가진 예배 공동체이고 선지자적 사명을 수행하는 진리의 집입니다. 그리고 왕적 사명을 감당해야 하는 빛입니다.

예수 그리스도에 대하여 말씀하시기를 "또 만물을 그의 발 아래에 복종하게 하시고 그를 만물 위에 교회의 머리로 삼으셨느니라"(엡 1:22)고 하셨습니다.

그리스도께서 만왕의 왕이십니다. 그러나 그는 이 세상에서 자신을 십자가에 희생하시기 위하여 오신 왕이십니다. 그 나라를 진리로 세우시고 진리로 다스리시는 왕으로 오셨습니다(요 18:37). 그래서 흑암의 권세에 매인 자들을 건져 내사 빛으로 나아오게 하시고, 사망의 그늘에 앉은 자들을 이끌어 생명의 빛으로 나아오게 하십니다(마 4:16; 히 2:14, 15).

"예수께서 또 말씀하여 이르시되 나는 세상의 빛이니 나를 따르는 자는 어둠에 다니지 아니하고 생명의 빛을 얻으리라"(요 8:12)

예수 그리스도는 세상의 빛으로서 왕이십니다(요 1:4-12). 빛은 어둠을 밝히고(이기고) 길을 인도합니다. 그래서 사람들은 빛으로 나아오고 그 빛을 따라 가는 것입니다. 예수 그리스도는 그를 따르는 자에게 생명의 빛을 주시는 왕이십니다. 그 주님께서 **교회가 또한 세상의 빛이라고 말씀하셨습니다**(마 5:14-16). 교회는 '만물 위에 교회의 머리' 되신 예수 그리스도의 몸으로서 세상의 빛인 것입니다. 그러므로 교회는 세상 속에 있지만 세상과 구별되어 있고 세상 위에 있어서 그리스도의 빛을 발하는 왕입니다. 그래서 교회(성도)를 '왕

같은 제사장' 이라고 말씀합니다(벧전 2:9). 그러므로 교회는 하나님께 대한 회개와 예수 그리스도에 대한 믿음을 전하는 빛이 되어야 하는 것입니다. 생명의 빛을 비추고, 진리의 빛을 비출 뿐 아니라 성결의 빛을 비추고 선행의 빛을 비추어야 하는 것입니다(마 5:14-16; 벧전 2:12; 딛 2:14). 그래서 어두움에서 방황하는 자들을 옳은데로 인도하고(단 12:3) 사망의 문 앞에 서 있는 자를 생명의 길로 인도하는(마 4:16) 빛이 되어야 하는 것입니다.

청년들이 교회를 떠나는 이유는 세속적인 흥미가 없어서가 아니고 영적인 흥미가 없어서이고, 그리고 거룩성에 대한 기대가 무너졌기 때문입니다. 교회는 '거룩하게 된 무리'인데 그 거룩성을 지키지 못하고 오히려 세속화의 길로 빠져들고 있기 때문입니다. 교회는 신앙과 소망을 줄 뿐 아니라 죄를 회개하는 정직을 가르치는 의인의 단체가 되어야 합니다(요일 1:7-10; 시 1:5). 하나님 앞에서 인간의 정직은 "나는 죄인입니다"라고 고백하는 것이라고 박윤선 박사는 전하였습니다(요일 1:8).

그리스도께서 왕이십니다. 그리스도께서 교회를 통하여 세상을 다스리십니다. 세상의 빛이 되셔서 세상을 보호하시고 인도하시고 그리고 심판하십니다. 그러므로 교회는 머리되신 그리스도께서 말씀과 성령과 그의 이름의 권세로 교회를 다스리고 주장하시고 양육하시고 인도하시게 하여야 합니다. 그래서 그 그리스도의 다스리심을 통하여 교회는 세상의 빛이 되어야 합니다. 그리스도의 빛을 드러내어야 합니다. 인간 집단의 추하고 어두운 모습이 아니라 그리스도의 몸으로서 하나님의 집으로써 거룩한 빛을 드러내고 선한 빛을 드러내야 합니다. **'거룩한 무리'로서 거룩성을 지켜야 하고 의인들의 모임으로써 선행의 빛을 비추어야 합니다.** 거룩한 행실의 옷을 입어야 하고 착한 행실의 옷을 입어야 합니다. 빛의 갑옷을 입어야 하는 것입니다(벧후 3:11; 벧전 1:15; 히 12:14; 벧전 2:12; 딤전 2:10; 계 19:8; 롬 13:12). 초대 교회는 이 빛을 비추었습니다. 그래서 교회를 바라보는 백성들이 두 가지 반응을 나타내었는데, 칭송하고 두려워하였다는 것입니다(행 2:43-47). 즉 "사람마다 두려워하는데… 날마다 마음을 같이 하여 성전에 모이기를 힘쓰고… 하나님을 찬미하며 또 온 백성에게 칭송을 받으니 주께서 구원 받는 사람을 날마다 더하게 하시니라"고 하였습니다. 이것이 세상의 빛으로 세움 받은 교회의 모습이고 성도의 삶입니다. 그렇게 할 때에 교회는 그리스도와 함께 세상을 심판하는 자리에 앉게 됩니다. 세상에 있으나 세상 위에서 세상을 바르게 인도하는 지도자의 위치를 지켜야 합니다.

"너희는 떨며 범죄하지 말지어다 자리에 누워 심중에 말하고 잠잠할지어다 의의 제사를 드리고 여호와를 의지할지어다"(시 4:4, 5)

결론 : 사도 바울은 "내가 선한 싸움을 싸우고 나의 달려갈 길을 마치고 믿음을 지켰으니"(딤후 4:7)라고 고백하였습니다.

바울 사도 그가 신앙인의 정체성을 지켰고, 사도의 정체성을 지켰다는 고백입니다.

"선한 싸움을 싸우고" : 믿음의 선한 싸움을 싸웠다는 말입니다. 그래서 죄(불의)와 타협하지 아니하였고(선지자), 우상 앞에 고개 숙이지 아니하였고(제사장), 세상 권력 앞에 무릎 꿇지 아니하였다는 것입니다(왕).

"달려갈 길을 마치고" : 사도의 사명을 완수하였다는 말입니다. 그래서 복음을 순전하게 전하였고 즉 말씀을 혼잡케 아니하였고(선지자), 그리스도 터 위에 교회를 세워 말씀으로 바르게 지도하였고(제사장), 사도로서 지도자의 위치를 잘 지켰다는 것입니다(왕).

그래서 그는 이렇게 말할 수 있었던 것입니다. 즉 "이제후로는 나를 위하여 의의 면류관이 예비 되었으므로 주 곧 의로우신 재판장이 그 날에 내게 주실 것이며…"(딤후 4:8) "내가 그리스도를 본받는 자가 된 것 같이 너희는 나를 본받는 자가 되라"(고전 11:1)라고 말한 것입니다.

사도 바울은 주님의 심판대 앞에 서게 될 때에 받을 상을 바라보았고, 땅 위의 교회들에게 모범의 빛을 남긴 것입니다. 교회마다 이 본을 받아 하나님 앞에 충성을 다하여야 하겠습니다. 그리스도의 남은 고난을 각자의 육체에 채워 그리스도의 삼직을 성실히 수행하는 교회가 되도록 하여야 하겠습니다.

교회의 첫째 사명

— 롬 12:1-13 —

●●●

"그러므로 형제들아 내가 하나님의 모든 자비하심으로 너희를 권하노니
너희 몸을 하나님이 기뻐하시는 거룩한 산제사(제물)로 드리라 이는
너희의 드릴 영적 예배니라"(롬 12:1)

예수 그리스도를 믿음으로 구원 받았으니(롬 1장-7장) "**그러므로**", 하나님의 전적 은혜에 의하여 구원 받았으니(롬 8장-11장) "**그러므로**" 구원 받은 신자는 자신의 몸을 하나님께 산제물로 드리는 영적 예배를 드리라는 말씀입니다.

1. 구원받은 신자가 제일 먼저 할 일은 하나님을 섬기는 일입니다.

이는 곧 신자의 단체인 교회의 첫째 사명이 예배라는 말씀이기도 합니다. 그래서 이어지는 말씀에서 하나님의 뜻을 분변하는 삶을 살아 예배자로서 하나님께 순종의 삶을 살아야 할 것을 격려하고(2절), 그리고 교회 생활로서 직분과 은사 따라 섬김의 삶을 살 것을 교훈하고(3-8절), 그리고 모든 일을 사랑으로 행하라고 말씀합니다(9-21절).

구원은 하나님 예배자로의 회복임을 성경은 교훈합니다.

① 범죄로 말미암아 하나님의 영광에 이르지 못하던 자가 예수 그리스도 안에 있는 구원으로 말미암아 하나님 앞에 나아갈 수 있는 의(義)를 얻게 된다고 말씀합니다(롬 3:23-25).

② "하나님의 영광을 썩어질 사람과 금수와 버러지 형상의 우상으로 바꾸어" 섬겨 "본질상 진노의 자녀였던" 자가 하나님께 합당한 영광과 감사를 드리는 자로 회복된 것이 구원임을 말씀합니다(롬 1:18-32; 엡 2:1-10).

③ 성삼위일체 하나님의 인간 구원의 목표가 "하나님의 은혜의 영광을 찬미하게" 하기 위함이라고 말씀합니다(엡 1:3-14).

④ 예수 그리스도의 십자가 구원은 그 피 흘리신 희생으로 우리를 사서 하나님 앞에 거룩한 제사장 나라로 삼으신 것이라고 말씀합니다(계 1:6; 5:10; 벧전 2:9).

⑤ 주님은 주님의 발 앞에 엎드려 눈물과 향유로 섬긴 여인의 봉사가 죄사함 받은 은혜로 말미암은 것이라고 칭찬하셨고(눅7:37-50), 고침 받은 열 사람의 나환자 중 돌아와 사례하며 하나님께 감사한 사마리아인 한 사람의 믿음을 칭찬하셨습니다(눅 17:15-18).

⑥ 그리스도의 피값으로 산 신자의 몸은 하나님의 영광을 위한 그리스도의 지체이고 성령의 전이라고 말씀하셨습니다(고전 6:15-20).

⑦ 최초의 신약교회는 날마다 마음을 같이 하여 성전에 모이기를 힘쓰고 사도의 가르침을 받아 기도에 전혀 힘쓰고 하나님을 찬미하며 서로 믿음과 사랑의 교제를 나누었습니다(행 2:42-47).

⑧ 아담의 범죄 후 인간과 하나님과의 관계는 "제사"로 나타났습니다(창 4:3-5).

⑨ 홍수 후 땅에 발을 딛은 노아 가족의 첫 행사는 "제사"였습니다(창 8:20).

⑩ 믿음의 조상 아브라함이 가나안 땅에 도착한 후 행한 첫 일은 "제사"였습니다(창 12:7-8).

⑪ 모세가 시내산에서 받은 율법(제사제도와 계명)은 모두 하나님을 섬기는 제사에 관계된 것입니다.

⑫ 선지자들의 외침과 시인들의 고백은 모두 하나님을 섬기는 예배에 관한 것입니다.

"여호와 우리 하나님이여 우리를 구원하사 열방 중에서 모으시고 우리로 주의 성호를 감사하며 주의 영예를 찬양하게 하소서"(시 106:47)

열매로 그 나무를 안다고 주께서 말씀하셨습니다(마 7:20). 예수 그리스도를 믿어 구원 얻은 사람은 하나님께 예배하는 사람으로 거듭난 자가 되는 것입니다. 사단의 권세에서 하나님께로 돌아와 하나님을 아바아버지라 불러 친근히 하고 하나님께 영광돌리는 '거룩한 무리' 가운데 거하게 된 사람이 기독 신자입니다(행 26:18).

인간의 범죄 타락이 하나님을 섬기는 예배를 우상숭배로 바꾼 예배의 타락이라면(롬 1:21-23) 그 타락한 예배인 우상숭배의 자리에서 돌이켜 하나님을 섬기는 참 예배자의 자리로 돌아온 것이 구원이고 그 구원의 은혜를 받은 자가 하나님께 감사와 찬송으로 예배하는 자 즉 신령한 제사를 드리는 제사장이 되는 것입니다. 그래서 사도 베드로는 격려하기를 "…보배로운 산돌이신 예수 그리스도께 나아와 너희도 산돌같이 신령한 집으로 세워지고 예수 그리스도로 말미암아 하나님이 기쁘시게 받으실 신령한 제사를 드릴 거룩한 제사장이 될지니라"(벧전 2:4-5)라고 하였습니다. 산돌이신 예수 그리스도께 나아온 신자 개개인이 하나님께 신령한 제사를 드릴 뿐 아니라 그 신자들의 모임으로 세워진 '신령한 집'인 교회도 "하나님이 기쁘시게 받으실 신령한 제사를 드릴 거룩한 제사장"인 것입니다. 신자의 몸이 성령의 전이고 그리스도의 지체일 뿐 아니라 교회가 또한 하나님의 성전입니다(고전 6:15-20; 3:16-17). 그러므로 예배는 구원 받은 신자의 첫째 사명이고 제사장 단체인 교회의 첫째 사명입니다.

2. 그러므로 교회의 정체성이 예배 공동체임을 항상 재확인 하여야 합니다.

왜냐하면 교회가 수행하여야 할 일 중에 예배가 첫째이기 때문입니다. 첫째란 말은 우선순위란 의미뿐 아니라 모든 일의 궁극목표란 말입니다. 그리고 인간은 이 궁극목적을 잊어버리기 쉽기 때문에 항상 재확인 하여야 합니다. 교회는 선교(전도)를 힘씁니다. 그러나 그 선교의 궁극목표는 하나님의 영광입니다. 교회(신자)는 이웃을 사랑하여 선을 힘써야 합니다. 그러나 그 선행의 목표는 하나님의 영광입니다. 그리스도의 지상 명령이 복음전파인 선교(great mission)이고, 이웃사랑이지만 그 목표는 인간에게 있는 것이 아니고 하나님께 있습니다. 즉 인간 구원보다도 하나님의 영광에 있다는 말씀입니다(고전 10:31). 그러므로 교회는 처음부터 자선을 힘썼지만(행 2:44, 45) 자선 단체가 아니고(행 6:1-4), 사회봉사를 힘썼지만 복지 단체는 아니었습니다. 사회 정의를 세우고자 노력하였지만 정의의 단체도 아닙니다. 질병을 치료하고 귀신에게 사로잡힌 자를 건강하게 하였지만 병원은 아닙니다. 신자 개개인들이 열심히 전도하였고 사도들이 부활의 증인으로 일생을 바쳤지만 그러나 그 목표는 사람들로 하여금 우상을 버리고 하나님께로 돌아와 하나님께 감사와 찬송으로 예배하는 자가 되게 하는 것이었습니다(행 14:13-18). 교회는 하나님의 진리를 선포하고 하나님의 나라와 의를 구하고 하나님을 찬양하는 백성들을 불러 모으는 단체입니다. 교회는 하나님을 섬기기 위하여 부름 받은 자들의 모임이고, 참 예배자를 찾으시는 하나님의 찾으심(요 4:23)을 수행하는 단체입니다. 그래서 교회는 "(네) 하나님 여호와를 경외하여 그 모든 도를 행하고 그를 사랑하며 마음을 다하고 성품을 다하여 (네) 하나님 여호와를 섬기"는 영적 이스라엘인 것입니다(신 10:12; 막 12:29, 30). 이스라엘 백성을 애굽에서 구출하여 내실 때에 그 목적을 하나님께 제사하여 섬기는 것이라고 하였고(출 3:18; 5:1; 7:16; 8:1, 20; 9:1, 13) 그리고 하나님께서 시내산 언약을 주실 때의 약속이 "…너희가 내게 대하여 제사장 나라가 되며 거룩한 백성이 되리라"(출 19:6)라는 말씀이었습니다. 이와같이 영적 이스라엘이 된 신자를 예수 그리스도께서 그 피로 속죄 구원하신 것은 하나님께 대하여 나라와 제사장이 되게 하시고 하나님의 거룩한 백성이 되게 하신 것입니다(벧전 2:9; 계 1: 6).

3. 교회의 첫째 사명을 지켜야 합니다.

사탄은 언제든지 하나님 예배를 훼방하려고 시험합니다. 참 예배자를 찾기 위하여 오신 예수 그리스도를 시험할 때에도 하나님 예배를 훼방하려고 한 것입니다(마 4:1-10). 경제적 문제로 시험하였고 기적의 문제로 시험하였고 세상 나라의 권세와 영광으로 시험하였습니다. 그래서 하나님께 드릴 경배와 찬송을 다른 것 즉 물질적인 것이나 인간 대중들이나 사탄에게 돌리도록 유혹한 것입니다. 예수 그리스도를 시험한 사탄은 지금도 그리스도의 몸된 교회를 시험합니다. 신자들을 시험하고 교회의 중직자들을 시험하고 특히 지도자들을 시험합니다. 목회자의 세속적 성공주의, 교회의 양적성장, 선교와 전도의 열심으로 말미암아 빠지기 쉬운 시험과 유혹이 있습니다. 그래서 예배를 축제화 하고 전도를 위한 행사 위주로 주일 예배를 대중화 하는 경향이 일어납니다. 어느 시대이든 그 시대 말기가 되면 인본적인 설교와 교회의 세속화가 급속히 진행되었습니다. 그래서 선지자(설교자)를 "음악을 잘하며 고운 목소리로 사랑의 노래를 부르는 자 같이" 여겼고(겔 33:32) 그래서 하나님의 말씀 진리보다 자신의 귀를 즐겁게 하는 말을 듣고자 하였습니다(딤후 4:3, 4). 그리고 제사장(목사)을 복을 비는 직업인으로 여김으로 고용인 취급하게 된 것입니다(삿 17:10-18:19). 그래서 예레미야 선지자는 당시 이스라엘 교회의 인본주의적 세속화를 탄식하여 말하기를 "선지자는 거짓을 예언하고 제사장은 인간 권력으로 다스리고 백성들은 그것을 좋아하니 그 결국엔 너희가 어떻게 하려느냐"(렘 5:30, 31)라고 하였습니다. **대중영합주의는 현대의 위기입니다.** 교회 안에도 인간의 힘이 하나님의 자리를 넘보고 있습니다. 거짓 선지자의 인기 몰이를 경계해야 합니다. 근자에 문제성이 드러난 '믿음 신학'이나 '부와 번영 신학'의 오류를 경계해야 할 것입니다. 교회 성장위주의 목회가 하나님의 영광을 훼손하게 되지는 않는지를 주의해야 합니다. 청년들의 기호에 맞추려는 행사들이나 재미있는 설교와 예배인도를 위한 노력이 오히려 예배를 훼손하게 되고, 이적 기사나 병 고침을 앞세우는 은사운동이나 '예수 축제(Jesus Festival)' '일요축제(Sunday Festival)' 나 '예배 춤(Worship Dance)' 등이 전도라는 이름으로 예배의 자리를 대체하고 있음을 주의해야 할 것입니다. "하나님께 영광의 박수"가 오히려 하나님의 이름의 영광을 놀이거리로 만들게 되지는 않는지

조심해야 할 것입니다. 스랍들은 하나님을 찬양하여 섬길 때에 그 두 날개로는 얼굴을 가리고 두 날개로는 발을 가리우고 그리고 두 날개로는 날면서 합창하여 하나님의 거룩을 선포하였습니다(사 6:2-3). 하나님께 합당한 예배로 섬길 때에 하나님께서 영광을 나타내시고 그 예배를 기뻐하사 받으십니다. 하나님의 방법대로 하나님께 분향하여야 합니다. 인간의 방법으로 드리면 오히려 하나님의 심판의 불에 타 죽게 됩니다. 나답과 아비후의 다른 불로 드린 분향을 경계해야 합니다(레 10:1-3). 사도 바울은 단호히 말하기를 "내가 사람들에게 좋게 하랴 하나님께 좋게 하랴 사람들에게 기쁨을 구하랴 내가 지금 까지 사람의 기쁨을 구하는 것이었더면 그리스도의 종이 아니니라"(갈 1:10)라고 하였습니다.

4. 예배는 하나님의 것을 하나님께 드리는 것입니다.

그러므로 예배 파수는 하나님의 것을 다른 것에게 주지 않는 것입니다. 하나님께서 선언하시기를 "나는 여호와니 이는 내 이름이라 나는 내 영광을 다른 자에게, 내 찬송을 우상에게 주지 아니하리라"(사 42:8)라고 하셨습니다. 하나님의 영광(예배)을 사람에게나 그 어떤 사물에게도 주어서는 안됩니다.

다윗은 고백하기를 "…우리 조상 이스라엘의 하나님 여호와여 주는 **영원히 송축을 받으시옵소서** 여호와의 **광대하심과 권능과 영광과 이김과 위엄이 다 주께 속하였사오니** 천지에 있는 것이 다 주의 것이로소이다 **여호와여 주권도 주께 속하였사오니** 주는 높으사 만유의 머리심이니이다… 또 주는 **만유의 주재가 되사 손에 권세와 능력이 있사오니**… 우리 하나님 여호와여 이제 우리가 **주께 감사하오며 주**

의 영화로운 이름을 찬양하나이다"(대상 29:10-13)라고 하였습니다.

오늘날 우리가 참으로 모든 주권과 권세와 영광을 하나님께 돌리고 있는가? 오히려 교회 안에서 으뜸 되기를 좋아하여 성도들의 봉사를 막고 훼방하였던 디오드레베처럼(요삼 9, 10) 인간 자신의 주권과 권세를 세우고자 하지는 않은지? 다윗은 자신이 이스라엘의 왕이었을지라도 주권이 자기에게 있다고 말하지 아니하였습니다. 주님께서 기도를 가르쳐주실 때에 처음과 마지막에 하나님의 영광을 위하여 기도할 것을 말씀하셨습니다. 즉 "…이름이 거룩히 여김을 받으시오며 나라이 임하옵시며 뜻이 하늘에서 이룬 것같이 땅에서도 이루어지이다… 나라와 권세와 영광이 아버지께 영원히 있사옵나이다 아멘"(마 6:9-13)라고 하신 것입니다. 우리의 예배는 하나님의 이름을 높여 거룩히 여기심을 받으시게 함이고 하나님의 나라와 뜻이 이루어지도록 하는 절대 헌신과 순종의 믿음으로 나아가며 하나님의 나라와 권세와 영광이 영원하심을 고백하는 것입니다. 하나님은 만홀히 여김을 받지 않으신다고 말씀하였습니다(갈 6:7). 하나님은 결코 인간에게 조롱당하지 아니하십니다. 그래서 제3계명에 "하나님의 이름을 망령되이 일컫지 말라"고 경계하셨습니다. 하나님께 예배하는 자가 범하기 쉬운 죄입니다. 만약 주님의 이름을 내세워서 자신의 이익과 명예와 영광을 취한다면 그는 불법을 행하는 자로 주님의 책망을 받게 될 것입니다(마 7:21-23). 만약 누가 열심히 전도하여 교회당을 가득히 채웠을지라도 그 방법이 하나님께서 기뻐하시지 아니하시는 것이라면, 그래서 전도 받은 그들이 하나님께 경배하는 자로 세움 받지 못한다면 그 전도자는 칭찬보다 책망을 더 받게 될 것입니다. 바리새인의 잘못된 전도를 책망하신 주님의 심판을 두려워해야 할 것입니다(마 23:15). 가라지나 쭉정이로 가득 찬 밭은 농사에 실패한 것입니다. 그 농부는 주인에게 칭찬 받지 못할 것입니다.

5. 신자는 예배자 된 은혜를 굳게 지켜야 합니다.

구원의 은혜는 예배자 된 은혜입니다. 이 은혜를 잃지 아니하고 빼앗기지 아니하여야 합니다. 한 그릇 식물에 장자의 명분을 판 에서같이 망령된 자가 되지 않도록 늘 깨어 기도하고 근신하여야 합니다(히 2:16). 주일을 거룩하게 지켜야합니다. 십일조헌금을 성실히 드려야 합니다. 교회생활을 중심하여야 합니다. 인간생활의 중심이 하나님 중심이 되게 하는 첩경입니다. 하나님께서 정하신 하나님 섬김의 기본입니다. 하나님 중심의 시간생활은 주일성수로, 물질생활은 십일조헌금으로, 공간생활은 교회중심으로 할 때에 우리는 예배자 된 은혜를 잃지 아니하고 굳게 지킬 수 있습니다.

요셉이나 다니엘과 그 세 친구들처럼 무서운 유혹과 위협에도 굴하지 아니하고 자신의 성결과 믿음의 정절을 지킬 때에 하나님의 이름을 높이어 거룩하게 할 수 있습니다. 매 맞고 쇠사슬에 매여 감옥에 갇힌 바울과 실라가 하나님께 찬송과 기도를 올렸을 때에 지진이 일어나고 쇠사슬이 풀어지고 옥문이 열리는 기적이 일어났고, 간수가 회개하고 그 온 가족이 구원을 얻게 되는 전도의 일이 이루어져서 하나님께 영광을 돌리게 된 것입니다(행 16:24-34). 하나님의 집에 들어와서 "의로운 해"(말 4:2)이신 예수 그리스도를 바라보는 대신 오히려 하나님의 제단을 등지고 '인간태양', '권력과 명예의 해'를 향하여 절하는 자가 될까 두려워해야 합니다(겔 8:16). 하나님과 재물(物神)을 겸하여 섬길 수 없다고 주께서 말씀하셨습니다(마 6:24).

우리 신자는 항상 주님의 은혜를 잊지 말아야 합니다. 나 같은 죄인이 하나님 예배자가 되었다는 것이 얼마나 놀랍고 감사한 은혜인가! 티끌 같은 인생이 하나님의 영광에 이르러 그 발 앞에 꿇어 경배하는 무리에 속하게 된 것입니다. '의인의 회중' 즉 예배 공동체에 속한 것입니다. 흑암의 권세로부터 하나님께로 나아와 세상과 구별된, 거룩하게 된 자들의 무리 가운데 속한 것입니다. 이 은혜를 잠시도 잊지 말고 감사하고 또 감사하고 찬송할 것입니다.

"그러므로 우리가 흔들리지 않는 나라를 받았은즉 은혜를 받자(감사하자) 이로 말미암아 경건함과 두려움으로 하나님을 기쁘시게 섬길지니 우리 하나님은 소멸하는 불이심이라"(히 12:28,29)

결론 : 교회의 첫째 사명은 예배입니다. 하나님께 감사 찬송으로 예배하는 단체이고 그리고 사람들을 예배자로 만드는 단체입니다. 그래서 예배 공동체입니다. 교회는 인간 집단이 아닙니다. 사람들의 모임이지만 사람의 단체가 아니고 하나님의 집이고 하나님의 성전입니다. 하나님의 단체입니다. 오직 하나님만 섬기고 하나님의 소유가 된 거룩한 무리들입니다. 그러므로 교회는 사람들을 기쁘게 하려는 인본주의를 경계하고 하나님을 기쁘시게 섬기는 신본주의를 지켜야 합니다.

교회가 하나님을 기쁘시게 섬기면 하나님께서 예배자를 더하게 하십니다(행 2:47). 교회의 예배가 하나님께서 기뻐하시는 예배, 신령과 진정으로 드리는 예배가 되면 하나님께서 큰 은혜로 채워주십니다. 그래서 교인들의 심령이 깨끗하여지고 믿음의 힘을 얻게 되는 것입니다. 그리고 새로운 신자들이 점점 더 많아져서 교회가 부흥됩니다(고전 14:25). 박윤선 목사님은 말하기를 한 영혼이 지옥 가는 것 보다 그 한 사람을 통하여 하나님께서 영광 받지 못하심을 더

안타깝게 여겨야 한다고 하였습니다. 천하보다 귀한 것이 한 영혼이지만 그 한 영혼보다 더 귀한 것이 하나님의 영광입니다. 그래서 바울은 고백하기를 "우리가 살아도 주를 위하여 살고 죽어도 주를 위하여 죽나니 그러므로 사나 죽으나 우리가 주의 것이로다"(롬 14:8) "…살든지 죽든지 내 몸에서 그리스도가 존귀히 되게 하려하나니 이는 내게 사는 것이 그리스도니 죽는 것도 유익함이라"(빌 1:20, 21)라고 하였습니다.

하나님을 기쁘시게 섬기라

"그러므로 우리가 흔들리지 않는 나라를 받았은즉 은혜를 받자 이로 말미암아 경건함과 두려움으로 하나님을 기쁘시게 섬길지니 우리 하나님은 소멸하는 분이심이라"(히 12:28,29)

오늘 성경에 "이로 말미암아 경건함과 두려움으로 하나님을 기쁘시게 섬기라"라고 말씀합니다.

1. 예배는 예법을 따라 하나님을 기쁘시게 섬기는 일(히 9:1 : ordinances of Divine service, A.V)입니다.

"**하나님을 기쁘시게 섬기라**"(serve God acceptably, AV)는 말씀은 "하나님께서 받으실 만하도록 경배하라"(worship God acceptably, NIV)는 말씀입니다. 예배(礼拜)란 신자가 하나님 앞에 나아가 하나님께 합당한 예의 즉 존경과 경외심을 갖추어 엎드려 절하는 것 즉, 예법을 갖추어 섬기는 경배입니다. 그러므로 하나님께 '신령과 진정으로' 경배(worship)하는 자는 그 예배를 위하여 행하는 모든 일 즉 찬송과 기도와 말씀과 헌금 등 예배의 모든 순서들이 다 하나님을 기쁘시게 하는 섬김이 되도록 하여야 한다는 말씀입니다. 절하여 섬기는 자는 그 섬김을 받으시는 분이 기쁘시게 받으시도록 섬겨야 합니다. 친구 사이의 섬김이 다르고, 부모에게 하는 예법이 다르고 하나님께 드리는 예배가 다릅니다. 부모를 섬기는 자녀는 그 부모의 마음을 기쁘게 하여드려야 효도다운 것입니다(잠 23:25). 예컨대 부모에게 드리는 음식은 부모의 기호에 맞추어 그 시간 즐겁게 먹을 수 있도록 만들어 드려야 함과 같습니다. 그와 같이 하늘의 아버지 하나님을 섬기는 자는 하나님께서 기쁘게 받으실 예배를 드려야 합니다. 결코 인간 자신의 기호나 이익이나 자랑이나 만족을 위한 것이 아닙니다. 그러므로 예배는 예배자(인간) 중심이 아니고 예배를 받으시는 하나님 중심이어야 하고, 인간이 만들어낸 어떤 방법이나 인간의 편익을 위한 것이 아니고 하나님께서 친히 정하신 방법과 규칙을 따라 오직 하나님의 영광을 위한 것이어야 합니다. 구약 제사(화제)는 하나님께서 취하시는 '예물(offerings)' 이며 '식물(food)'이고 하나님께서 흠향 하시는 '향기로운 냄새(a sweet aroma)'이라고 말씀하였습니다(레 3:16; 21:6; 민 28:2). 그러므로 예배는 하나님께 합당한 영광과 존귀와 감사와 찬송을 올려드리는 '향기로운 냄새(a pleasing aroma)'가 되어야 합니다(시 141:2; 빌 4:18; 계5:8).

"너희 몸을 **하나님이 기뻐하시는(acceptable to God)** 거룩한 산 제물로 드리라 이는 너희의 드릴 영적 예배니라"(롬 12:1하)

그리스도 안에서 구원 받은 신자는 자신의 몸을 살아 있는 희생 제물로 하나님께 바치되 하나님께서 기쁘게 받으실 만한 제물로 성별하여 드려야 합니다. 구속받은 신자의 새 삶은 자신을 하나님께 바쳐 섬기는 신령한 제물로서의 삶인 것입니다. 이것이 영적 예배입니다. 베드로 사도도 권하기를 "예수 그리스도로 말미암아 **하나님이**

기쁘게 받으실(acceptable to God) 신령한 제사를 드릴 거룩한 제사장이 될지니라"(벧전 2:5)라고 하였습니다.

예배는 하나님께 우리 자신을 바쳐 드려서 하나님을 기쁘시게 섬기는 것입니다. 그래서 우리 심령에 하나님으로 말미암은 기쁨이 충만하게 채워지는 것입니다. 열납된 예배로 말미암은 신인간의 화목과 구원의 즐거움이 충만하게 되는 것입니다(롬 5:1-3; 시 51:12).

John MacArthur는 「영생은 예배에 의하여 결정된다」라고 말하면서 「받으실만하게 하나님을 예배하는 사람은 영생에 들어간다. 그러나 받으실만하게 하나님을 예배하지 않는 사람은 영원한 죽음에 들어간다」라고 하였습니다. 그리고 성경 내용 중에 하나님께서 받지 않으신 예배를 드린 자들을 지적하였는데, 그 중에는 ① 다른 불을 드린 나답과 아비후(레 10:1-2) ② 불순종의 제사를 드린 사울왕(삼상 13:8-14; 15:21-23) ③ 법궤에 손을 댄 웃사(삼하 6:6-7) ④ 외식하는 바리새인들(마 6:1-18; 15:1-9; 23:1-28) ⑤ 말라기 시대의 제사장들(말 1:6-14) ⑥ 형식적 예배를 드린 선민들(사 1:11-20; 호 6:4-7; 암 5:21-27) ⑦ 금송아지 제사 드린 광야 이스라엘(출 32:1-) 등을 열거하였습니다. 그 외에도 예배로 말미암아 운명이 갈린 예는 ① 예배를 더럽힌 홉니와 비느하스(삼상 2:12-17; 22-25) ② 아나니아 삽비라 부부의 위선적 헌금(행 5:1-10) ③ 특히 가인과 아벨은 그 제사로 인하여 그들과 그 후손의 운명이 영원히 갈라지게 되었습니다.

하나님은 인간에게 복 주시기 위하여 예배일을 정하시고 그 날을 '복 주어 거룩하게' 하셨습니다(창 2:3). 그리고 그 예배일을 제 4계명에 명시하실 뿐 아니라 우리 인간이 하나님을 기쁘시게 섬길 규칙을 10계명에 명시하신 것입니다(출 20:1-17).

부모를 공경하는 자에게 땅위의 삶에 복을 주심 같이 하늘의 하나님 아버지를 공경하는 자에게 하늘에 속한 영생의 복을 주십니다(엡 1:3-7). 이를 위하여 하나님은 그의 독생자 예수 그리스도를 보내 주시어 우리 인간을 죄와 탐욕과 우상과 저주의 심판에서 구원하여 하나님의 자녀가 되게 하신 것입니다. 예수 그리스도의 십자가 희생으로 말미암은 속죄 구원의 은혜입니다.

"죄의 삯은 사망이요 하나님의 은사는 그리스도 예수 우리 주 안에 있는 영생이니라"(롬 6:23).

이 은혜를 받은 자가 기독신자이고 이 은혜를 인하여 신자는 하나님을 하나님으로 알 뿐 아니라 하나님을 아바 아버지라 불러 그 앞에 나아가 예배하는 자가 되는 것입니다. 그래서 본문에 "그러므로 우리가 흔들리지 않는 나라를 받았은즉 **은혜를 받자 이로 말미암아… 하나님을 기쁘게 섬길지니…**"라고 말씀하였습니다.

영역(New A.V) "Therefore, since we are receiving a kingdom which cannot be shaken, let us have grace, by which we may serve God acceptably…"

2. 은혜를 받아야 하나님을 기쁘시게 섬길 수 있습니다.

하나님께서 우리 믿는 자에게 주신 영원한 나라의 은혜입니다. "흔들리지 않는 나라"는 영원한 나라입니다. 하나님께서 예수 그리스도 안에서 우리에게 영원한 나라 천국을 주셨습니다. 흥망성쇠가 교차되는 세상 나라 즉 '흔들리고', '멸망하는' 나라가 아니고, 영원한 나라, 그 누구도 그 어떤 세력도 흔들 수 없고 파괴할 수 없는 나라를 주신 것입니다. 이것이 예수 그리스도 안에서 우리에게 주신 영생의 은혜입니다(요 3:16). 느부갓네살의 꿈속에서 보여 주셨던 나라, 즉 한 뜨인 돌이신 예수 그리스도로 말미암아 세워진 영원한 나라이고 다니엘의 환상에서 보여주신 성도가 얻을 영원한 나라인 것입니다(단 2:31-45; 7:1-28).

"지극히 높으신 이의 성도들이 나라를 얻으리니 그 누림이 영원하고 영원하고 영원하리라"(단 7:18)

이 구원의 은혜를 받은 자가 그 은혜로 말미암아 하나님 앞에 감사와 찬송과 영광을 돌려 섬길 수 있게 됩니다.

"육신에 있는 자들은 하나님을 기쁘시게 할 수 없"고(롬 8:8) "…성령으로 아니하고는 누구든지 예수를 주시라 할 수 없고"(고전 12:3) 또 "믿음이 없이는 하나님을 기쁘시게 하지 못" 한다고 말씀하셨으니(히 11:6) 성령의 은혜로만 우리가 하나님을 섬길 수 있는 자격인 믿음 즉 자녀의 권세를 얻게 되고 성령의 은혜로 우리가 하나님을 아버지라 불러 친근히 하며 그 앞에 나아가 경배하게 되는 것입니다(롬 8:9-15).

그러므로 우리는 항상 은혜를 간직하고, 붙잡고, 지키어 그 은혜로 말미암아 하나님을 기쁘시게 섬길 것입니다.

3. 은혜가 있는 곳에 감사가 있습니다.

감사는 은혜를 받은 자의 응답입니다. 하나님과 우리 인간 즉 죄인과의 관계는 은혜의 관계입니다. 창조의 은혜, 생명주신 은혜, 독생자를 주신 은혜, 자신을 희생하신 사랑의 은혜, 영생을 주신 은혜를 받은 자는 감사하며 찬송하고 경배하여 섬기게 됩니다.

오늘 성경의 "은혜"란 말(χάρις)은 "감사"란 의미도 가지고 있는 말입니다. 그리고 '…받다' 란 말은 '가지다'(have), '붙잡다'(hold), '지키다'(keep) 라는 의미의 동사입니다. 그래서 영역에서는 A.V와 한글성경(개역과 개역개정)에서만 '은혜를 받자'라고 번역하였고 그 외의 대부분의 번역성경들은 (공동, 현대어, 현대인, 빠른, Berkely, N.E.B, R.S.V, N.A.S.B, N.I.V, L.B, T.E.V 등) '감사하자'라고 번역하였습니다. 그래서 이어지는 말 "이로 말미암아"는 "감사로 말미암아" 하나님을 기쁘시게 섬기라는 의미로 해석됩니다. 은혜를 받은 자가 감사하게 되고 그 은혜를 잊지 아니하고 간직하는 자가 감사를 잃지 아니하는 것입니다. 그리고 감사로 제사를 드리는 자가 하나님을 영화롭게 한다고 성경은 교훈하고 있습니다(시 50:23; 골 3:15-17; 살전 5:18).

옛 시인은 고백하기를 "여호와께서 내게 주신 모든 은혜를 무엇으로 보답할꼬 내가 구원의 잔을 들고 여호와의 이름을 부르며 여호와의 모든 백성 앞에서 나의 서원을 여호와께 갚으리로다" "내가 주께 감사제를 드리고 여호와의 이름을 부르리이다"(시 116:12-14, 17)라고 하였습니다. 다윗은 스스로 다짐하기를 "내 영혼아 여호와를 송축하며 그 모든 은택을 잊지 말지어다"(시 103:2)라고 하였습니다.

은혜를 잊으면 옛 이스라엘처럼 배은망덕 자가 되고(사 1:2-4), 은혜를 받았지만 은혜를 깨닫지 못하면 광야 이스라엘처럼 항상 원망과 불평만 하게 됩니다. 은혜를 받읍시다. 은혜를 지킵시다. 감사의 제사를 드리도록 합시다.

4. 하나님 앞에 감사로 영광 돌려 섬기는 예배 자는 '경건과 두려움' 의 태도를 가져야 합니다.

그래서 본문은 "이로 말미암아 경건함과 두려움으로 하나님을 기쁘시게 섬길지니"라고 말씀합니다.

영역은 대부분 "with reverence and awe"라고 번역하였습니다. 우리가 감사하고 찬송하여 섬기는 분은 거룩하신 하나님이심을 기억해야 합니다. 우리가 '구원의 즐거움'을 가지고 기뻐하고 노래하는 곳이 하나님의 면전임을 기억해야 하는 것입니다. 예배하는 그곳에 하나님께서 임재 하셔서 그 예배를 받고 계시다는 것을 기억해야 합니다. 호렙산 가시떨기 불꽃 가운데서 모세를 부르신 하나님은 먼저 모세의 발에서 신발을 벗으라고 말씀하셨습니다. 그곳이 하나님께서 임재하신 거룩한 곳임을 인식하게 하신 것입니다(출 3:5).

'웃시야 왕이 죽던 해에' 이사야 선지자는 성전에 가득한 하나님의 영광을 보았습니다. 하나님을 모신 스랍들은 각기 6날개가 있어 그 둘로는 자기의 얼굴을 가리었고 그 둘로는 자기의 발을 가리었고 그 둘로는 날며 서로 불러 이르되 "거룩하다 거룩하다 거룩하다 만군의 여호와여 그의 영광이 온 땅에 충만하도다" 라고 하였습니다(사 6:1-3). 얼굴을 가리운 것은 '경외심'을, 발을 가리운 것은 '근신'을 그리고 날으면서 찬송한 것은 '경성'을 의미 한다고 해석합니다. 만군의 여호와 하나님 앞에 '경건과 두려움으로' 찬송하여 섬기는 자는 얼굴을 감히 들 수 없을 것이며 발을 들어 내놓지 못할 것이며 나태한 모습을 보일 수 없을 것입니다. 이같은 하나님의 영광을 목도한 이사야는 자신의 부정함을 통감하게 되어 "화로다 나여 망하게 되었도다 나는 입술이 부정한 사람이요 나는 입술이 부정한 백성 중에 거주하면서 만군의 여호와이신 왕을 뵈었음이로다"(사 6:5)라고 부르짖었습니다.

거룩하신 하나님 앞에 죄를 가지고 어떻게 설 수 있을까! 자신의 부정함을 인식하고 통회함으로 하나님 앞에 나아가 그러한 죄인을 사하시고 용납하시는 은혜를 깊이 감사하는 것이 경건인 것입니다. 그러므로 자기 의를 자랑하며 감사한 바리새인의 기도는 하나님께서 열납하시지 아니하셨지만 감히 얼굴을 들지 못하고 꿇어 엎드려 가슴을 치며 '불쌍히 여기소서 나는 죄인이로소이다'라고 부르짖은 세리의 기도를 들으시고 하나님은 그를 의롭다고 하신 것입니다(눅 18:9-14). 사도 바울은 경계하기를 "스스로 속이지 말라 하나님은 업신여김을 받지 아니하시나니 사람이 무엇으로 심든지 그대로 거두리라"(갈 6:7)고 하였습니다. 바리새인들의 위선적 경건(마 6:1-18)이나 아나니아 삽비라 부부의 위선적 헌금이나(행 5:1-11), 나답과 아비후의 다른 불로 분향함이나(레 10:1-2), 홉니와 비느하스의 제사를 더럽힌 일이나(삼상 2:12-25), 제사를 번폐스럽게 여기고 코웃음 쳤던 제사장들은(말 1:13) 모두 하나님을 두려워하지 아니할 뿐 아니라 오히려 하나님을 없인 여기고 제 멋대로의 예배를 드린 자들이었습니다. 사람의 눈과 귀만 두려워하였지 하나님을 두려워하는 마음은 없었습니다.

하나님께서 경계하시기를 "…나를 존중히 여기는 자를 내가 존중히 여기고 나를 멸시하는 자를 내가 경멸하리라"(삼상 2:30하)라고 말씀하셨습니다. 제3계명에 벌써 하나님께서는 하나님을 섬김에 잘못된 태도를 경계하셨습니다. 즉 "너는 너의 하나님 여호와의 이름을 망령되게 부르지 말라 여호와는 그의 이름을 망령되게 부르는 자를 죄 없다 하지 아니하리라"(출 20:7)라고 말씀하신 것입니다. 헛된 제물(사 1:13), 망령된 예배는 모두 다른 신이나 우상에게 제사함과 다름없이 하나님 앞에 범죄 하는 행위가 됨을 말씀하십니다. 고린도 교인들 중에는 성찬식을 더럽힘으로 하나님을 업신여긴 자들이 있어 하나님의 징계를 받아 병들었거나 심지어는 죽은 자도 있다고 말씀하였습니다(고전 11:30).

경건함과 두려워하는 마음으로 하나님을 기쁘시게 섬길 것입니다.

신명기서의 강조하는 말씀은 「애굽에서 구원하여 내신 하나님을 잊지 말고 즉 하나님의 구원의 은혜를 잊지 말고」 "하나님 여호와를 경외하며 섬겨" "항상 복을 누리도록 하라"는 것입니다(신 5:29; 6:2; 13, 24)

"네 하나님 여호와를 경외하여 그를 섬기며 그에게 친근히 하고 그 이름으로 맹세하라 그는 네 찬송이시요 네 하나님이시라"(신 10:20-21)

우리가 친근히 하여 사랑하며 섬길 하나님은 우리를 지으신 창조주이시고 우리를 죄악에서 구원하여 내신 구주이십니다. 그러므로 "여호와를 경외함으로 섬기고 떨며 즐거워할지어다"(시 2:11)라고 말씀합니다. 또 다윗은 격려하기를 "여호와께서 자기를 위하여 경건한 자를 택하신 줄 너희가 알지어다… 너희는 떨며 범죄치 말지어다 자리에 누워 심중에 말하고 잠잠할지어다 의의 제사를 드리고 여호와를 의뢰할지어다"(시 4:3-5)라고 하였습니다. 사도 베드로도 권하기를 "뭇 사람을 공경하며 형제를 사랑하며 하나님을 두려워하며 왕을 공경하라"(벧전 2:17)고 하였습니다. 이웃 사랑은 공경으로 그리고 하나님 사랑은 두려움으로 하라는 것입니다.

경건과 두려움으로 하나님을 기쁘시게 섬길 것입니다.

5. 하나님은 소멸하는 불이시라고 말씀합니다.

우리가 경건과 두려움으로 하나님을 기쁘시게 섬겨야 할 이유는 하나님은 불이시기 때문이라는 말씀입니다. 소멸하는 불 즉 다 태워 없이하여 버리는 불(consuming fire) 이라고 말씀하셨습니다. 바알과 아세라 목상의 선지자 850명과의 갈멜산 대결에서 선지자 엘리야는 제안하기를 "너희는 너희 신의 이름을 부르라 나는 여호와의 이름을 부르리니 이에 **불로 응답하는 신 그가 하나님이니라**"고 하였고 모든 백성은 그 말이 옳다고 답하였습니다(왕상 18:24). 그리고 하나님은 엘리야의 제단에 불로 응답하여 그 모든 제물을 다 태웠습니다.

"이에 여호와의 불이 내려서 번제물과 나무와 돌과 흙을 태우고 또 도랑의 물을 핥은지라 모든 백성이 보고 엎드려 말하되 여호와 그는 하나님이시로다 여호와 그는 하나님이시로다 하니"(왕상 18:38-39)

여호와 하나님은 불로 응답하시는 하나님이십니다(레 9:22-10:3). 즉 '여호와의 불'이 '**응답의 불**'과 '**심판의 불**'로 나타난 것을 볼 수 있습니다.

"아론이 백성을 향하여 손을 들어 축복함으로 속죄제와 번제와 화목제를 마치고 내려오니라 모세와 아론이… 나와서 백성에게 축복하매 여호와의 영광이 온 백성에게 나타나며 **불이 여호와 앞에서 나와 제단 위의 번제물과 기름을 사른지라** 온 백성이 이를 보고 소리지르며 엎드렸더라"(레 9:22-24)

제사에 응답하신 하나님의 축복과 영광의 불입니다. 그러나 나답과 아비후의 잘못된 분향에는 심판의 불로 내리셨습니다. 즉 "아론의 아들 나답과 아비후가 각기 향로를 가져다가 여호와께서 명령하시지 아니하신 다른 불을 담아 여호와 앞에 분향하였더니 **불이 여호와 앞에서 나와 그들을 삼키매 그들이 여호와 앞에서 죽은지라** 모세가 아론에게 이르되 이는 여호와의 말씀이라 이르시기를 나는 나를 가까이 하는 자 중에서 내 거룩함을 나타내겠고 온 백성 앞에서 내 영광을 나타내리라 하셨느니라…"(레 10:1-3)라고 말씀하신 것입니다. 하나님께서 명하시지 아니한 다른 불 즉 인간 자신의 생각과 판단 따라 드린 분향에 하나님은 징벌의 불을 내리신 것입니다.

예배를 기쁘게 받으신 **응답의 불**은 제물을 태움으로, 예배를 받지 않으신 불은 예배자 위에 **심판의 불**로 내리신 것입니다. 그리고 그 이유를 설명하여 하나님은 하나님을 가까이 하는 자 즉 예배자를 통하여 하나님의 거룩하심을 나타내시고 영광을 나타내시리라고 말씀하신 것입니다. 예배자가 하나님의 이름에 합당한 영광을 드리지 아니하고 오히려 그 거룩하심을 훼손하였을 때엔 하나님께서 친히 하나님의 이름의 거룩하신 영광을 나타내시는 것입니다. 하나님은 만홀히 여김을 받지 아니하십니다(God can not be mocked ; 갈 6:7). 고라일당에 속하였던 250명의 분향자들은 그 불에 소멸되었고(민 16:35), 광야 원망을 일삼던 백성들도 여호와의 불로 말미암아 죽었습니다. 그러나 기드온의 제물과(삿 6:21), 다윗의 오르난의 타작마당에서 드린 번제(대상 21:26)와 솔로몬 성전 낙성식 제단에(대하 7:1)는 응답의 불로 내리셨습니다.

본문 29절은 신 4:24의 말씀의 인용으로 우상숭배를 금하시는 경계의 목적으로 주신 말씀입니다(신 4:15-40). 즉 "여호와께서 호렙산 불길 중에서 너희에게 말씀하시던 날에 너희가 어떤 형상도 보지 못하였은즉 너희는 깊이 삼가라… 네 하나님 여호와는 소멸하는 불이시요 질투하는 하나님이시니라"(15, 24)라고 경계하신 것입니다. 하나님은 하나님 외에 다른 신을 섬기는 자, 우상을 만드는 자를 심판하시는 불이심을 말씀하신 것입니다. **하나님의 마지막 심판도 불로 하신다고 성경은 말씀하십니다**(고전 3:13-15; 벧후 3:10, 12). 다윗은 경계하기를 "하나님은 의로운 재판장이심이여 매일 분노하시는 하나님이시로다 사람이 회개치 아니하면 저가 그 칼을 갈으심이여 그 활은 이미 당기어 예비하셨도다 죽일 도구를 또한 예비하심이여 그가 만든 화살은 불화살이로다"(시 7:11-13)라고 말씀하였습니다.

하나님은 자신을 나타내실 때에 불로써 나타내셨습니다. 호렙산 가시떨기 불꽃 가운데서, 시내산 화염과 연기로, 그리고 에스겔 선지자에게 보이신 환상 중에서 모두 불로 자신을 계시하셨습니다(출 3:2-5; 19:18; 겔 1:27). 그리고 오순절 마가 다락방에 모인 제자들에게 '불의 혀 같은' 모습으로 임재 하셨습니다. 이사야 선지자를 통하여 하나님은 죄를 심판하고 소멸하는 불로 말씀하고 있습니다(사 4:4). 즉 "이는 주께서 심판하는 영과 소멸하는 영으로 시온의 딸들의 더러움을 씻기시며 예루살렘의 피를 그 중에서 청결케 하실 때가 됨이라"라고 말씀하신 것입니다. 이렇게 하나님은 심판하는 영과 소멸하는 영으로서 하나님의 백성의 죄와 더러움을 씻어 정결케 하시는 분이시기 때문에 그러므로 죄인과 경건치 아니한 자는 두려워하고 떨 수밖에 없는 불, '삼키는 불'이시고 영영히 타는 불이시라고 말씀하셨습니다(사 33:14-16).

말라기 선지자는, 풀무불로 레위인을 깨끗하게 단련하여 의의 제사를 드리게 하시는 '언약의 사자' 메시야에 대하여 예언하고 있습니다(말 3:3). 그리고 세례요한은 그 '언약의 사자'로 오신 예수 그리스도에 대하여 증거하기를 "…그는 성령과 불로 너희에게 세례를 주실 것이요 손에 키를 들고 자기의 타작마당을 정하게 하사 알곡은 모아 곡간에 들이고 쭉정이는 꺼지지 않는 불에 태우시리라"(마 3:11, 12)고 하였습니다. 주님은 성령의 불세례를 주심으로 죄인이 회개하고 정결케 함을 받게 하십니다. 그리고 소돔성처럼 죄악으로 심히 더러워진 인간세상을 마지막 날에 불로 심판하실 것입니다. 그래서 그날을 "극렬한 풀무불 같은 날"이라고 하였고 그날에 "교만한 자와 악을 행하는 자는 다 초개 같을 것이라…"고 경고하였습니다(말 4:1).

하나님은 불이십니다. 죄를 정결케 하시는 불이시며 죄인을 심판하시는 불이십니다.

불을 가까이 하는 자는 극히 주의하여야 합니다. 하나님을 가까이 하는 자는 근신, 겸손 경외심으로 나아가야 합니다. 그래서 하나님의 거룩하심을 나타내며 하나님께 영광을 돌려야 합니다.

"누구든지 하나님의 성전을 더럽히면 하나님이 그 사람을 멸하시리라 하나님의 성전은 거룩하니 너희도 그러하니라"(고전 3:17)

하나님의 성전인 교회를 더럽히면 하나님께서 그 사람을 멸하신다고 말씀합니다. 예배의 경건을 파괴하고 하나님의 거룩하신 이름을 욕되게 하는 자를 하나님은 멸하십니다. 그러므로 사도 바울은 경계하기를 "…항상 복종하여 두렵고 떨림으로 너희 구원을 이루라"(빌 2:12하)라고 하였습니다. 그리고 바울 자신도 자신의 구원을 지키고 완성하기 위하여 항상 근신 경성한다고 고백합니다. 즉 "그러므로 내가 달음질하기를 향방 없는 것 같이 아니하고… 내가 내 몸을 쳐 복종하게 함은 내가 남에게 전파한 후에 자기가 도리어 버림이 될까 두려워 함이로다"(고전 9:26, 27)라고 한 것입니다.

그러므로 구원 받은 신자 즉 예수 그리스도 안에서 영원한 나라 천국을 얻은 자는 그 은혜를 인하여 감사하여 하나님을 섬기되 경건과 두려움으로 하나님을 기쁘시게 섬기도록 하여야 합니다. 예배의 자리에서 신앙이 성장하고 자신의 구원을 완성하여 나가게 되는 것입니다. 예배가 열납되면 응답의 불, 축복의 은혜를 받습니다. 그러나 예배에 실패하면 나답과 아비후나 가인 같이 될까 두려운 것입니다. 세속화, 인본주의의 거센 바람을 막고 더욱 경건을 힘써 지켜야 합니다. 그래서 갈멜산 엘리야의 제단에 내리셨던 응답의 불을 받는 교회가 되도록 합시다.

찬송하기를 잊지 말라

— 욥 36:24-31 —

●●●

"너는 하나님의 하신 일 찬송하기를 잊지 말지니라. 인생이 그 일을 노래하였느니라"(욥 36:24)

본문 24절 "그대는 하나님께서 하신 일을 기억하고 높이라 잊지 말지니라 인생이 그의 일을 찬송하였느니라" 그러나 개역성경에는 "너는 하나님의 하신 일 찬송하기를 잊지 말지니라 인생이 그 일을 노래하였느니라"라고 번역되었습니다.

오늘 설교의 제목은 개역판 성경을 따른 것입니다. 대부분의 번역 성경들(바른성경, 현대어 성경, 현대인의 성경, 공동번역, A.V, R.S.V, N.E.B, NASB, NIV, T.E.V 등)은 "찬송하라"라고 번역하였습니다. 히브리원어 SAGA란 말이 두 가지 의미 즉 "크게하다"(make great), "증대하다"(increase)는 의미와 "찬송하다"(magnify, laud, extol)라는 의미를 나타내는 말이기 때문입니다. 그래서 대다수의 성경들이 "찬송하라"고 번역한 반면 한글 개역개정판은 "높이라"고 번역한 것이겠습니다. 영국흠정역(A.V)이 사용한 magnify의 의미가 "(렌즈 따위로) 확대시켜보이다", "확대하다", "과장하다"는 의미의 말로서 고어에서는 '찬미하다', '칭찬하다'는 의미로 사용된 것입니다. 그러므로 본문의 의미는 하나님의 하신 일을 더 확대하고 높이어 칭송하고 찬미하라는 것이겠습니다.

이 말은 엘리후가 욥에게 한 말입니다. 즉 욥이 당한 모든 일을 하나님께서 하신 일로 받아들여서 그 일을 더 크게 높이어 찬미하라는 것입니다. 하나님은 물을 가지고도 수증기로 하늘의 구름이 되게 하시어 비를 내리시되 심판을 위하여 내리시기도 하시고 또는 축복의 단비로 내리시기도 하시며 뇌성으로 그것을 온 천하에 알리시는 것이니 모든 인생들과 함께 하나님 행하시는 일을 주목하고 찬송하라는 것이 오늘 본문의 내용입니다.

이 말씀의 교훈이 무엇입니까?

1. 극한 상황 속에서도 하나님 찬송하기를 잊지 말라는 것입니다.

잊지 말고 상기하여 찬송하라!

욥이 당한 일은 인간이 감당할 수 없는 최악의 일이었습니다. 하루아침에 그가 가졌던 모든 소유를 다 잃어버린 것입니다. 강도 만나 잃었고, 하늘에서 내리는 불에 다 타 잃어버렸고, 돌풍에 무너져 내린 집에 압사당하여 10남매 자녀들을 다 잃었습니다. 그리고 자신의 건강까지 잃어 버려 밤이면 날 새기를 기다리고 낮에는 어서 속히 잠들어 그 고통을 잊어버릴 수 있는 밤이 오기를 기다리게 된 것입니다.

욥은 동방의 의인으로 인정된 자이고, 하나님 앞에 경건과 순결한 신앙을 지킨 자였고, 복을 받아 거부가 되었고 유력한 자였습니다. 그의 순결은 이웃집 아내를 넘보거나, 밤하늘에 떠 있는 달을 보고 스스로 유혹을 받아 마음이 흔들린 적이 없었고, 그의 의는 품꾼에게 삯을 주지 않거나 늦게 준 적도 없고 길 가는 나그네를 위로하지 아니한 적이 없었다고 하였습니다. 하나님께서도 욥의 순전한 신앙을 인정하고 칭찬하였습니다. 그럼에도 불구하고 욥은 무서운 시련 속에 들어간 것입니다.

그러나 욥은 그 고통 중에 "겉옷을 찢고 머리털을 밀고 땅에 엎드려 경배하고 고백하기를 "내가 모태에서 알몸으로 나왔은즉 또한 알몸이 그리로 돌아가올지라 주신 이도 여호와시요 거두신 이도 여호와시오니 여호와의 이름이 찬송을 받으실지니이다", "우리가 하나님께 복을 받았은즉 화도 받지 아니하겠느냐"라고 한 것입니다(욥 1:21; 2:10). 그리고 그 친구들의 공격에 답하기를 '나는 그대들이 말하는 것과 같이 이 재앙을 당할만한 어떤 죄나 불의를 범한 것이 없다 그러나 하나님께서 나에게 이 재앙을 내리시니 그 이유를 알 수 없구나 나는 깨끗하다' 고 말한 것입니다.

재난은 누구에게나 옵니다. 범죄한 자에게도 오거니와 욥 같이 순전한 신앙으로 하나님을 공경하는 사람에게도 옵니다. 하나님의 하시는 일을 우리 인간이 다 판단할 수 없는 것입니다.

2. 그러할지라도 하나님의 하신 일을 찬송하기를 잊지 말아야 하는 것입니다.

왜? 를 묻지 말고 무조건 하나님의 하신 일을 높이라는 것입니다.

자신에게 당한 일이 어떤 일이든지 그 일 자체를 보지 말고 또는 그 일을 당하게 한 원인 즉 사람이나 주변 상황을 원망하거나 탓하지 말고 그 일도 주관하시는 하나님을 바라보고 하나님께서 하신 일임을 인정하고 칭송하고 찬미하여 그 일을 높이라는 것입니다. 하나님께서 복을 내리시든지 화를 내리시든지 그 일을 노래하라는 것입니다. 우리에게 부를 주시는 일도 찬송할 뿐 아니라 그 부를 취하여 가시는 일도 찬송하라는 것입니다. 건강할 때 뿐 아니라 병들었을 때에도 그 일을 하나님께서 주신 일임을 고백하고 높이라는 것입니다. 홍수로 피해를 입을 때에도 단비로 곡식이 풍작을 이루는 때와 똑 같이 찬송하라는 것입니다. 그 일을 과장할 정도로 더 자랑하라는 것입니다.

예수 그리스도께서(산상설교에서) 복 있는 사람에 대하여 교훈하실 때에 마지막 최고의 복이 예수 그리스도의 이름을 위하여 핍박 환난을 당하는 것임을 말씀하시고 그 때에 "기뻐하고 즐거워하라"고 말씀하셨습니다. 즉 "나로 말미암아 너희를 욕하고 박해하고 거짓으로 너희를 거슬러 모든 악한 말을 할 때에는 너희에게 복이 있나니 기뻐하고 즐거워하라 하늘에서 너희의 상이 큼이라…"(마 5:11, 12절)라고 말씀하신 것입니다. "기뻐하고 즐거워하라"는 말씀은 신자가 핍박당할 때에 그렇게 하라는 말씀입니다. 누가복음 6장 23절에는 "그날에 기뻐하고 뛰놀라"고 기록하였습니다. 예수 그리스도로 말미암은 구원이 제일의 복이지만 예수 그리스도로 말미암은 핍박은 "기뻐하고 뛰 놀" 정도로 더 귀한 복이란 말씀입니다. "뛰놀라"로 번역된 말은 너무 기뻐서 깡충깡충 뛰라(leap)라는 말입니다. 그래서 영역 중에 T.E.V이나 N.E.B는 이 말을 DANCE로 번역하였습니다.

사도들은 주님의 이 교훈처럼 그들이 감옥에 갇히고 채찍질을 당하고 핍박을 당할 때에 그 일로 말미암아 기뻐하였습니다. 즉 사도행전 5장 41절에 기록하기를 "사도들은 그 이름(예수 그리스도의 이름)을 위하여 능욕 받는 일에 합당한 자로 여기심을 기뻐하면서 공회 앞을 떠나니라"고 한 것입니다. 영적인 기쁨입니다. 육체적인 곤고와 환난이 오히려 그들의 신앙의 확신과 하나님의 선택의 사랑을 더 확인하고 굳게 하는 계기가 된 것입니다. 그래서 로마서 5장 2절-4절에 말씀하시기를 "…하나님의 영광을 바라고 즐거워하느니라 다만 이뿐 아니라 우리가 환난 중에도 즐거워하나니 이는 환난은 인내를, 인내는 연단을, 연단은 소망을 이루는 줄 앎이로다"라고 하였습니다. 하나님의 영광을 바라보는 기쁨, 하나님의 축복을 받는 즐거움 뿐 아니라 믿음을 인한 핍박, 환난, 빈천과 곤고와 고난도 기뻐하고 즐거워한다는 것입니다.

"하나님을 사랑하는 자 곧 그의 뜻대로 부르심을 입은 자들에게는 모든 것이 합력하여 선을 이루느니라"(롬 8:28)

하나님을 사랑하는 자에게는 무슨 일을 만나든지 그 모든 일이 합력하여 선을 이룬다고 말씀하셨습니다. 욥의 당한 일이 그 현재는 축복이 아니라 저주 같은 재화였지만 마침내 그로 말미암아 욥의 신앙은 더 깊어졌고 그가 나중에 받은 복이 이전에 받은 것보다 배나 더 많았습니다. 하나님의 하시는 일에 순종하는 자, 그 일을 믿음으로 받아서 하나님의 일로 높이는 자가 받는 선인 것입니다. 요셉의 일생도 이것을 증명하고 있습니다. 그는 그의 정직한 신앙 때문에 형들에게 미움을 당하였고 마침내 죽음의 골짜기까지 들어가게 되었습니다. 그러나 요셉은 그 형들을 원망하거나 증오하지 아니하였습니다. 그는 노예로 팔린 때에도, 죄악의 유혹 앞에서도 그리고 감옥에 들어간 때에도 원망 낙심 하거나 다투지 아니하고 오히려 하나님을 높였고 하나님과 동행하였습니다. 그래서 그는 이끌려 가는 곳에서 신임과 존중히 여김을 받았고 어릴 때의 꿈을 이루어주시는 하나님의 섭리를 보게 된 것입니다. 사람들은 그를 해치고 이용하려고 하였지만 하나님은 그 길을 통하여 요셉을 요셉 되게 인도하신 것입니다. 그래서 그는 형들을 만났을 때에 오히려 형들을 위로하고 하나님의 하신 일을 높이어 증거한 것입니다. 「형들은 나를 미워하여 팔았지만 하나님은 이때를 위하여, 형들과 가족을 살리기 위하여 나를 먼저 이곳에 보낸 것입니다」 라고 말한 것입니다.

하나님의 하신 일을 찬송하기를 잊지 말 것입니다.

광야 이스라엘처럼 하나님의 하신 일을 잊어버리고 원망하지 않아야 합니다. 그들은 원망 불평하다가 처음 받은 그 큰 구원을 다 잃어버리고 광야에서 40년간을 방황하다가 다 죽은 것입니다. 오늘 내게 주어진 형편이 어떠하든지 그것을 허락하신 하나님을 바라보고 하나님께 순종하는 믿음으로 그 일을 하나님의 일로 높이어 찬송할 것입니다. 건강할 때에도 찬송할 것이지만 병들었을 때에도 찬송할 것입니다. 성공에서 뿐 아니라 실패에서도 하나님의 하신 일을 찬송할 것입니다.

3. 어떠한 형편에서든지 하나님께 예배하는 일을 잊지 말아야 한다는 것입니다.

"범사에 우리 주 예수 그리스도의 이름으로 항상 아버지 하나님께 감사하라"(엡 5:20)

감사 찬송을 잊지 말 것입니다. 감사 찬송이 있는 곳에 하나님께서 함께 하십니다. 감사로 제사를 드리는 자가 하나님을 영화롭게 하기 때문입니다(시 50:23).

바울과 실라는 빌립보 옥중에서 매 맞은 상처와 쇠사슬의 고통을 무릎 쓰고 하나님 앞에 꿇어 기도하고 찬미하였습니다(행 16:25). 그 때에 지진이 일어나 옥문이 열리고 쇠사슬이 풀어진 것입니다. 그리고 구원을 부르짖는 간수에게 "주 예수를 믿으라 그리하면 너와 네 집이 구원을 얻으리라"고 하여 그 온 집을 예수 그리스도에게로 인도한 것입니다. 찬송이 있는 곳에 기적의 지진, 구원의 빛이 임하는 것입니다. 모압, 암몬, 에돔 삼국연합군의 침입을 받은 여호사밧 왕과 유다 백성은 하나님의 명하신 말씀대로 찬양대를 앞세워 전쟁터로 나갔습니다.

"여호와께 감사하세 그의 인자하심이 영원하도다"(대하 20:21)

찬양대의 찬송이 시작될 때에 삼군연합군은 서로 간에 분열과 싸움이 일어나 다 죽게 되고 유다 백성들은 전리품만 거두게 되었습니다(대하 20:22-25). 찬송이 있는 곳에 승리가 있습니다. 브라가 골짜기는 찬송으로 승리한 골짜기입니다(대하 20:26).

"이스라엘의 찬송 중에 거하시는 주여 주는 거룩하시니이다 우리 조상들이 주께 의뢰하고 의뢰하였으므로 그들을 건지셨나이다"(시 22:3, 4)라고 다윗은 고백하였습니다. 주님을 의뢰하는 자는 모든 일에 항상 주님을 찬양합니다. 그의 행하신 일을 높이고 찬송합니다. 찬송하기를 잊지 맙시다. 이는 하나님의 절대주권을 인정하고 순종하는 신앙의 증거입니다.

구름으로 심판과 긍휼을 주관하시는 하나님은 만유를 지으시고 그의 뜻대로 다스리시는 창조주 하나님이십니다(렘 10:12-13).

"오직 여호와는 참 하나님이시요 살아계신 하나님이시요 영원한 왕"이십니다(렘 10:10).

"그러므로 우리는 예수로 말미암아 항상 찬송의 제사를 하나님께 드리자 이는 그 이름을 증언하는 입술의 열매니라"(히 13:15)

죄인된 한 여인의 섬김

— 눅 7:37-50 —

●●●

"예수의 뒤로 그 발곁에 서서 울며 눈물로 그 발을 적시고 자기 머리털로 닦고 그 발에 입맞추고 향유를 부으니"(누 7:38)

본문 성경은 예수 그리스도께서 바리새인 시몬의 집에 식사 초대를 받은 자리에서 있었던 일 즉 그 동리의 한 죄 많은 여인의 봉사에 대한 기록입니다. 그리고 이 여인의 돌출적인 행위가 성경에 기록된 것은 그 섬김이 죄 사함 받은 자의 증거가 어떻게 나타나는가를 보여주는 참 예배의 모범을 실물로 가르쳐주고 있음입니다.

1. 여인의 섬김(37-38절)

1) 눈물로 섬겼습니다.

이 여인은 "예수님의 뒤로 그 발 곁에 서서 울며 눈물로 그 발을 적"셨다고 하였습니다. 죄 사함 받은 자의 감사와 지난날의 삶에 대한 회오와 새 삶을 위한 결단의 눈물인 것입니다. 외식적인 눈물이 아니고 중심에서부터 솟아오르는 눈물이었습니다. 감사와 통회와 믿음의 눈물입니다. 마음을 드린 진정된 섬김이었습니다.

2) 머리털로 닦고 입맞춤으로 섬겼습니다.

이 여인의 머리털로 닦음과 입맞춤은 주님을 향한 믿음과 사랑과 헌신을 나타내는 섬김이었습니다.

시편 2편 12절에 "그의 아들에게 입맞추라 그렇지 아니하면 진노하심으로 너희가 길에서 망하리니 그의 진노가 급하심이라 여호와께 피하는 모든 사람은 다 복이 있도다"라고 말씀하였습니다. 북 이스라엘의 아합왕 때에 하나님께서 엘리야 선지자 뿐 아니라 이스라엘 가운데서 7천명을 남겨두었는데 그들은 "다 바알에게 무릎 꿇지 아니하고 다 바알에게 입맞추지 아니한 자니라"(왕상 19:18)라고 말씀하였습니다. 우상에게 입맞추지 아니하고 하나님의 아들 예수 그리스도에게 입맞추는 자가 여호와께 피하는 자 즉 복된 자인 것입니다.

3) 향유를 부어 드림으로 섬겼습니다.

값진 향유 한 옥합을 가져와서 예수 그리스도께 부어 드린 것입니다. 자신의 "마음을 다하고 목숨을 다하고 뜻을 다하고 힘을 다하여 주 너의 하나님을 사랑한"(막 12:30) 섬김이었습니다. 아나니아, 삽비라 부부 같이 자신의 이익과 명예를 위하여 드린 계산적인 섬김이 아니고 자신의 모든 정성을 다 쏟아 아낌없이 부어드린 것입니다. 주님을 향한 뜨거운 사랑 즉 "처음 사랑"입니다. 사랑은 계산하지 아니합니다. 허비하리만큼 쏟아 붓는 것입니다(마 26:7-8). 여인의 섬김은 마음으로부터 결심하고 최고의 헌물(향유)을 준비하여 가지고 와서 주께 드린 섬김이었습니다.

고린도후서 9장 5절-7절에 가르치기를 "…준비하여야 참 연보답고 억지가 아니니라… 하나님은 즐겨내는 자를 사랑하시느니라"고 말씀하였습니다.

4) 이 여인은 주님의 발에 봉사하였습니다.

즉 주님의 발을 그의 눈물로 적셨고, 자기 머리털로 그 발을 닦았고, 그 발에 입맞추기를 그치지 아니하였고, 그 발에 향유를 부어드렸습니다. 발 앞에 엎드린 봉사였습니다. 자신을 가장 낮추고 주님을 가장 높인 섬김입니다. 하나님 앞에 꿇어 엎드린 죄인의 섬김이고, 주님 앞에 엎드린 종의 섬김입니다.

예배란 말「프로스퀴네오」의 본 뜻은 「…에게 입맞추다」는 것으로, 「무릎을 꿇고 엎드려 절하는 것」을 의미합니다. 왕이나 우상이나 주인 앞에 엎드려 그 발에 입맞춤으로서 최고의 가치를 그에게 돌려 그를 존경하고 경배하며 경외하고 공경하여 헌신함을 고백하는 행위입니다. 여인의 봉사는 인간 사이의 예의를 뛰어 넘은 예배였습니다. 하나님께 드리는 숭경과 사랑을 예수 그리스도에게 드린 것입니다. 천상교회의 광경에는 24장로들이 하나님의 보좌 앞에 "엎드려 얼굴을 땅에 대고 하나님께 경배하"며 하나님께 감사와 영광과 찬송과 존귀를 돌리는 모습이 나옵니다(계 4:10, 11; 11:16-18).

이 여인의 봉사가 그러한 것입니다. 신령과 진정으로 드리는 예배였고, 자신의 몸과 마음과 정성을 다하여 "하나님이 기뻐하시는 거룩한 산 제물로 하나님께 드린" 신령한 제사였습니다. 그는 감사로 하나님을 섬기되 "경건과 두려움으로 하나님을 기쁘시게 섬긴" 것입니다(히 12:28).

이 여인은 구원의 은혜를 인하여 춤춘 것이 아니고 눈물과 경건한 봉사로 예배한 것입니다.

2. 주님의 심판과 교훈(44-45)

이 여인의 섬김에 대한 주님의 평가와 교훈은 어떠하였는가?

1) 여인의 섬김은 은혜로 말미암은 행위라고 말씀하셨습니다 (41-47절).

빚진 자 이야기로 교훈하신 말씀입니다. 마음속으로 비난하고 있는 바리새인 시몬을 향한 질문 형식으로 주신 것입니다. 많은 빚을 탕감 받은 빚진 자처럼 그 여인의 봉사는 많은 죄를 사함 받은 은혜에 의한 것이라고 말씀하신 것입니다.

47절 "이러므로 내가 네게 말하노니 저의 많은 죄가 사하여졌도다 이는 저의 사랑함이 많음이라 사함 받은 일이 적은 자는 적게 사랑하느니라"

예수 그리스도에 대한 바리새인 시몬의 통상적인(손님접대) 예의 이하의 접대는 죄 사함 받은 일이 없었다는 증거이고, 죄인 된 여인의 예의 이상의 섬김은 많은 죄를 사함 받은 증거이라는 말씀입니다.

"죄가 더한 곳에 은혜가 더욱 넘쳤나니"(롬 5:20하)

죄는 빚입니다(마 6:12). 이 무거운 빚, 죄를 짊어진 자가 예수 그리스도로 말미암아 그 모든 죄를 다 사함 받게 된 것이 너무나 놀라운 은혜입니다. 이 은혜를 받은 자의 감사가 섬김의 보답으로 나타나는 것입니다. 은혜를 인한 사랑의 섬김입니다. 여인의 독특한 섬김은 이 은혜를 받은 자임을 나타내는 증거라는 말씀입니다. 신앙은 사랑의 봉사로 증거됩니다. 말로만 하는 신앙, 말로만 하는 사랑은 헛것이라고 말씀합니다(약 2:14-17; 요일 3:16-18). 열매 없는 나무가 쓸모없고, 영혼 없는 몸이 죽은 것 같이 행함이 없는 믿음은 그 자체가 죽은 것입니다(약 2:26). 참 신앙은 하나님을 사랑하는 자가 되게 하고, 그 사랑은 첫째로 하나님을 섬김(예배)으로 나타납니다.

또한 죄사함 받은 은혜를 받게 하는 통로가 예수 그리스도를 믿는 믿음입니다. 예수 그리스도와의 인격적 관계를 맺게하는 연결고리가 믿음이고, 그 인격적 관계는 은혜의 관계입니다. 은혜의 관계란 사랑에 의한 주고 받음의 관계를 말합니다. 경제적 거래관계, 정치적 거래관계가 아니고 사랑에 의한 관계입니다. 부모 자식의 관계는 은혜의 관계입니다. 하나님과 인간과의 관계가 은혜의 관계입니다. 예수 그리스도와 죄인과의 관계가 은혜의 관계입니다. 즉 하나님은 우리 인간에게 생명과 호흡을 주시고, 죄인을 위하여 독생자를 주시고, 우리는 하나님께로부터 오는 생명과 호흡을 받고, 그 독생자 예수 그리스도를 믿음으로 받아 죄 사함의 은혜를 받고, 하나님께 나아가 감사로 섬겨 보은하는 것입니다. 예수 그리스도는 나 인간 존재를 지으실 뿐 아니라, 하나님 앞에 배은망덕한 죄인 된 자리에서 구원하여 새사람 되게 하시고, 나는 그 구원의 은혜를 받은 자로서 감사하여 섬기는 것입니다. 하나님은 나에게 모든 것을 주신 분이고 나 인간은 그 모든 것을 하나님께로부터 거저 받은 자로서의 관계입니다.

그러므로 자기 의나 권리를 주장하는 자는 하나님과의 은혜 관계를 맺을 수 없습니다. 그는 마치 품삯을 위하여 아침부터 포도원에 들어와 일한 품군과 같은 자일 뿐 입니다. 그러나 주인은 오후 늦게 들어와 일한 사람에게도 동일한 삯을 주었습니다. 품삯을 위하여 일한 품군은 원망 불평하였지만 오후 늦게 들어와 일한 사람은 주인의 은혜에 감사할 뿐이었습니다. 자격 없는 자를 의롭다고 하시는 것이 하나님의 은혜입니다(롬 4:4-6; 마 20:1-16).

이 여인은 자격 없는 자인데 예수 그리스도로 말미암아 속죄 구원의 은혜를 받은 것입니다. 그래서 그는 예수 그리스도를 하나님으로 높여 섬긴 것입니다. 하나님과의 은혜의 관계를 맺는 자가 참 예배자가 됩니다. 하나님은 은혜를 주시고 그 은혜를 받은 자는 감사와 찬송으로 하나님께 경배하는 관계, 즉 은혜와 감사로 교통하는 관계를 맺은 자가 참된 신자입니다.

주님은 이제 그 여인이 주님과 은혜의 관계를 맺은 참 신앙인임을 인정하신 것입니다.

2) 그래서 그 여인의 믿음이 참되다는 것을 선언하셨습니다.

"이에 그 여자에게 이르시되 네 죄 사함을 얻었느니라 하시니"(48)

그 여인의 믿음이 죄 사함 받게 하는 믿음이었음을 인정하신 말씀입니다. 그래서 다시 그 여인에게 말씀하시기를 "네 믿음이 너를 구원하였으니 평안히 가라"고 선언하신 것입니다.(50)

바리새인 시몬은 여전히 그 여인이 죄인이라고 비난하였지만 예수 그리스도는 그 여인의 변화된 속사람을 보신 것입니다. 사람의 판단이 중요한 것이 아니고 하나님의 판단이 중요합니다. 시몬은 예수님을 대접함으로 스스로 만족하고 있었겠지만 주님의 눈앞에서 그는 일반적인 손님접대의 예의도 갖추지 아니한 자였습니다. 오히려 그의 마음속에서 여인과 예수님을 함께 판단하고 비난하고 있었습니다. 그는 예수 그리스도와 은혜의 관계를 맺지 못한 자였습니다. 스스로 자긍하였지만 하나님께 열납된 예배를 드리지 못한 자였습니다. 스스로의 의를 자랑하며 감사하며 세리와 죄인들을 비난하였던 바리새인의 기도보다도 오히려 "하나님여 불쌍히 여기시옵소서 나는 죄인입니다"라고 통회하였던 세리가 하나님 앞에 열납 된 의인으로 여겨졌다고 주께서 말씀하셨습니다(눅 18:9-14).

결론: 가인의 제사를 받지 않으신 하나님은 바리새인의 예배를 기뻐하지 아니하셨습니다. 아벨의 제사를 받으신 하나님은 죄인 된 한 여인의 예배를 기쁘게 받으셨습니다. 아벨과 그 여인은 믿음의 제사를 드렸습니다. 그러나 가인이나 바리새인은 자기 의의 제사를 드렸습니다. 바리새인 시몬은 자기 자랑을 위하여 주님을 대접하였고 죄인 된 한 여인은 은혜에 대한 감사로 주님을 섬겼습니다. 그 여인에게는 사랑이 있었고 헌신이 있었고 공경과 경배가 있었으나 시몬에게는 남을 비난하고 정죄하는 교만이 있었을 뿐입니다. 주님과 은혜의 관계를 맺는 자가 참 예배 자가 됩니다. 하나님의 은혜를 받은 자의 반응은 감사로 섬기는 예배입니다.

"여호와께서 내게 주신 모든 은혜를 무엇으로 보답할꼬", "내가 주께 감사제를 드리고 여호와의 이름을 부르리이다"(시 116:12, 17)

오직 하나님의 영광

김기중 지음

발행일 | 2011년 5월 25일
지은이 | 김기중
발행인 | 李憲錫
발행처 | 오늘의문학사
대전광역시 동구 삼성1동 125-6 한밭오피스텔 401호
Tel(042)624-2980 Fax(042)628-2983
http://www.lito77.co.kr(홈페이지)
✉hs2980@hanmail.net
등 록 | 제55호(1993년 6월 23일)
ISBN 978-89-5669-433-7 03510
값 20,000원